グローバル社会の会計学

佐藤 誠二 編著

東京 森山書店 発行

は　し　が　き

　本書はグローバル社会のなかで生じている会計の諸課題について，とくに企業活動の国際的展開との関連において論じたものである。最近では，この種の問題をとりあげる書物には「国際会計」という名称が付されたものが多い。そして，それらの書物においては，会計基準の国際的標準（グローバル・スタンダード）としての地位を確保しつつある国際財務報告基準（IFRS）／国際会計基準（IAS）の採用（adoption）あるいはIFRS/IASとわが国をはじめ各国の会計基準との収斂（convergence）をめぐる問題が主に論じられている。本書においてもそうした類書と同様に，IFRS/IASの採用／収斂問題を取り上げているが，それとともに，より広いパースペクティブのもとでグローバル社会において生じているいくつかの会計の個別課題についても考察の対象にしている。本書の書名を「グローバル社会の会計学」としたのはそうした理由による。

　周知のように，2008年夏以降のサブ・プライム・ローン問題に端を発したアメリカの金融経済危機は，各国の市場経済をおおきく揺るがし世界的な経済危機に転じている。その背景には資本市場のグローバル化やIT技術の飛躍的発展があり，多国籍化した企業活動を通じてひと，もの，かねがボーダレスに行き来し，一国の経済問題は世界中に波及する経済問題として顕在化している。しかも，われわれが直面する課題は経済局面だけにとどまらない。経済，政治，社会，文化，自然環境などに関わる諸問題が地球規模で複雑に絡み合って生じており，そのことが，われわれが諸問題にどのように取り組み，将来どう進むべきかの方向を見定めることを困難なものにしている。現代社会はグローバル社会であり，そこでは物質的豊かさや利便性をわれわれにもたらす一方，行き過ぎた市場主義などは貧富の格差や失業，自然環境の破壊，地域間の紛争，企業モラルの荒廃などを助長し，複雑化したグローバル社会に対するわれ

われの不安や不信をかりたてていることも事実だろう。

　もとより，本書は会計学の書物であり，グローバル社会やそれ自体がもたらす課題を網羅して考察するものではない。本書は，グローバル社会において会計がかかえる課題のいくつかを取り上げ，それらについて整理，検討を試みたものにすぎない。とはいえ，読者各位が本書を通じて，グローバル社会における会計諸課題について問題の所在とそれに関する専門的知見を得て，グローバル社会に生起する現象の多様さや複雑さの一端を理解されることがあれば，執筆者一同，それに過ぎることはない。とはいえ，本書において金融商品をめぐる公正価値評価，会計監査など論じきれなかった諸問題もあり，また思わぬ過誤も犯しているかもしれない。それらはひとえに編著者の力量不足によるものであり，読者諸賢のご指摘，ご叱正をいただければ幸いである。

　もともと，本書の刊行については編著者が所属する大学の会計学担当の教員を集って，学部学生および大学院生を主たる読者に想定して，国際会計に関する教科書を執筆しようという企画から始まった。その後，編著者が日頃，研究交流を持つ先生方の執筆陣への参加を得て，執筆意図と執筆分担を煮つめた計画へと発展し，その成果を一書に取りまとめたのが本書である。単なる概説の教科書にとどめるのでなく，一定の研究成果も反映させようという執筆者一同の意思を加えることによって，当初企画した内容を質的に上回る書物となったのでないかと思っている。ご協力を得た執筆者一同に対して，とくに原稿の集約と字句統一ならびに各種の連絡など煩雑な作業に際して，文字通り献身的な助力をいただいた永田守男教授には記して感謝申し上げる次第である。

　また，末筆ながら本書の刊行を当初の企画段階からお勧めいただいただけでなく，刊行に至るあいだ，編集者の立場から終始，諸々のご助言ご支援を賜った森山書店の菅田直文社長ならびにスタッフの皆様に衷心よりお礼申し上げる。

2009年4月　執筆者を代表して

佐　藤　誠　二

目　　次

序　章　グローバル社会と会計 …………………………………… 1
　　　　―本書の構成と要点―
　1．本書の視点と枠組み ……………………………………………… 1
　2．「第一部　会計基準の国際的コンバージェンス」の要点 ……… 3
　3．「第二部　グローバリゼーションと会計諸課題」の要点 ……… 7
　4．本書を利用するにあたって ……………………………………… 9

第1部　会計基準の国際的コンバージェンス

第1章　会計のグローバル・スタンダード ……………………………… 13
　1．国際会計基準審議会（IASB）発足の経緯 …………………… 14
　2．国際会計基準委員会財団（IASCF）の構造 ………………… 16
　3．IASBのデュー・プロセス ……………………………………… 21
　4．リエゾン活動と会計基準の国際的形式 ………………………… 27
　5．概念フレームワークによるIFRSsの理論的正当化 …………… 31

第2章　EUにおける会計基準のコンバージェンス ……………………… 37
　1．EUにおける会計国際化の動向 ………………………………… 38
　2．「指令」による域内の会計調和化 ……………………………… 38
　　　　―会計国際化の第1段階―
　3．EU域内へのIFRSsの導入 ……………………………………… 40
　　　　―会計国際化の第2段階―
　4．第三国会計基準の同等性評価 …………………………………… 49
　5．ドイツにおける会計国際化対応 ………………………………… 50

第3章　アメリカにおける会計国際化の対応 …………………………… 55
　1．国際会計基準委員会（IASC）と証券取引委員会（SEC）／
　　財務会計基準審議会（FASB）との交流 ………………………… 56
　2．国際会計基準審議会（IASB）とFASBとのノーウォーク合意 …… 60
　3．統合化プロジェクトの推進 …………………………………………… 61
　4．共同プロジェクトの伸展 ……………………………………………… 63
　5．差異調整表の撤廃とアメリカ企業によるIFRSsの使用 …………… 70
　6．2008年秋の信用危機への対応 ………………………………………… 73
　7．アメリカの対応の今後の方向性 ……………………………………… 75

第4章　日本における国際化対応の会計改革 …………………………… 79
　1．会計ビッグバンと会計基準の国際的調和 …………………………… 80
　2．新しい会計基準設定主体の設立 ……………………………………… 83
　3．会計基準の国際的コンバージェンス ………………………………… 91
　4．日本の会計改革の進路 ………………………………………………… 99
　　—コンバージェンスかアドプションか—

第5章　国際化と概念フレームワーク …………………………………… 105
　1．概念フレームワークの形成史 ………………………………………… 106
　2．財務会計基準審議会（FASB）概念フレームワークの内容と特徴 …… 108
　3．国際会計基準審議会（IASB）とFASBの共同プロジェクト ……… 117

第2部　グローバリゼーションと会計諸課題

第6章　日本の会計開示実務の国際化対応 ……………………………… 131
　1．会計基準の国際的コンバージェンスについての動向 ……………… 132
　2．わが国の開示制度における最近の変化 ……………………………… 132
　3．連結決算における会計実務の対応 …………………………………… 137
　4．財務会計と管理会計の一体化について ……………………………… 146

第7章　M&Aと無形資産会計 …………………………………………… *151*
　1．企業のM&Aの動向と会計処理 ………………………………… *152*
　2．企業のM&Aと無形資産 ………………………………………… *156*
　3．非財務情報の報告拡充に向けて ………………………………… *161*

第8章　地球環境の変化と社会的責任会計 …………………………… *169*
　1．わが国における企業の社会的責任問題の推移 ………………… *170*
　2．企業の社会的責任に対する会計からのアプローチの歴史 …… *172*
　3．環境省『環境会計ガイドライン』による環境会計の体系 …… *183*
　4．現代における社会的責任投資と企業評価 ……………………… *189*

第9章　企業集団（連結）課税と会計報告 …………………………… *197*
　1．企業集団課税と単体課税 ………………………………………… *198*
　2．企業集団課税の類型 ……………………………………………… *202*
　3．法人税額の算定 …………………………………………………… *203*
　4．連結納税制度の基本的枠組み …………………………………… *206*
　5．税 効 果 会 計 ……………………………………………………… *210*
　6．国際化の進展と税問題 …………………………………………… *213*

第10章　企業のグローバル化戦略と業績管理 ……………………… *217*
　1．マネジメント・コントロールと業績評価システム …………… *218*
　2．海外進出企業の組織構造とコントロール ……………………… *221*
　3．海外子会社の業績評価システム ………………………………… *229*

【主要略語一覧】

略語	英語名称	日本語名称
AICPA	American Institute of Certified Public Accountants	アメリカ公認会計士協会
ARC	Accounting Regulatory Committee	会計規制委員会
ASBJ	Accounting Standards Board of Japan	企業会計基準委員会
CESR	Committee of European Securities Regulators	欧州証券規制当局委員会
CSR	Corporate Social Responsibility	企業の社会的責任
EFRAG	European Financial Reporting Advisory Group	欧州財務報告諮問グループ
EMAS	Eco-Management and Audit Scheme	環境管理監査スキーム
FASB	Financial Accounting Standards Board	財務会計基準審議会（アメリカ）
FASF	Financial Accounting Standards Foundation	財務会計基準機構（日本）
GAAP	Generally Accepted Accounting Principles	一般に認められた会計原則
GoB	Grundsätze ordnungsmäßiger Buchführung	正規の簿記の諸原則
GRI	Gloabal Reporting Initiative	グローバル・リポーティング・イニシアティブ
HGB	Handelsgesetzbuch	ドイツ商法典
IAS	International Accounting Standards	国際会計基準
IASB	International Accounting Standards Board	国際会計基準審議会
IASC	International Accounting Standards Committee	国際会計基準委員会
IASCF	International Accounting Standards Committee Foundation	国際会計基準委員会財団
IFRIC	International Financial Reporting Interpretations Committee	国際財務報告解釈指針委員会
IFRS	International Financial Reporting Standards	国際財務報告基準
IOSCO	International Organization of Securities Comissions	証券監督者国際機構
ISO	International Organization for Standardization	国際標準化機構
MoU	Memorandum of Understanding	IFRSsとアメリカ会計基準との間のコンバージェンスに対するロードマップ（覚書）
SEC	Securities Exchange Commission	証券取引委員会（アメリカ）
SFAC	Statement of Financial Accounting Concepts	財務会計概念書
SFAS	Statement of Financial Accounting Standards	財務会計基準書
SRI	Socially Responsible Investment	社会的責任投資

序章
グローバル社会と会計
―本書の構成と要点―

1．本書の視点と枠組み

　本著は，現代のグローバル社会のなかで生じている会計の諸課題について，大学，大学院で会計・経営・経済を専攻する学生ならびに国際ビジネスに関与している企業人や会計実務家を主たる読者に想定して概説したものある。
　「グローバル (global)」という用語は，国立国語研究所によれば，ものごとの規模が国家の枠組みを越え地球全体に拡大していく様子を意味しているという。また，従来あったワールド (world)，インターナショナル (international) とは異なる用語を意識する上で，グローバルは地球規模，グローバル社会は地球社会と言い換えるのが相応しいのだとされている［国立国語研究所2007］。この用法に従えば，本著の書名「グローバル社会の会計学」は「地球社会の会計学」と読み替えることができ，本著の取り上げているのは，企業活動の規模が国家の枠組みを超えて地球規模ないし世界全体に拡大していくなかで生じている会計の諸課題である。
　いうまでもなく，われわれの社会において，会計は社会的・経済的・政治的諸環境に影響されて存在している。そうした環境要因として，企業の所有構造，事業活動の内容，資金調達・資本市場の発展の程度，課税システム，会計職業専門団体の存在と意義，会計教育および会計研究，政治システム，社会風土，経済成長および経済発展の段階，インフレ率，法システム，会計規制が挙げられる［小津監訳 2007，20頁，Radebaug/Gray/ Black 2006］。グローバル社会においては，そうした環境要因が国境を越えて相互に関係を強めており，それ

らの相互関係の圧力が会計とその制度に対して基本的な変化を求めている。

ラデボー等（Radebaug/Gray/ Black）は，会計の変化に及ぼす重要な国際的圧力（影響）として，経済的・政治的国際的相互依存の増大，海外直接投資における新しい動向，多国籍企業（MNE）の戦略の変化，新しい科学技術の影響，国際的金融市場の急速な発展，金融サービスの拡大，国際的規制機関の活動を挙げている。ラデボー等は，こうした国際的圧力（影響）に関連して，政治的レベルでの劇的な変化が経済的変化を引き起こし，それが国際的な企業活動や会計のありかたを再構築していることに言及している。ラデボー等によると，たとえば，旧ソビエト連邦や東欧の旧中央計画経済圏，中華人民共和国が経済発展を目指し，西欧型の市場指向型アプローチを採用したこと，発展途上国だけでなく多くの先進国において市場の規制撤廃および公営企業の民営化という世界的傾向が増大したことにより，国際的投資，国際的ジョイント・ベンチャーや提携の新たな機会が開拓されることになった。欧州連合（EU）諸国においては，会社法，会計，課税，資本市場および通貨システムを統合する主要なプログラムに着手し，近年，重要な経済的影響力，そしてある程度の政治的圧力をもつようになった。それ以外にも，国際金融市場のレベルでは，税制，為替管理，外国投資の制限，および会計と開示の要件に関して，相違を調和化することに対して関心が生まれてきた。また，経済開発協力機構（OECD）ととくにEUは，証券上場認可規定の最低条件や目論見書の内容の調和化に影響を及ぼしているし，国際財務アナリスト協会および証券監督者国際機構（IOSCO）は，世界規模での証券市場の国際化および統合化の促進を追求している。そして，会計基準と監査基準の国際化に関しては，国際会計基準審議会（IASB）と国際会計士連盟（IFAC）が調和化と関わっており，国際連合（UN），OECD，およびEUのような政府間機関の活動に対して会計職業専門家として寄与しているという。ラデボー等は，こうした変化への国際的圧力（影響）を議論することにより，会計および説明責任が世界的規模でダイナミックに変化しつつある性質を浮き彫りにすることができるとしている［小津監訳 2007，73-76頁，Radebaug/Gray/ Black 2006］。

ラデボー等が例示するように，グローバル社会において高まる各種の国際的圧力（影響）は会計に対してさまざまな変化をもたらしている。本著はそうした会計の変化について二部構成で論じようとしたものである。

2.「第一部 会計基準の国際的コンバージェンス」の要点

　本著の第一部（第1章から第5章）は，会計基準の国際的コンバージェンス（convergence）を中心にした会計の変化について取り上げている。
　現在のグローバル社会における会計の主要な変化は，国際会計基準（IFRSs）を巡って展開されている[*1]。そして，そこにおける主要な国際的圧力（影響）は資本市場と企業の資金調達活動のグローバル化である。

（*1）　国際会計基準審議会（International Accounting Standards Board: IASB）の策定する会計基準は国際財務報告基準（International Financial Reporting Standards: IFRS）と呼ばれ，IASBの前身の国際会計基準委員会（International Accounting Standards Committee: IASC）の策定する国際会計基準（International Accounting Standards: IAS）ならびにIFRSおよびIASに関する解釈指針を含めた総称としてIFRSsの略語が用いられている。以下本書において略記するIFRSsはその総称の意味において用いている。ただし，IFRSsの日本語表現として「国際財務報告基準」でなく，新聞等において通称される「国際会計基準」の表記を用いている。なお，会計基準が具体的に特定される場合や引用箇所については，国際会計基準（IAS），国際財務報告基準（IFRS）の表記をそのまま使用している。

　今日，企業の活動は地球規模に展開し，ひと・もの・かねの経営資源はボーダレスに行き来しており，企業活動のグローバル化とともに資本市場のグローバル化も進行している。企業活動に必要な資金調達場所は自国の資本市場にとどまることはなく，企業はその自己資本（持分証券）と他人資本（負債証券）

に対する拠出者をグローバルな国際資本市場にも求めている。そしてそうしたグローバル化した資本市場において企業が開示する会計情報については，その透明性，比較可能性への要請が加速的に強まってきており，そのなかでIFRSsを中心とした会計基準の国際的なコンバージェンス[*2]が求められている。本著の第一部はこの課題について取り上げている。

(*2) コンバージェンス (convergence) は，会計基準との関連で収斂，統合，統一，共有化などさまざまに訳出され，またいろいろな意味で用いられている。現在においては，IFRSsと個別国の会計基準 (Local GAAP) との間の差異を解消するプロセスの意味で狭く用いられる場合と，Local GAAPを使用せずにIFRSsを全面的ないし部分的に適用するアドプション (採用，導入，adoption) も含めた広い意味でも使用されているようである。本著で会計基準のコンバージェンスという場合のコンバージェンスは広義に使用しているが，アドプションと区別して狭義に用いる場合，原則としてアドプション，コンバージェンスと対応してカタカナ表記している。ただし，狭義のコンバージェンスとアドプションとは択一的関係にはなく，IFRSsを採用・導入しながら，Local GAAPとIFRSsとの差異解消を進める国もあり，各国の対応はさまざまである。なお，引用箇所等でコンバージェンスの用語を用いている場合の取り扱いはこの限りでない。

【第1章 会計のグローバル・スタンダード】

現在100カ国以上の国が利用しているとされるIFRSsとは，国際会計基準審議会 (IASB) が策定・改定する会計基準であり，今日では会計のグローバル・スタンダードとしての地位を確固たるものにしつつある。しかし，IFRSsを包括的に適用・機能させる国際的な法規定システムは存在せず，IFRSsの適用はそれを規制する各国の規制当局の対応に委ねられている。そして，規制当局によりIFRSsが世界の各国に導入され実効性を持つためには，IFRSsに正当性が付与される必要がある。第1章では，IASBが策定するIFRSsの性格を明らかにするために，IASBの形成過程と組織構造ならびにIFRSsの策定手続き

について説明しているが，それとともに，IFRSsの正当性が機構面と理論面の両面からどのように支えられているのかについて考察している。

【第2章　EUにおける会計基準のコンバージェンス】

ところで会計基準の国際的コンバージェンスに向けての会計の変化はアメリカとEUの2大資本市場のパワーゲームの様相を呈している。国際証券取引所連合（World Federation of Exchanges：WFE）の統計によると，世界の52証券取引所における国内外の企業（証券発行体）の上場件数は，2009年1月時点で46,435社（外国企業は2,950社）であり，そのうち取引高や上場企業数が多い証券取引所で外国企業の参入件数の比較的多いのは，ニューヨーク証券取引所（NYSE，420社），NASDAQ（333社），ロンドン証券取引所（681社），ドイツ証券取引所（90社）を中心とするアメリカとEU地域の証券取引所である。この2つの資金調達場所を中心に資本市場のグローバル化が進展し，会計基準の競争戦略が展開されていると考えられる。

EUは国際的競争力ある統合資本市場を形成する戦略の一環として，2005年1月1日に始まる事業年度から欧州資本市場を利用する企業の連結財務諸表に対してIFRSsの適用を義務づけた。第2章では，このIFRSs導入を法的に根拠づけた「IAS適用命令」（2002年）を前後したEUの会計改革の動向についてEU法令や公的文書に基づき整理し，IFRSsの適用を可能とするエンドースメント（検証と承認）のメカニズムについて考察している。その上で，EUの会計戦略を主導するドイツの会計制度改革についても言及している。

【第3章　アメリカにおける会計国際化の対応】

第3章は，IASBおよびIASBの前身であるIASCとアメリカの証券取引委員会（SEC）および財務会計基準審議会（FASB）との相互交渉の過程を跡づけるなかで，アメリカの会計国際化戦略の動向を考察している。IASBとFASBの2つの会計基準設定機関の協調関係を決定づけた「ノーウォーク合意（Norwalk Agreement）」（2002年）およびノーウォーク合意後のIASBとFASBの間の会計基準のコンバージェンスに向けた共同プロジェクトの内容を考察するとともに，IFRSsの導入（adoption）を2007年に決定したアメリカの会計制

度の将来における方向性も展望している。

【第4章　日本における国際化対応の会計改革】

わが国における会計基準の国際的対応は，1990年代後半の金融ビッグバン改革から約10年にわたって進展してきている。第4章は，このわが国の会計改革を幾つかの局面に区分し整理するとともに，とくにEUがわが国をはじめ第三国企業に課したIFRSsないしIFRSsと同等の自国会計基準の適用課題（いわゆる2005年問題）への対応，および新たに設立した民間の会計基準設定機関である会計基準委員会（ASJB）を中心とした会計基準の国際的コンバージェンスへ向けた産官学の連携，ASJBとIASBとの共同プロジェクトの内容について考察する。それとともに，IFRSsと自国の会計基準との差異を解消し相互承認の道を図るというコンバージェンス・アプローチを採ってきたわが国の会計改革が2007年のアメリカ（SEC）のIFRSs導入（アドプション）の決定にどのような影響を受けるのか，それに関する国内の議論についても言及する。

【第5章　国際化と概念フレームワーク】

第5章では，概念フレームワークについて取り上げている。IFRSsは，会計実務慣行から帰納的に抽出した会計基準でなく，会計目的から演繹的に導出される会計基準の性格を有している。IASBの概念フレームワークは，そうしたIFRSsを理論的・概念的に支え，IFRSsを導出するための基盤といえる。第5章においてはまず，アメリカにおけるFASB概念フレームワークの成立経過およびその問題点を整理したうえで，IASBとFASBによる2つの概念フレームワークの統合に向けた共同プロジェクトの進展状況について考察する。概念フレームワークのコンバージェンスの共同作業は会計基準のコンバージェンスの共同作業を下支えするものとして，両共同作業は同時進行的に進められている。現在，未完了の状況にあるが，共同作業の進展のなかで，概念フレームワークにおいて基礎概念がどのように形成されつつあるのか，その内容について考察している。

3．「第二部　グローバリゼーションと会計諸課題」の要点

　企業活動のグローバル化などの国際的圧力（影響）は，会計基準の国際的コンバージェンスだけでなく，会計に対してさまざまな変化と課題を生じせしめている。本書の第二部（第6章から第10章）においては，そのうちのいくつかの課題，多国籍化した企業の連結会計実務，企業間の合併・買収（M&A）会計あるいはM&Aに関連したのれん等の無形資産の会計，企業集団課税の会計，地球規模の環境破壊など企業の社会的責任（CSR）に関する会計，多国籍に階層づけられた企業組織の経営戦略と業績管理のための会計の諸課題について取り上げ考察している。

【第6章　日本の会計開示実務の国際化対応】
　第6章は，会計基準の国際的コンバージェンスが進展するなかで，わが国企業がどのように戦略的対応を行うべきか，開示実務の観点から考察する。IFRSsがグローバル・スタンダードとしての地位を確保しつつある状況のなかで，わが国において近年，国際的な基準に対応して金融商品取引法における四半期開示制度（2007年），XBRLによる電子開示制度の導入（2008年）などの法改正が行われた。また，EUからIFRSsとわが国の会計基準の重要な差異として指摘された連結決算における在外子会社の会計処理に関して，会計基準委員会（ASJB）の「実務対応報告」が2005年に公表されている。第6章はこうした最近の会計制度の変化に対して企業会計開示実務の観点からどのような対応が可能なのか考察を加えている。それとともに，わが国においてもIFRSs導入の方向性が金融庁などから示されたことに関連して，企業実務の立場から，今後，どのような対応が可能なのか，その選択肢と適否のポイント，作業の進め方について言及している。

【第7章　M&Aと無形資産会計】
　すでに述べたように，今日，企業の活動は地球規模に展開しており，ひと・もの・かねの経営資源もボーダレスに行き来している。こうした企業活動のグ

ローバルな事業展開のなかで，サービス産業は目覚ましく発展し，企業の市場獲得の手段として，有名ブランドや商標，パテント，ライセンス契約などの知的財産の獲得が盛んに行われるようになった。また，企業間の国際的M&A（合併・買収）の数も増加している。こうしたグローバル化にともなうサービス化，国際的M&Aの拡大は，企業財産に占めるのれんやブランド等それに類する無形資産（Intangible Assets）の割合を格段に増加させたが，それら無形資産に関わる会計について世界的にも統一した方法は確立されていないのが現状といえる。無形資産の会計は21世紀における国際的な重要会計課題でとなっており，第7章はこの問題について考察している。

【第8章　地球環境の変化と社会責任会計】

　第8章は企業の社会的責任（Corporate Social Responsibility：CSR）と会計報告との関連について考察した部分である。今日，企業の社会的責任は，企業倫理，コンプライアンス，環境保護，労働・雇用問題，安全および衛生問題，社会貢献運動，人権問題および消費者保護など多岐にわたっており，世界の主要企業の多くが社会的責任に関する情報を積極的に開示している。とくに，1992年の地球サミット（「環境と開発に関する国際連合会議」）を契機に高まった地球環境問題の認識は，環境マネージメント・システムに対する国際標準機構（ISO）の規格化や環境情報の作成と開示を一層進展させている。第8章においては，そうした国際的に重視されてきているCSRの会計課題について，社会会計，環境報告書，環境会計，CSR報告書，社会責任投資（SRI）へと続くわが国の取り組みの歴史的経過との関連おいて考察している。

【第9章　企業集団（連結）課税と会計報告】

　一般的に，アングロ・サクソンの国では財務会計の基準と税制との間に実質的な相違を設定し，これに対して，ヨーロッパ諸国では，財務会計の基準と税制との間に密接な関係がある。課税所得の算定方式で大別すると前者は分離独立方式を，後者は確定決算主義方式を採る傾向がある。財務会計上の利益と税務所得を別個に算定するアメリカ方式は前者の典型であり，わが国の法人税法が掲げる確定決算主義やドイツの所得税法が掲げる基準性原則

(Maßgeblichkeitsprinzip）による方式は後者の典型例である。第9章は，こうした財務会計と税制の関係に対する各国における相違が企業集団（連結）課税にどのように影響しているのか，わが国の連結納税制度の基本的仕組みに即して考察されている。それに加えて，IFRSsのわが国の連結会計における導入が，課税所得計算のしくみに大きな影響を及ぼすことについても言及されている。

【第10章　企業のグローバル化戦略と業績管理】

　企業活動のグローバル化は，企業競争のグローバル化を意味し，企業に対して外部環境における脅威および機会の国際化をもたらす。企業は自身の成長を目指して事業展開するなかで，新たな事業展開を求めて国際化を図ろうとする。この場合，グローバル戦略をおこなう企業の組織形成とマネジメント・コントロールについては，その戦略に応じて異なっている。第10章は海外進出する企業のグローバル戦略を分散型組織と統合型組織の区分に基づきいくつかのパターンに類型化したうえで海外子会社のマネジメント・コントロールとの関係を考察している。それとともに海外子会社の業績評価に用いられる各種指標の意義について考察を加えている。

4．本書を利用するにあたって

　本著は，10人の執筆者がそれぞれの研究課題に応じて各章を分担し，編著者がそれらを編んで作成したコラボレーション（collaboration）の成果である。編著者としてできるだけ全体の調整を施したが，取り扱う領域と内容が広範囲に及んだことから，調整作業が形式面にとどまった箇所も少なくない。むしろ，各章とも担当者がこれまで専門としてきた研究領域についての執筆であることを尊重し，「角を矯めて牛を殺す」ことをおそれ，内容上の調整は必要最小限にとどめた。全体として体系性が若干薄れた恨みがあるが，本書の各章は独立した文献として読んでも十分耐えられる内容を具備しているものと考えている。

その他，本著を編集するにあたり，つぎの点に留意した。

ひとつは，各章に「学習の視点」を設けて，章別に執筆の意図と目的を明示した点である。「学習の視点」に書かれている各章の考察領域と執筆者の問題意識を冒頭に示すことにより，本文に入るに先立って各章の執筆内容の理解に役立つように工夫した。

2つ目は，「グローバル社会」の用語を冠に置いた本著においては，諸外国の機関などについて多くの類似した欧文略語が頻繁に出てくることに関連する。読者の混乱を避けるため重複をいとわず，章ごとに初出の欧文略語についてできるだけ原文と訳語を示した点である。たとえば，アメリカのSECのように頻繁に出てくる用語については，証券取引委員会（Securities and Exchange Commission：SEC）という表記を各章の初出に示すことにした。なお，主要な欧文略語については，別途，略語一覧に示し，読者の利用に役立てるようにした。

そして3つ目として，本著はグローバル社会の会計問題を概説した教科書と位置づけているが，いわゆるハウツゥ（how-to）の書にとどめるのでなく，最新の研究動向・法制度にも目配りし，各執筆者の見解も盛り込んで，そこに一定の専門性を保持しようとした点である。やや複雑で難解な箇所もあると思われるが，読者諸氏が本著を通読して，グローバル社会において生起する諸課題の多様さと複雑さを読み解き，問題の所在とそれに対する専門的知見を幾らかなりとも得られることを願っている。

参考文献

小津稚加子監訳（2007），『リー・H・ラデボー／シドニー・J・グレイ／アーヴェン・L・ブラック　多国籍企業の会計』，中央経済社（L.H.Radebaugh, S.J.Gray, E.L.Black （2006），International Accounting and Multinational Enterprises）．
国立国語研究所（2007），『公共媒体の外来語―「外来語」言い換え提案を支える調査研究―』（国立国語研究所報告126），
　　http://www.kokken.go.jp/public/gairaigo/Report126/report126.html．
World Federation of Exchanges, http://www.world-exchanges.org/statistics．

第1部
会計基準の国際的コンバージェンス

第1章
会計のグローバル・スタンダード

〈学習の視点〉

　会計基準の内容や形成方法は国によってそれぞれ異なる。近年，その各国の会計基準の相違を無くし，会計のグローバル・スタンダードともいうべき会計基準を形成しようとする国際的活動がますます活発になってきている。その会計基準の国際的形成活動は，国際会計基準審議会（IASB）とアメリカの財務会計基準審議会（FASB）とを中心に行われている。

　IASBとは国際的な場で会計基準を形成する組織であり，その会計基準である国際財務報告基準（IFRS）は現在，EU等，多くの国々で用いられている。また，FASBの会計基準はアメリカ国内の会計基準ではあるが，大きな国際的影響力を持っており，IASBによる会計基準形成に対しても少なからぬ影響を与えている。

　このFASBとIASBとを中心として進められる会計基準の国際的形成活動においては，現在，たとえば，公正価値測定や減損会計などの従来，会計処理の対象とすることが認められてこなかった項目を会計に導入することなど，さまざまな会計問題が検討されている。そのような会計処理の導入を支える会計基準の形成活動は多様な側面から検討しうる。たとえば，個々の会計処理の具体的内容，その会計処理の理論的正当性，および会計基準を形成したさいの手続の正当性，などについてである。

　これらの問題はすべて重要な問題であるが，本章はそのなかでもとくにIASBによって形成される会計基準の手続的正当性がいかにして支えられているのかという問題を中心に考察する。

1. 国際会計基準審議会（IASB）発足の経緯

(1) 財務諸表の比較可能性プロジェクト

　IASBの前身である国際会計基準委員会（International Accounting Standards Committee：IASC）は，1973年6月に，オーストラリア，カナダ，フランス，ドイツ，日本，メキシコ，オランダ，イギリスおよびアイルランド，およびアメリカの会計士団体によって設立された。IASCは会計基準の国際的調和化を促進させることによって公益に貢献することを目的とする独立した民間の組織であった［IASC 1998, Introduction, p. 7］。

　このIASCは民間組織であるがゆえに，各国に国際会計基準（International Accounting Standards：IAS）を遵守させる強制力を持っていなかった。それゆえ，設立から約15年間のIASCは強制力のないIASを各国に受け入れてもらうために，類似する取引に対して複数の会計処理を認めていた［IASC 1989a, par. 3, 白鳥 1998, 12頁］。

　しかし，「IASCが会計基準の国際的調和をめぐる活動で今日のように注目されるようになったのは，1989年1月に公開草案第32号（E32）『財務諸表の比較可能性』（……）を公表してからのことであるといってよい」［平松 1994, 219頁］と指摘されるように，IASCの活動は1980年代末頃まで事実上無視されてきた［平松 1994, 220頁］。

　そのような状況下の1980年代後半，アメリカの証券取引委員会（Securities and Exchange Commission：SEC）などが加盟している証券監督者国際機構（International Organization of Securities Commissions：IOSCO）がIASに関心を示した。しかし，上述のように当時のIASは同一の事象に複数の会計処理を認めていたので，IASに基づいて作成された財務諸表には比較可能性の面で問題があるとされた。そこで，IASCはIOSCOの支持を獲得するべく，財務諸表の比較可能性を向上させるための作業に着手した［平松 1994, 176, 226-277頁，安田 1998, 98-99頁，広瀬 1999, 14-15頁］。

IASCはその作業を進めるために1989年に公開草案第32号『財務諸表の比較可能性　国際会計基準第2号，第5号，第8号，第9号，第11号，第16号，第17号，第18号，第19号，第21号，第22号，第23号及び第25号の改定案』を公表し，当時のIASが同一の事象に対して認めていた会計処理の多様性を減らすことを提案した［IASC 1989a, par. 3］。

この財務諸表の比較可能性を向上させるためのプロジェクトは，1993年に国際会計基準『財務諸表の比較可能性　改訂国際会計基準（1993年）(Comparability of Financial Statements Revised International Accounting Standards 1993)』が公表されたことによって完了した。

(2) コア・スタンダードの承認と国際会計基準委員会 (IASC) の組織改革

IASCによる比較可能性プロジェクトが進展するなか，IOSCOは1993年に国際的な上場の際などに用いる財務諸表の作成において最低限必要な会計基準から構成されるコア・スタンダード (core standards) のリストをまとめた。IASCはそのリストにもとづいて検討をかさね，1998年12月にコア・スタンダードを完成させた［David Alexander and Simon Archer 2005, p. 1.03］。

コア・スタンダードの完成をうけたIOSCOは2000年5月にIASCが作成したコア・スタンダードを正式に承認し，IOSCOに所属しているメンバー国に対して，コア・スタンダード（IASおよび関連する解釈指針）の使用を認めるよう勧告した［阿部，飯岡，高橋および大脇 2001, 17頁］。

また，IASC内部においてはコア・スタンダードの作成作業と並行して，IASCの組織改革が検討され始めた。すなわち，国際的な資本市場の急激な成長などのIASCを取り巻く重要な環境の変化により，IASCが今後も高品質の会計基準を形成しつづけうるかどうかを危惧する声が高まったこと，およびコア・スタンダード完成後に各国会計基準設定機関との連携を深めつつ会計基準間の差異を削減していく必要があることなどの理由によって，IASCの組織そのものの改善が検討され始めたのだという［阿部，飯岡，高橋および大脇 2001, 20頁，平松 1999, 72-73頁］。

IASCは組織改革を検討するために『IASCの将来像（Shaping IASC for the Future)』(1998年) と『IASCの将来像への勧告（Recommendations on Shaping IASC for the Future)』(1999年) という2本の報告書を公表して多くの意見をつのった。その結果として2001年に誕生したのが，国際的な会計基準設定機関であるIASBを含む国際会計基準委員会財団（International Accounting Standards Committee Foundation：IASCF）である［阿部，飯岡，高橋および大脇 2001，20-28頁，David Alexander and Simon Archer 2005, p.103］。

2．国際会計基準委員会財団（IASCF）の構造

(1) IASCFと評議会

　IASCFとは以下の目的を遂行するために活動する組織である［IASC Foundation 2007, pars. 1-2][1]。
「　(a)　公益に貢献するために，高品質で理解可能な強制力のある単一セットの国際的な会計基準を開発すること。その会計基準は財務諸表やその他の財務報告において，世界的な資本市場の参加者やその他の利用者が経済的意思決定を行うさいに役立つような高品質で透明で比較可能な情報を要求するものである。
　(b)　それらの基準の利用と厳格な適用を促進させること。
　(c)　(a) と (b) に関する目的を達成するために，必要に応じて中小企業および新興経済圏の特殊なニーズについて考慮すること。および
　(d)　高品質な解決のために，国内会計基準とIASおよびIFRSとのコンバージェンスを成し遂げること。」［IASC Foundation. 2007, par. 2.］
　IASCFは図表1-1のように，評議会，国際会計基準審議会（IASB），国際財務報告解釈指針委員会（IFRIC），および基準諮問会議（SAC）といった組織から構成される。
　評議会（Trustees）とは，IASCFの活動内容を決定し，IASB，IFRICおよびSACの各組織のメンバーの任命と監督，およびIASCFの予算の承認や資金の

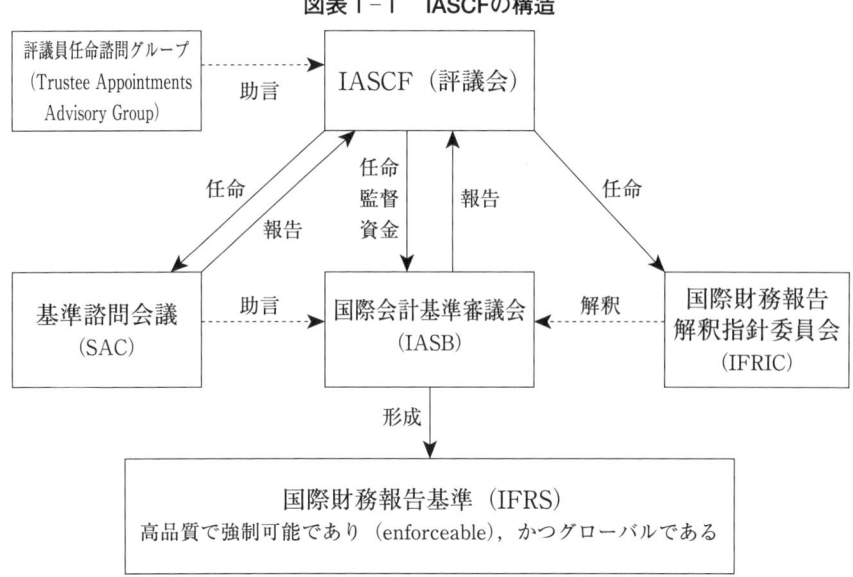

図表1-1 IASCFの構造

出所：IASB（2008b）における図の表現を一部変更して作成。

手配などを行う組織である［IASC Foundation 2007, pars. 2, 13 and 15］。

評議会は22人の個人（評議員）から構成され，出身地域や過去の職業の面で偏りがない公平で中立な立場に立つ専門家集団であると位置づけられている。すなわち，22人の評議員は地域的な偏りと専門家としての経歴の偏りとがないように配慮しつつ，下記の地域における監査人，作成者，利用者，研究者および公益に奉仕するその他の公務員などのなかから選出される［IASC Foundation 2007, pars. 6-7］。

(a) 北アメリカからの評議員6名
(b) ヨーロッパからの評議員6名
(c) アジア／オセアニア地域からの評議員6名
(d) 全体的な地理的バランスをとるために地域とは無関係に採用される評議員4名。

つぎに，評議会によってそのメンバーが任命されるIASB, IFRIC, および

SACの活動内容をそれぞれみていこう。

(2) 国際会計基準審議会 (IASB)

　IASBは国際財務報告基準（IFRSs）の設定を主たる任務とする組織である。なお，国際会計基準第1号『財務諸表の表示』（2007年改訂版）によれば，IFRSsは，①IFRS，②IAS，および③IFRSおよびIASに関する解釈指針，から構成される［IASB 2007, par. 7］。

　IASBは評議会から任命された14名のメンバー（12名の常勤メンバーおよび2名の非常勤メンバー）から構成される。IASBのメンバーとなるための主たる要件は，専門的能力（professional competence）と実務経験である。「国際会計基準委員会財団におけるIASBメンバーの選出要件（International Accounting Standards Committee Foundation Criteria for IASB Members）」によれば，IASBメンバーとして選出されるためには，①財務会計および財務報告に関する専門的能力および知識，②分析能力，③コミュニケーション技術（skill），④思慮深い意思決定能力，⑤財務報告環境に関する認識，⑥対等な関係で相互協力できる能力，および⑦誠実性，客観性および規律性，といった能力等を有し，かつ⑧IASCFの使命と公益に対してコミットメントすること，が求められる［IASC Foundation 2007, pars. 18-19 and Annex］。

　このIASBメンバー（任期は最長5年で1回の更新が可能）の選定においては，メンバーの専門能力に加えて，独立性も重視される。すなわち，IASBメンバーは監査人，作成者，利用者および研究者のなかから適切な実務経験のバランスをとりつつ，特定の関係者や地域の利害に偏ったメンバー構成にならないように注意して選出される。なお，評議員はIASBメンバーにはなれない。さらに，IASBはその独立性を確保するために，とくに常勤メンバーに対して，それまでの雇用関係を終了させることなどを求めている。こうして選ばれた常勤メンバーのうち，評議会によって任命された1名がIASB議長となるとともに，IASCFの最高執行責任者（Chief Executive）の職務を兼任する。また，常勤メンバーのなかから任命された1名が副議長となる［IASC Foundation 2007, pars.

19-25]。

　このように，IASBは高度な専門的能力を有した専門家からなる組織であるとともに，特定の地域や利害関係団体などから独立した公益に貢献しうる組織であると位置づけられている。そして，これらの専門性と独立性を備えたIASBメンバーがIASBのすべての専門的事項（technical matters）について全責任を負い，その責任においてIAS，IFRS，公開草案，および討議資料の作成と公表などを行うという構造になっている［IASC Foundation 2007, par. 31］。このIASBの主たる任務であるIFRSを形成するための正式な手順（デュー・プロセス）に関しては下で詳しく述べる。

(3) 国際財務報告解釈指針委員会 (IFRIC)

　IFRIC（International Financial Reporting Interpretations Committee）は主にIASおよびIFRSの適用に関する解釈を行い，IASおよびIFRSで具体的に扱われていない項目についてIASBの概念フレームワークの趣旨にそった解釈指針を提供する組織である［IASC Foundation 2007, par. 37］。

　IFRICは評議会によって任命された14名のメンバーから構成される。このメンバーの任期は3年で更新が可能である。IFRICのメンバーは国際的なビジネスや市場における経験などに関する専門的能力（technical expertise）が偏らないようにして任命される［IASC Foundation 2007, pars. 33 and 35］。

　また，IFRICの議長はIASBメンバー，専門活動ディレクター（Director of Technical Activities）あるいはその他のIASBのシニア・メンバー，およびその他の適切な資格をもった個人のなかから評議会によって任命される。IFRICの決定は，1人1票（ただし，議長には投票権がない）の投票によって行われ，4名以上の反対票が無ければその議案が承認される。IFRICにおいて承認を得た解釈指針（および解釈指針草案）などは，IASBによる承認を得た後で公表される［IASC Foundation 2007, pars. 34-36］。

　このように，IFRICのメンバーも専門性と独立性をそなえた公正な専門家であると位置づけられている。

(4) 基準諮問会議（SAC）

　SAC（Standards Advisory Council）とは，多様な地理的背景や職業経歴をもち，かつ国際財務報告に関心がある個人や組織に対して討論の場を提供するための組織である。SACは討論の場を提供することを通じて，①IASBの議題やその優先順位に関してIASBに助言すること，②主要な基準設定プロジェクトに対する人々の意見をIASBに伝えること，および③IASBや評議会にその他の助言を与えること，を任務としている［IASC Foundation 2007, par. 38］。

　SACは3年任期で更新可能な30人以上のメンバーからなり，その議長はIASBメンバーおよびそのスタッフ・メンバー以外から選ばれる［IASC Foundation 2007, par. 39］。

　SACは下で考察するデュー・プロセスにおいて多くの人々が会計基準の形成活動に参加できる機会を保証することを通じて，会計基準の形成が一部の人々の利害に偏ったものでないことを標榜し，会計基準の形成過程の手続的な独立性や公正さを支える役割を果たしていると考える。

(5) スタッフ

　IASB議長はIASCFの最高執行責任者として専門活動ディレクター，オペレーション・ディレクター（Director of Operations）およびコマーシャル・ディレクター（Commercial Director）をそれぞれ1名とその他のスタッフを任命する権限を持っている。専門活動ディレクターは，投票権を持たないがIASBおよびIFRICの会議に参加できる権限をもったスタッフである。また，オペレーション・ディレクターおよびコマーシャル・ディレクターは，最高執行責任者および評議会のもとで，出版，著作権，コミュニケーション，管理，財務，および資金調達を担当する［IASC Foundation 2007, pars. 41-43］。

　このようにスタッフはIASBなどによる会計基準形成活動を支え，促進させる存在として位置づけられている。

3．IASBのデュー・プロセス

(1) デュー・プロセスの構成

　これまでみてきたように，IASCFによる会計基準の国際的形成活動はIASBを中心として行われる構造となっている。そのIASBは高度な専門的能力を有する組織であり，特定の利害関係団体や地域から独立した組織であると位置づけられることによって，その能力の高さと独立性が強調されていた。それでは，ある会計処理に対する合意はいかにして形成されるのであろうか。IASBにおける合意は専門性と独立性をもったIASBメンバーと多数の人々との間の意見交換を通じて形成される構造となっている。すなわち，会計基準の形成過程が一部の人々の利害に偏ったものではないことを強調することによって，会計基準形成の手続面での独立性や公正さを支え，合意の獲得を促進させる仕組みが構築されていると考える。つぎにその内容を検討していこう。

　『IASBデュー・プロセス・ハンドブック』によれば，IASBが基準を設定するさいにとるべき正式な手順（デュー・プロセス）は以下の6つのステージから構成される。

　　ステージ1：アジェンダの設定
　　ステージ2：プロジェクト・プランニング
　　ステージ3：ディスカッション・ペーパーの作成と公表
　　ステージ4：公開草案の作成と公表
　　ステージ5：IFRSの開発と公表
　　ステージ6：IFRSの公表後の手続き

以下ではこれらのステージの内容をそれぞれ検討していこう。

　①　アジェンダの設定

　IASBにおける会計基準形成活動は，まず，どのような問題をIASBで検討するかの決定から始まる。ある項目がIASBの検討議題（アジェンダ）として取り上げられるかどうかとその項目の優先順位についてはIASBの公開会議で検討

され，IASBメンバーの過半数の賛成を獲得した案が採用される［IASC Foundation 2006, par. 24］。

　このアジェンダの設定とその優先順位の決定は，多くの人々が参加しうる仕組みで行われる。まず，IASBがある項目のアジェンダへの追加とその項目の優先順位に関する会議を開催する場合，IASBはその会議に先立って，SACやその他の会計基準設定機関と協議しなければならない。このSACとは上で検討したように，多様な人々が参加できる討論の場を用意するための組織である。また，アジェンダの優先順位に関して，IASBはその他の会計基準設定機関とコンバージェンスに関して検討しなければならない［IASC Foundation 2006, pars. 24-26］。

　このようにIASBの議題の決定方法は，その他の会計基準設定機関や基準諮問会議の活動を通じて，そこに参加している多様な人々の意見を聞いた上で，最終的にIASBが決定する仕組みとなっている。そのような仕組みを構築することによって，IASBの議題設定方法が民主的であり，公平なものであると位置づけられていると考える。

　②　プロジェクト・プランニング

　ある会計問題をIASBのアジェンダとすることが決まったならば，IASBは①そのアジェンダに関するプロジェクトをその他の会計基準設定機関と共同で遂行するのか，②ワーキング・グループ（特定分野に関する多様で幅広い関係者による会議）を設置するのか，および③そのアジェンダに関するプロジェクト・チームにその他の会計基準設定機関のスタッフも参加させるかどうか，などを決定する。また，プロジェクトの進捗状況は，IASBのウェブ・サイトで公表される［IASC Foundation 2006, pars. 27-29, 66 and 91］。

　ここでも，IASBの基準形成過程に対する人々（会計基準設定機関を含む）の参加と，その項目の検討過程の公開性・透明性が標榜される仕組みとなっている。

　③　ディスカッション・ペーパーの作成と公表

　通常，IASBは早い段階で多くの人々のコメントを得るために，新規の重要

な議題に関する論点などをまとめたディスカッション・ペーパーを公表する。このディスカッション・ペーパーの公表はデュー・プロセスにおいて義務づけられている必須の手続きではない。しかし，ディスカッション・ペーパーを公表しない場合，IASBはその理由を説明しなければならない［IASC Foundation 2006, par. 30］。

　ディスカッション・ペーパーはSAC，ワーキング・グループ，およびその他の会計基準設定機関からの提案やスタッフの提言などを分析して作成される。IASBはそのディスカッション・ペーパーの内容について検討し，メンバーの過半数の賛成を得られればディスカッション・ペーパーを公表する。なお，IASBはその他の会計基準設定機関が行っているプロジェクトをもとにディスカッション・ペーパーを作成してもよい。その場合には，その会計基準設定機関が作成したディスカッション・ペーパーをIASBが公表する［IASC Foundation 2006, pars. 32-33, and 91］。

　ディスカッション・ペーパーに対するコメントの募集期間が終了した後，IASBは寄せられた意見（コメント・レター）を分析し，ウェブ・サイトに公表する。コメントを分析した結果，IASBがさらに議論する必要があると判断した場合には，フィールド・ビジット（提案されている会計基準によって会計実務がどのような影響を受けるかを確認するための作業）を実施したり，公聴会やラウンド・テーブル会議を開催したりする［IASC Foundation 2006, pars. 36-37 and 99］。

　このディスカッション・ペーパーの公表（ステージ3）においても，多様な人々から幅広く意見を求め，必要であれば公聴会を開くなど，会計基準の形成過程の公正さを標榜し，基準形成過程に対する合意や支持の獲得を促す仕組みが構築されている。

　④　公開草案の作成と公表

　ディスカッション・ペーパーを公表するかどうかに関わらず，IASBは特定の会計処理を提案する会計基準案（あるいは現行の会計基準の改訂案）に対して多くの人々からコメントを得るために，公開草案を公表しなければならない。

なお，公開草案の作成においても，IASBは多くの人々や組織（たとえば，ディスカッション・ペーパーに対するコメント，スタッフの調査結果，SAC，ワーキング・グループ，およびその他の会計基準設定機関など）の意見を参考にしなければならない［IASC Foundation 2006, pars. 38-39］。

公開草案は9名以上のIASBメンバーが賛成すれば公表される。公開草案には特定の会計処理を提案する根拠とともに，その会計処理に反対するIASBメンバーの意見も記載される［IASC Foundation 2006, pars. 41 and 74］。

公開草案のコメント募集期間が終了した後，IASBはコメント・レターを分析し，ウェブ・サイトに公表する。コメントを分析した結果，IASBがさらに議論する必要があると判断した場合には，フィールド・ビジットを実施したり，公聴会やラウンド・テーブル会議を開催したりする。そのさいには，IASBはSACと協議し，多様な関係者グループと常に連絡を取り合うことが要求される［IASC Foundation 2006, pars. 43-44］。

この公開草案の公表（ステージ4）においても，これまでのステージと同様に，幅広い人々の参加と意見を求めることを通じて，基準形成過程に対する合意や支持の獲得を促す仕組みが構築されている。

⑤　IFRSの公表

公開草案に寄せられたコメントを分析した後，IASBは提案している会計基準案を変更して公開草案を再度公表すべきか否かなどについて検討する。再度公開草案を公表する際には，上記のステージ4（公開草案の公表）におけるデュー・プロセスと同様の手順による［IASC Foundation 2006, pars. 46-48］。

公開草案で提案した内容をIFRSとする場合（公開草案を再度公表しない場合），そのIFRS案に対して9名以上のIASBメンバーが賛成すれば，そのIFRS案がIFRSとして公表される［IASC Foundation 2006, pars. 49 and 74］。

⑥　IFRS公表後の手続き

IFRSが公表された後，IASBメンバーとスタッフは予期しない問題点などを把握するために，その他の会計基準設定機関や利害関係者と定期的な会議を開催する。また，IASBはIFRSの公表から一定期間が経過した時点で，（ア）

IFRSの適用状況，（イ）財務報告環境および規制の変化，（ウ）IFRSに関する基準諮問会議，財務報告解釈指針委員会および関係者のコメント，などの項目を検討して必要であれば研究を行う［IASC Foundation 2006, pars. 50-51］。

このステージ6においては，IFRSの公表後であっても幅広い人々の意見を求め，それを会計基準形成活動に反映させていく仕組みが構築されている。

(2) IASBにおける会計基準の形成方式と合意の獲得

これまで見てきたように，IASBのデュー・プロセスにおいては，多くの人々がIFRSの形成過程に関与しうる仕組みが構築されていた。つぎに，その多数の参加プロセスと合意形成のあり方について検討していこう。

まず，IASBの会議は公開で行われ，アジェンダの決定，ディスカッション・ペーパー，公開草案およびIFRSの公表などに必要な手順や賛成票の数が明示されている。これまで検討してきたものを含めて，IASBが公表する文書に必要な賛成票数をまとめたものが，図表1-2である。

これらの公表物の作成にあたっては，多様な人々の参加と意見を幅広く求めるために，基準諮問会議，ワーキング・グループ，コメント・レター，フィールド・ビジット，フィールド・テスト，公聴会，およびラウンド・テーブル会議などの多くの機会が用意されている。

IASBは多様な人々の参加と意見を求めることを重要な行為であると位置づけている。たとえば，IASBによれば，一般の人々からの意見（コメント・レター）はIASBの正式な審議過程において重要な役割を果たすものである。さら

図表1-2　文書の公表に必要な賛成票数

メンバーの過半数の賛成票が必要なもの	メンバーの9票以上の賛成票が必要なもの
・アジェンダとトピックの決定 ・ディスカッション・ペーパー ・その他の討議資料（その他の会計基準設定主体が作成した文書など） ・管理上の決定	・公開草案（現行の基準および概念フレームワークの改定案，および提案の改訂を含む） ・IFRSs ・IFRSsの解釈指針

出所：IASC Foundation (2006), par. 74における表の表現を一部変更して作成。

に，IASBのデュー・プロセスにおいては，①ディスカッション・ペーパー，②公開草案，および③IFRICの解釈指針草案および既存の解釈指針の改訂草案，という3種類の文書に対して幅広く意見を求めなければならない（上述のように，ディスカッション・ペーパーは発行しないこともできるが，その場合には発行しない理由を明らかにせねばならない）。また，IASBはコメント・レターの募集以外にも公聴会などの会議を開催するなどして関係者との意見交換を行うことの必要性を強調している［IASC Foundation 2006, pars. 94-97 and 103］。

　これまで検討してきたように，IASBの基準形成プロセスは多数の人々の参加を求め，それらの人々との意見交換を通じて行われる仕組みとなっている。さらにその会議を公開するとともにその会議の議決を得るための手順（多数決の方法や票数など）を明示するなど，その手続きの民主性が標榜されている。このような仕組みを構築することによって，IASBはIFRSsを多くの人々の参加を通じて形成されてきた公正で民主的なものであると位置づけていると考える。

　また，上述のようにIASBは組織のあり方としては高度な専門的能力をもった組織であり，特定の地域や利害関係者から独立した公正な組織であることを標榜している。

　IASBはこの組織の独立性と会計基準形成プロセスの民主性（多数の参加による基準形成）という2つの柱を軸とした基準形成方式を構築し，IFRSを公正な立場に立つ専門家集団が民主的な方法で形成した公正で公益に貢献するものであると位置づけている。そのことによって，IASBは会計基準形成の機構面（手続面）からIFRS（会計処理）に対する合意の獲得を支えようとしているのだと考える[2]。

　この基準形成プロセスにおける参加者にはその他の会計基準設定機関も含まれている。その会計基準設定機関を含む多数の人々や組織のIASBへの参加をよりいっそう強調するものが，リエゾン活動であると考える。つぎに，リエゾン活動を検討していこう。

4．リエゾン活動と会計基準の国際的形成

(1) ノーウォーク合意

　IASBによれば，これまで検討してきたデュー・プロセスの全段階においてリエゾン活動が行われる。リエゾン活動とは，IASBと基準設定に利害関係をもつ人々との間の協力や連絡を促進するための活動である。IASBはその発足時においてオーストラリア，ニュージーランド，カナダ，フランス，ドイツ，日本，イギリス，およびアメリカの会計基準設定機関との間で正式なリエゾン関係を結んでいる [IASC Foundation 2006, pars. 82-83]。

　さらに，近年，IASBは財務会計基準審議会 (FASB)，EU，およびわが国の企業会計基準委員会などとの間で，会計基準の国際的形成に対する協力や連携をさらに促進するための活動を積極的に行っている。EUおよび企業会計基準委員会とIASBとの間の活動については，後の章で検討するので，ここではアメリカとIASBとの間の活動について検討していこう。

　まず，IASBは2002年にFASBと財務諸表の比較可能性を高めうるような，高品質で互換性のある会計基準を開発することを目的とするノーウォーク合意 (The Norwalk Agreement) を締結した。その合意においては，(1) 実行可能であればすぐに，既存の会計基準を完全に互換性のあるものにすること，および (2) いったん互換性が達成されたならば，その互換性が維持されることを保証するために将来の作業プログラムをお互いに調和させること，が合意された。さらに，FASBとIASBはそれぞれの会計基準が互換性を持つようにするために必要な優先度の高い問題としてつぎの事項をあげ，お互いに協力しつつそれらの問題に取り組むとしている [FASB and IASB 2002, pp. 1-2][3]。

　(a) アメリカの一般に認められた会計原則 (GAAP) とIFRSsとの間に存在するさまざまな個々の相違の除去を目的とした短期プロジェクトを開始する。

　(b) 将来の作業計画の調和化を通じて，2005年1月1日時点に存在する

であろうGAAPとIFRSsとの間の相違を除去する。
(c) 現在進行中のプロジェクトの継続的進行。
(d) 双方の審議会における解釈指針の調和化。

(2) ロードマップ 2006年版MoU

また，FASBとIASBは2006年に『IFRSsとアメリカ会計基準（US GAAP）との間のコンバージェンスに対するロードマップ—2006-2008　FASBとIASBとの間の覚書』（以下，2006年版MoUと略称する）を公表した。これはFASBとIASBとの間のコンバージェンスをよりいっそう促進させるための合意であり，上述のノーウォーク合意の趣旨を踏襲したものである。

まず，2006年版MoUは会計基準のコンバージェンスに関してつぎの3つの原則を提示した［FASB and IASB 2006, p. 1］。

・会計基準のコンバージェンスは，長期にわたる高品質で共通の基準の開発を通じて，最もよく達成できる。
・重要な改善が必要な2つの基準間の差異を解消することを試みることは，FASBとIASBの資源の最善の利用ではない。それよりも，投資家に対して報告される財務情報を改善する新しい共通の基準を開発すべきである。
・投資家の要求に応えることは，FASBとIASBが，問題がある基準（weaker standards）をより良い基準（stronger standards）に置き換える

図表1-3　2008年までにコンバージェンスの達成を目指す項目

FASBが検討すべき項目	IASBが検討すべき項目
公正価値オプション	借入費用
減損（IASBと共同）	減損（FASBと共同）
法人所得税（IASBと共同）	法人所得税（FASBと共同）
投資不動産	政府補助金
研究開発費	ジョイント・ベンチャー
後発事象	セグメント

出所：FASB and IASB（2006），p. 2における表の注の部分を削除して作成。

ことによってコンバージェンスすることを求めるべきであることを意味する。

その3つの原則に従って2006年版MoUは，図表1-3に示した項目に関するコンバージェンスを2008年までに終えることを目指すとしている〔FASB and IASB 2006, pp. 1-2〕。

また，下記の11分野に関する会計基準は2008年までにコンバージェンス作業を終えることが困難であるが，FASBとIASBとの共同プロジェクトにおいて検討していくのだという〔FASB and IASB 2006, pp. 2-4〕。

・企業結合
・連結
・公正価値測定
・負債と資本の区分
・業績報告
・退職後給付（年金を含む）
・収益認識
・認識の中止
・金融商品（現行基準の置き換え）
・無形資産
・リース

くわえて，2006年版MoUはアメリカで登録している外国企業がIFRSsを使用している場合に，アメリカ基準を使用した場合との差異調整表の作成を要求する規定を廃止することの有用性を主張した。その後，アメリカでは，アメリカで登録しておりIFRSsによって財務諸表を作成している外国企業に対してGAAPへの差異調整表の作成を要求するSECの規定が廃止された〔FASB and IASB 2006, p. 1, and SEC 2008a〕。

さらに，2008年8月27日にSECはアメリカ企業に対して，IFRSsを用いて作成した財務諸表をSECへ提出することを2014年に認めるかどうかを2011年に決定すると発表した〔SEC 2008b〕。

(3) ロードマップ 2008年版MoU

　FASBとIASBは2008年に『2006年2月の覚書の完了：進捗状況の報告および完了予定表』（以下，2008年版MoUと略称する）を公表した。この合意は，会計基準のコンバージェンスをさらに促進させるために，2006年版MoUにおいて示されたプロジェクトを完了させるための計画を示したものである［FASB and IASB 2008, p. 1］。2008年版MoUの主張にそくして，その内容を検討していこう。

　2006年版MoUの公表後，FASBとIASBは短期コンバージェンス・プロジェクトを達成するために多くの会計基準を公表した。たとえば，FASBはアメリカの国内会計基準をIFRSsにコンバージェンスさせるために，公正価値オプションに関する会計基準や，企業結合時に取得される研究開発用資産に関する会計基準を公表した。さらに，FASBは後発事象の会計基準を作成中である。また，IASBもIFRSsをFASBの会計基準にコンバージェンスさせるために，借入費用に関する会計基準やセグメント報告に関する会計基準を公表し，さらにジョイント・ベンチャーや法人所得税に関する会計基準を作成中である。なお，短期プロジェクトのうち，政府補助金および減損に関するプロジェクトはその他の作業が完了するまでその作業の完了を延期することになった［FASB and IASB 2008, p. 2］。

　つぎに，2006年版MoUにおいて長期の共同プロジェクトの対象とされた11分野のうちの7分野に関するプロジェクトの進捗度状況は下記の通りである［FASB and IASB 2008, pp. 2-4］。

- ・企業結合（2007年にプロジェクト完了）
- ・金融商品（現行基準の置き換え）（プロジェクトの完了予定日は未定）
- ・財務諸表の表示（2011年にプロジェクト完了予定）
- ・無形資産（2007年に共同の議題に含めないことが決定され，現在は継続中の議題ではない）
- ・リース（2011年にプロジェクト完了予定）
- ・負債と資本の区分（2011年にプロジェクト完了予定）

・収益認識（2011年にプロジェクト完了予定）

　また，11分野のうち下記に示した4分野は短期的には差異を最小化し，長期的には共通の基準の開発を容易にするために，FASBとIASBとが互いの進捗状況をみつつ異なる段階でアプローチを策定しているのだという［FASB and IASB 2008, pp. 2-4］。

・連結
・認識の中止
・公正価値測定
・退職後給付（年金を含む）

　さらに，IASBはFASB以外の国々とも，コンバージェンス活動を積極的に展開している。たとえば，IASBは2007年にわが国の企業会計基準委員会との間で高品質な会計基準へのコンバージェンスを目指して東京合意を締結した。

　これまで検討してきたノーウォーク合意などの活動においては，国際的な場でIASBとリエゾン関係にある組織（とくにFASB）とが意見交換を行いつつ会計基準を形成していくという方式がとられていた。それらの活動で検討されていた項目の多くは公正価値会計などの議論の余地が多く，それゆえ合意の獲得が困難である会計処理項目である。IASBの立場にたってみれば，これらのノーウォーク合意などの活動はIFRSsの形成に対してより多くの人々（会計基準設定機関を含む）の参加を促すものである。そのことは，IFRSsの形成過程の手続的な民主性を向上させ，合意の獲得が困難な項目を会計基準化することへの支持や合意の獲得を促進させることに機能すると考える。むろん，ノーウォーク合意などの活動は多様な側面をもつものである。ここで導出した結論は，ノーウォーク合意などが果たす役割の一側面である。

5．概念フレームワークによるIFRSsの理論的正当化

　これまで本章において検討してきたように，IASBによる会計基準形成における手続面での正当性は，①IASBメンバーなどの専門性と独立性，および②

リエゾン活動を含む基準形成過程への多数の人々の参加（会計基準形成プロセスの民主性），という2つの柱を軸にして支えられていた。

それらの手続面による会計基準形成の正当化に加えて，IASBはIFRSsの形成（すなわち，会計処理の会計基準化）を別の手段によっても支えている。それは，IASBの概念フレームワークの構築による理論的側面からの正当化である。

IASCが1989年に公表した概念フレームワーク『財務諸表の作成および表示に関するフレームワーク』は，その後IASBにおいても概念フレームワークとして承認された（この概念フレームワークの内容については後の章で説明する）。なお，MoUの作業計画の正式な一部ではないとされているが，FASBとIASBは現在，共同の概念フレームワークを開発するプロジェクトを進めている［FASB and IASB 2008, p. 1］。

現在のIASBの概念フレームワークは財務諸表の作成や表示の基礎をなす諸概念を述べたものであり，IFRSs（IFRSやIAS）そのものではない。IASBによれば，概念フレームワークはつぎのような目的を果たすために作成された。すなわち，(1) IASの作成や見直しを行うさいに有用であること，(2) IASで認められる代替的会計処理の数を削減するための基礎を提供すること，(3) 各国の会計基準設定機関にとって有用であること，(4) 財務諸表作成者がIASを適用するさいや，IASが規定していない会計問題を処理するさいに有用であること，(5) 監査人が財務諸表のIASへの準拠性について意見を形成するさいに有用であること，(6) 財務諸表利用者がIASに準拠して作成された財務諸表情報を解釈するさいに有用であること，および (7) IASCの作業に関心をもつ人々に対して，IASの形成方法に関する情報を提供すること，である［IASC 1989b, pars. 1-3］。

このIASBの概念フレームワークはいくつかの会計処理のなかからある会計処理を適切なものとして会計基準化するさいの理論的正当性を支える役割を果たすものである。

たとえば，上述の公開草案第32号は当時のIASで認められていた会計処理を適切な会計処理とそうでない会計処理とに分類するための規準として，①当時

の世界的な実務および各国の会計基準，法律および一般に認められた会計原則の趨勢，②IASCの概念フレームワーク（公開草案第32号公表当時は提案書の段階であった）への準拠，③規制監督者およびその代表団体（IOSCOなど）の見解，および④同一の会計基準の中での首尾一貫性とその他の国際会計基準との首尾一貫性，の4つをあげていた［IASC 1989a, par. 19］。この分類規準に概念フレームワークが含まれていることから，概念フレームワークは公開草案第32号が提唱する会計基準（会計処理）の理論的正当性を支えるうえで大きな役割を果たしたと考えられている［たとえば，平松 1994, 264頁，安田 1998, 99頁］。

それゆえ，IASBは独立と参加（リエゾン活動を含む）という2つの柱を軸にしてその会計基準形成の機構面（手続面）の正当性を支えると同時に，概念フレームワークという理論的枠組みを構築することによってIFRSsの内容を理論的に支えていると考える。IASBはこのような機構面と理論面の両面からIFRSsを支えて合意の獲得を促進させることによって，IFRSsを用いて作成した財務諸表（会計実務）の正当性を支えようとしていると考えられるのである。

むろん，個々の会計基準の内容は，個々の会計基準が展開している個別問題に関する理論などの多様な方法によって支えられている。本章で検討した内容は，IASBがその会計基準の正当性を支える方式の一側面である。

注

1　IASCFの定款は2000年3月に承認された。本章は2007年10月31日に改訂された定款に基づいている。なお，本章における定款の訳文は，企業会計基準委員会，財団法人財務会計基準機構監修，レクシスネクシス・ジャパン株式会社訳（2008）における定款（2005年改訂版）の翻訳を参考にしている。
2　本章で導出している結論は，アメリカのFASBにおける一般に認められた会計原則（GAAP）への合意獲得方式に関する加藤盛弘教授の分析に導かれたものである［加藤 1994, 第5章］。
3　ノーウォーク合意に関する研究にはたとえば，［山田 2003］がある。本章におけるノーウォーク合意の訳語は，同論文に掲載されている翻訳を参考にした。

参考文献

阿部光成,飯岡和子,髙橋公および大脇久幸(2001),「会計基準をめぐる動向」,わが国会計基準の国際的調和化に関する研究委員会編『わが国会計基準の国際的調和化に関する研究委員会報告 わが国会計基準と国際会計基準および米国会計基準との比較調査』所収,企業財務制度研究会.

加藤盛弘(1994),『一般に認められた会計原則』森山書店.

加藤盛弘(2002),『現代の会計学』第3版,森山書店.

企業会計基準委員会,財団法人財務会計基準機構監修,レクシスネクシス・ジャパン株式会社訳(2008),『国際会計基準審議会 国際財務報告基準(IFRSs®)2007』雄松堂.

斎藤静樹(2003),「井尻雄士先生の講演にあたって:ご挨拶」『季刊 会計基準』第3号.

白鳥栄一(1998),『国際会計基準 なぜ,日本の企業会計はダメなのか』日経BP社.

平松一夫(1994),『国際会計の新動向 会計・開示基準の国際的調和』中央経済社.

平松一夫(1999),「『IASCの将来像』の内容と我が国への影響」,『JICPAジャーナル』524号.

広瀬義州(1999),「IASCとIAS」広瀬義州,間島進吾編『コンメンタール国際会計基準Ⅰ』所収,税務経理協会.

安田 忍(1998),「国際的調和化と国際会計基準の役割」森川八洲男編著『会計基準の国際的調和化』所収,白桃書房.

山田辰己(2003),「IASBとFASBのノーウォーク合意について—国際会計基準と米国会計基準の統合化へ向けての合意—」『企業会計』55巻第2号.

David Alexander and Simon Archer(2005),*Miller International Accounting/Financial Reporting Standards Guide*, 2005 Edition.

FASB and IASB(2002),*Memorandum of Understanding "The Norwalk Agreement"*.(http://www.fasb.org/news/memorandum.pdf)(2004年3月25日現在。)

FASB and IASB(2006),*A Roadmap for Convergence between IFRSs and US GAAP-2006-2008 Memorandum of Understanding between the FASB and the IASB*.(本章における2006年版MoUの訳語は基本的に企業会計基準委員会訳(2006)「IFRSsと米国会計基準との間のコンバージェンスに対するロードマップ—2006-2008 FASBとIASBとの間の覚書」(http://www.asb.or.jp/html/iasb/press/20060227.pdf,2008年10月23日現在)に基づいている。)

FASB and IASB(2008),*Completing the February 2006 Memorandum of Understanding: A progress report and timetable for completion*.(本章における2008年版MoUの訳語は基本的に企業会計基準委員会訳(2008)「2006年2月の覚書の完

了：進捗状況の報告及び完了予定表」(http://www.asb.or.jp/html/iasb/press/20080911.pdf, 2008年9月25日現在) に基づいている。)

IASB (2007), International Accounting Standard 1, *Presentation of Financial Statements*.

IASB (2008a), web site, http://www.iasb.org/About+Us/About+the+IASB/IFRSs+around+the+world.htm (2008年11月28日現在).

IASB (2008b), web site, http://www.iasb.org/About+Us/How+we+are+Structured.htm (2008年11月28日現在).

IASC (1998), *International Accounting Standards*, 1998 version.

IASC (1989a), Exposure Draft 32, *Comparability of Financial Statements Proposed amendments to International Accounting Standards* 2, 5, 8, 9, 11, 16, 17, 18, 19, 21, 22, 23 and 25. (本章におけるE32の訳文は日本公認会計士協会訳『財務諸表の比較可能性 国際会計基準第2号, 第5号, 第8号, 第9号, 第11号, 第16号, 第17号, 第18号, 第19号, 第21号, 第22号, 第23号及第25号の改定案』に基づいている。)

IASC (1989b), *Framework for the Preparation and Presentation of Financial Statements*. (本章における概念フレームワークの訳語は, 基本的に企業会計基準委員会, 財団法人財務会計基準機構監修, レクシスネクシス・ジャパン株式会社訳 (2008) 所収「財務諸表の作成及び表示に関するフレームワーク」に基づいている。)

IASC Foundation (2006), *Due Process Handbook for the International Accounting Standards Board*. (本章における『IASBデュー・プロセス・ハンドブック』の訳語は, 基本的に, 企業会計基準委員会, 財団法人財務会計基準機構監修, レクシスネクシス・ジャパン株式会社訳 (2008) 所収「IASBデュー・プロセス・ハンドブック」に基づいている。)

IASC Foundation (2007), *IASC Foundation Constitution*.

SEC (2008a), *Acceptance from Foreign Private Issuers of Financial Statements Prepared in Accordance with International Financial Reporting Standards without Reconciliation to U.S.GAAP*. (http://www.sec.gov/rules/final/2007/33-8879.pfd) (2008年11月19日現在。)

SEC (2008b), web site, http://www.sec.gov/news/press/2008/2008-184.htm. (2008年10月28日現在。)

(川本　和則)

第 2 章
EUにおける会計基準のコンバージェンス

〈学習の視点〉

　欧州連合（EU）では，2005年より，IFRSsの適用が義務づけられている。この直接の法的根拠は，2002年に制定された「IAS適用命令」である。EUの会計国際化は，現在，こうしたIFRSsの域内導入を軸に展開しているが，時系列でみると，2つの段階に分けることができる。すなわち，第1段階は，「指令」の発布を軸にした加盟国会社法の調和化の過程であり，そして第2段階は，域内市場におけるIFRSsの導入にもとづく，現在のコンバージェンスの過程である。

　EUの場合，域内でのIFRSs適用にあたり，IFRSsを無条件で採用するのではなく，EUの機関による検証と承認のメカニズム，すなわちエンドースメントとよばれる手続きを導入している点が特徴的である。このエンドースメント手続きを経て，IFRSsはEU法の一部として承認され，域内で適用可能になる。またEUは，域内上場企業にIFRSs適用を義務づける一方，域外企業については，IFRSsか，それと「同等」と認められる本国基準への準拠を要請している（域外基準の同等性評価）。

　本章の目的は，EUの会計国際化にとって重要な（1970年代後半から現在までの）EU法令や公的文書を体系的に整理することである。その際，EUの主要加盟国であるドイツの制度改革の動向についても言及する。

1．EUにおける会計国際化の動向

　欧州連合（EU）では，2002年の「IAS適用命令」（IAS規則ともよばれる）にもとづき，2005年から，約7,000社の域内企業がIFRSsを適用している。「IAS適用命令」の正式名称は，「国際的会計基準の適用に関する2002年7月19日のEU議会および理事会の命令」であり，この命令の発布は，IFRSsをEUの枠組みのなかで承認し，適用可能にするというEUの会計戦略にもとづくものである。

　EUにおける会計国際化は，現在，こうしたIFRSsの域内導入を軸に展開しているが，時系列でみると，2つの段階に分けることができる。すなわち，第1段階は，EUの統合に伴う加盟国会社法の調和化の過程であり，そして第2段階は，域内市場におけるIFRSsの導入を軸とした現在のコンバージェンスの過程である。

2．「指令」による域内の会計調和化——会計国際化の第1段階——

　EUは，1958年の欧州共同体（EC）設立条約（ローマ条約），1993年の欧州連合条約（マーストリヒト条約）の発効を経て，域内の経済統合を進めてきた。

　EUにおける会計国際化の第1段階は，ECが域内の経済統合の一環として，1960年代後半以降，会社法制の調和化を試みたことに始まる。

　ローマ条約によれば，「EUの議会，理事会および委員会は，その任務遂行のために命令（規則）を定め，指令を発し，決定を行い，勧告または意見を表明する」（第249条）と定められている。これにもとづき，EUの機関（議会・理事会・委員会）は，4種類の法令を発布することができる。

　「命令（規則）」とは，一般的な適用性を有し，すべての加盟国において直接，拘束的に適用されるものである。それに対し「指令」の場合，達成すべき目標ないし結果について加盟国を拘束するものの，その実現の方法および手段

については，加盟国に委ねるものである。したがって，その性格上，直ちに加盟国の国内法として効力を有するものではなく，加盟国が「指令」を国内法化する措置をとってはじめて法的効力が生じる。また「決定」は，それが向けられたものに対して拘束力を有するが，「勧告」または「意見」については，拘束力は生じない。

EUでは，ローマ条約にもとづき，会社の社員（出資者）ならびに第三者の利益のために加盟国で定められている保護規定について，これを域内において同等のものとするため，必要な範囲において調整することが目指された。そのための法的措置が，一連の「指令」の制定であった。

とくに1970年代から1990年代にかけて制定された「指令」のうち，会計関連規定の調整に関するものは，つぎの5つの指令である。

・一定の法形態の会社の個別財務諸表に関する第4号指令（1978年）
・連結財務諸表に関する第7号指令（1983年）
・法定監査人の資格要件に関する第8号指令（1984年）
・銀行その他の金融機関の個別財務諸表および連結財務諸表に関する指令：銀行会計指令（1986年）
・保険企業の個別財務諸表および連結財務諸表に関する指令：保険会計指令（1991年）

第4号指令は，域内の資本会社（株式会社がその代表例）に関する会計の基盤を成すものであり，第7号指令は，連結財務諸表の作成要件を中心に規定するものである。そして第8号指令は，域内で法定監査に従事する監査人の資格要件を定めたものである。また，残りの2つの指令は，銀行や保険といった特定業種の会計を対象としている。

EU域内の会社法制の調和化は，こうした一連の「指令」の制定を軸に進められてきたが，その特徴として，とくに2つの点を指摘できる。

第1は，イギリス会社法に由来する「真実かつ公正な概観（true and fair

view)」概念が，財務諸表作成の基本原則に採用された点である（第4号指令および第7号指令）。こうした「真実かつ公正な概観」概念の採用は，1973年のイギリスのEC加盟を契機としているが，その際，ドイツ商法上の「正規の簿記の諸原則（Grundsätze ordnungsmäßiger Buchführung：GoB）」概念を交え，両者のうちいずれをEUの会計指令に採用すべきかの論争があった。

　第2は，加盟国に対し，国内立法上，選択の余地を認める方式の規制，いわゆる加盟国選択権を付与する規制方式が採用されたことである。すなわち，加盟国選択権とは，「加盟国は……することが認められる」と明文化し，加盟国にその裁量を認める方式である。会計指令においては，この加盟国選択権を含む規定が数多く存在する。

　それに対し，加盟国に選択の余地を与えないものが義務的規制方式であり，「加盟国は……しなければならない」という形で，規制の趣旨どおりに加盟国に国内化を義務づけるものである。第4号指令は，財務諸表の記載事項につき，その「比較可能性および同等性」を確保するため，相互に異なる評価方法を必要な範囲において調整しなければならない，と定めている。この目標の達成のために，会計指令においては，大きく分けて加盟国選択権と義務的規制という2つの方式が併存する形になっている。

　したがって，「指令」の発布にもとづくEUの会計国際化の第1段階は，域内に適用される統一会社法を創出するものではなく，財務諸表の「比較可能性および同等性」を目指した加盟国会社法の調和化を試みるものであった。

3．EU域内へのIFRSsの導入——会計国際化の第2段階——

(1)「会計領域の調和化：国際的調和化のための新戦略」

　EUにおける会計国際化の第2段階は，域内におけるIFRSsの導入を軸としたコンバージェンスの過程である。IFRSsの域内導入の構想は，つぎに示すEU委員会の一連の公的意見書ならびに法令（「IAS適用命令」）において形成された。

- 「会計領域の調和化：国際的調和化のための新戦略」：「新戦略」(1995年)
- 「金融サービス：行動大綱の策定」：「行動大綱」(1998年)
- 「金融市場大綱の転換：行動計画」：「行動計画」(1999年)
- 「EUの会計戦略：将来の進路」：「将来の進路」(2000年)
- 「IAS適用命令」(2002年)

　EUにおけるIFRSs導入戦略の起点になったのが，1995年のEU委員会の「新戦略」である。この「新戦略」は，EUの機関が新しい会計戦略の方向性を正式に表明したという点で重要であった。

　「新戦略」の要点は，IASC（当時）の活動を支持したうえで，既存の会計指令を維持しながら，IFRSsへの接近を図ることを提案したことである。すなわち，EUのスタンスとして，IASCのもとで進展する国際的調和化プロセスにおいてEUの比重を高め，その際にEUの利益を確保すること，さらにIFRSsと会計指令の一致の程度を確認することが求められた。

(2)「金融サービス：行動大綱の策定」

　1998年の「行動大綱」は，EUの政策理念を解説したものであり，IFRSsと会計指令の統合をより前進させるものであった。

　「行動大綱」によれば，1999年からの単一通貨ユーロの導入を機に，会計戦略をより進展させる必要性が生じている。たとえば，ニューヨーク証券取引所（NYSE）またはナスダック（NASDAQ）に上場している域内企業の数は，1990年の約50社から1998年には250社に増加しており，当該企業が異なる基準を用いて財務諸表を作成する必要がないよう，IFRSsに会計指令を適合させることが求められる。そのため，上場企業に対し，IFRSsへの準拠を要求すべきか否かの検討が重要であるとされた。

　この「行動大綱」の特徴は，EUの市場統合に向けて，とくにIFRSsへの会計指令の適合を重要な政策課題として位置づけた点である。域内の財務諸表の

比較可能性は統一基準への準拠が前提であり，その場合，アメリカの会計基準（US-GAAP）の採用ではなくて，世界的基準として想定されるIFRSsへの対応を軸にする方向が確認された。

(3)「金融市場大綱の転換：行動計画」

1999年の「行動計画」は，政策理念の解説書であった「行動大綱」を受けて，その政策項目と実施日程を優先順に明らかにする，いわば実施計画書であった。

「行動計画」においては，EUの基本戦略がつぎのように述べられている。

比較可能な，透明かつ信頼できる財務諸表は，効率的な市場統合にとって不可欠の要件である。比較可能性の欠如は国境を越えた投資活動の阻害要因となる。なぜなら，財務諸表の信頼性を確保できないからである。企業が域内で資本調達を行うに際して，統一基準に準拠した財務諸表を作成するための解決策が緊急に求められる。資本調達はEU域内に限定されない。域内企業は，国際資本市場も利用する必要がある。域内市場の比較可能性を改善するための解決策は，国際的基準の動向に沿う必要がある。IFRSsは，企業に国際資本市場での資本調達機会を与え得る統一基準として最善のものであろう，と。

「行動計画」は，こうした認識に立って，会計戦略に関する公式意見書の作成（優先段階1），公正価値評価の導入（優先段階2），EU会計指令の現代化（優先段階2），会計監査制度の強化（優先段階2）という具体的な戦略目標を示すものであった。

(4)「EUの会計戦略：将来の進路」

EUの会計国際化戦略は，1995年の「新戦略」，1998年の「行動大綱」，1999年の「行動計画」を経て，その構想が具体化されてきた。それを受けて，2000年の「将来の進路」は，IFRSsに接近するEUのスタンスをさらに鮮明にする内容となった。すなわち，「将来の進路」では，域内の資本市場の一体感を高めるため，IFRSsとの潜在的なコンフリクトの解消を目指してEU会計指令の

「現代化」を図るとともに，2005年という期限の明示のもと，統一基準としてのIFRSsの域内導入が提案された。

「将来の進路」の要点としては，3つを指摘できる。

第1は，域内のIFRSs導入プランを2005年と設定した点である。その場合，域内上場企業の連結財務諸表に対しIFRSs適用を義務づける一方，上場企業の個別財務諸表ならびに非上場企業の連結・個別財務諸表に対しては加盟国選択権の導入が提案された。とくに個別財務諸表については，多くの加盟国において配当および課税所得の算定の基礎として，各国固有の基準が適用されている状況が配慮された。

第2は，IFRSs適用の要件として，その検証と承認のメカニズム，すなわちエンドースメント（endorsement）の導入を具体的に提案した点である。このエンドースメントを介してIFRSsがEUの法体系に組み込まれ，その適用をめぐる法的安定性の確立が目指された。しかもその機構として，政治的レベル（公的組織）と技術的レベル（民間組織）の二段構えによる，いわばハイブリッドな承認メカニズムが提案された。

第3は，既存の会計指令（第4号指令・第7号指令・銀行会計指令・保険会計指令）の「現代化」に向けて，その改訂を指示する，つぎの一連の「指令」の制定を促した点である。

- 一定の法形態の会社，銀行およびその他の金融機関の個別財務諸表ないし連結財務諸表に許容される価値評価に関する第4号指令，第7号指令，銀行会計指令の修正のための指令：公正価値指令（2001年）
- ユーロ換算の金額にかかわる一定の法形態の会社の個別財務諸表に関する第4号指令の修正のための指令：規模基準指令（2003年）
- 一定の法形態の会社，銀行およびその他の金融機関ならびに保険企業の個別財務諸表および連結財務諸表に関する第4号指令，第7号指令，銀行会計指令，保険会計指令の修正のための指令：現代化指令（2003年）

「公正価値指令」は，金融商品等に関して，公正価値評価の導入を加盟国に要請するものである。「規模基準指令」は，5年ごとに見直される（ユーロ表示の）会社規模の区分基準値に関し，加盟国に対して基準値のおよそ17％の引き上げを要求する。そして「現代化指令」は，既存の第4号指令，第7号指令，銀行会計指令および保険会計指令の内容を国際動向に合わせて改訂（現代化）することを包括的に指示したものである。この「現代化指令」による改正の影響は，およそ500万社の域内企業に及ぶといわれる。

(5) 「IAS適用命令」の制定

「将来の進路」で提起されたEUの会計戦略は，2002年の「IAS適用命令」において，条文の形で具体化された。「指令」と異なり，「IAS適用命令」は，加盟国を直接拘束するEU法令として，2005年からのIFRSs導入を命じるものであった。「IAS適用命令」により，EUの上場企業は，IFRSsに準拠した連結財務諸表の作成が義務づけられる（第4条）。加えて，同命令は，IFRSsの適用を上場企業の個別財務諸表，ならびに非上場企業の連結財務諸表と個別財務諸表にまで拡大する選択肢を加盟国に認めている（第5条）。

したがって，「IAS適用命令」にもとづき，図表2-1に示すように，EUの上場企業に対してはIFRSs準拠の連結財務諸表の作成が義務づけられるが，他方で，上場企業の個別財務諸表，ならびに非上場企業の連結財務諸表と個別財務諸表に対してIFRSsをどのように導入するかは，各国の立法判断に委ねられる（加盟国選択権）。

さらに注目すべきは，IFRSsのエンドースメントに関する法的根拠が設けら

図表2-1　「IAS適用命令」が定めるIFRSsの適用

	連結財務諸表	個別財務諸表
上場企業	適用義務	加盟国選択権
非上場企業	加盟国選択権	加盟国選択権

れた点である（第3条）。これにより，一定の要件のもとで，IFRSsはEUに承認され，域内で適用可能となる。ここで一定の要件とは，主に①第4号指令および第7号指令にいう「真実かつ公正な概観」原則に抵触しないこと，②EUの利益に合致すること，である。

(6) IFRSsの承認手続き

IFRSs（およびその解釈指針）のエンドースメントの場合，その手続きには様々な機関が関与する。すなわち，執行機関としてのEU委員会を中心に，民間組織の「欧州財務報告諮問グループ（European Financial Reporting Advisory Group：EFRAG）」（具体的作業は，下部組織の技術的専門グループEFRAG-TEGが担う）と，公的組織である「会計規制委員会（Accounting Regulatory Committee：ARC）」，さらにEUの議会および理事会がこの承認プロセスに関与する仕組みになっている（図表2-2）。これは，前述の「将来の進路」（2000年）で提唱された，公的組織と民間組織からなるハイブリッドな承認メカニズ

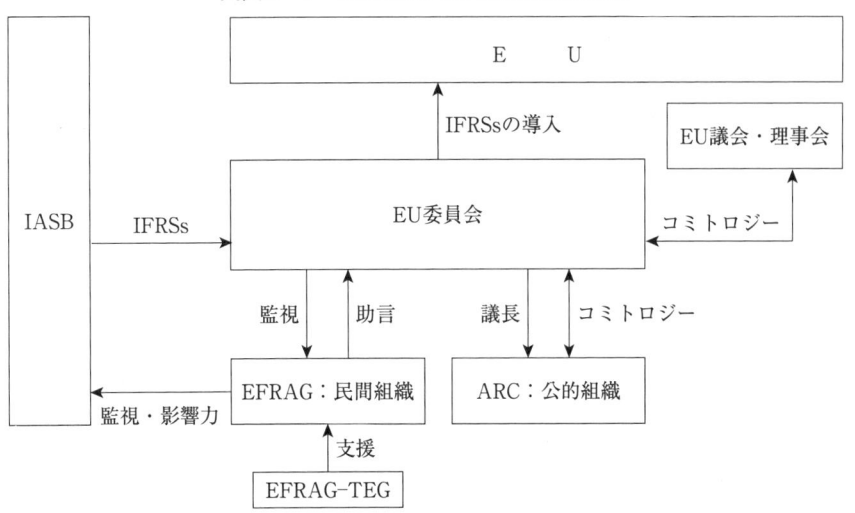

図表2-2　EUにおけるIFRSsの承認機構

出所：Deutsche Bundesbank（2002），Monatsbericht vom 14. 06. 2002, 54. Jahrgang, Nr. 6, S. 46を修正のうえ作成。

ムの構想を具体化させたものである。

　こうしたIFRSs（およびその解釈指針）のエンドースメントは，EU特有の手続き，すなわちコミトロジー（commitology）手続きにもとづくものである。コミトロジーとは，特定の専門領域の規制に関し，EU委員会に大幅な施行権限を委ねることを意味しており，この構想は，2001年の「ラムファルシー報告書」にまで遡る。同報告書において，域内の市場規制の効率化を目指した立法手続きの改善が提案され，EUの立法に関し，4段階アプローチの導入が図られた。

　「ラムファルシー報告書」が提案した4段階のうち，第1段階（Level 1）は，EUの議会および理事会が「命令」または「指令」の枠組み・原則を定める通常の立法手続である。それに続く第2段階（Level 2）は，第1段階で整えられた枠組みに沿って，EU委員会が専門委員会の協力のもとに施行細則を策定，発布するプロセスであり，これが一般にコミトロジー手続きと称される。

　したがって，EUにおけるIFRSsのエンドースメントは，コミトロジー手続きにもとづき，IFRSsをEU法の一部として承認し，正式に域内で適用可能にするプロセスといえる。

　手続き上，エンドースメントは，IFRSsの承認の判断にあたり，EU委員会に対してEFRAGが助言するプロセスから始まる。EFRAGは，EU委員会に対しIFRSsの承認勧告を行う任務を有する。

　EFRAGの承認勧告を受けたEU委員会は，つぎにARCの協力を求める。ARCが承認提案に賛同すると，EU委員会のレベルにおいて，IFRSsの承認が肯定されたとみなされる。このように，EU委員会の主導のもとでIFRSsの適用可能性を決定し，承認提案を確定する段階を「執行段階」とよぶ。

　つぎに，EU委員会の承認提案がARCを経て，議会ならびに理事会に提出されることで始まる段階が「監視段階」であり，EU委員会の承認提案に対し，議会および理事会の監督機能が発揮される場面である。この「監視段階」において，議会および理事会は，EU委員会によるIFRSsの承認提案を，①IAS適用命令に定められた施行権限を逸脱する，②同命令の目標および内容と一致しな

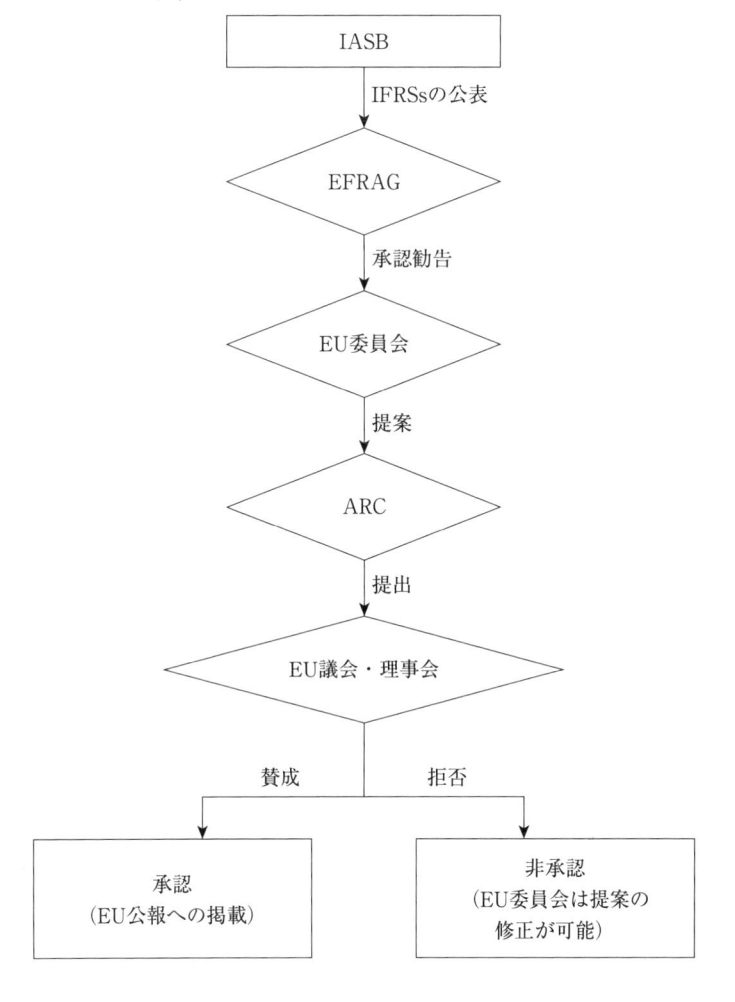

図表 2-3　EUのエンドースメント手続き

```
          IASB
           │ IFRSsの公表
           ▼
         EFRAG
           │ 承認勧告
           ▼
         EU委員会
           │ 提案
           ▼
          ARC
           │ 提出
           ▼
       EU議会・理事会
       ┌───┴───┐
      賛成      拒否
       ▼         ▼
   ┌───────┐  ┌───────────┐
   │ 承認  │  │  非承認   │
   │(EU公報│  │(EU委員会は│
   │への掲載)│ │ 提案の   │
   │       │  │ 修正が可能)│
   └───────┘  └───────────┘
```

い，等の理由から拒絶することが可能になる。その際，議会および理事会の権限は同等とされ，両者のいずれかが異議を唱えた場合，EU委員会の承認提案は拒否される（その場合，EU委員会は提案を修正可能）。

　こうして，IFRSsが域内で適用されるためには，EUの諸機関が関与するエンドースメントを経る必要がある。また，議会および理事会の審査を経て承認

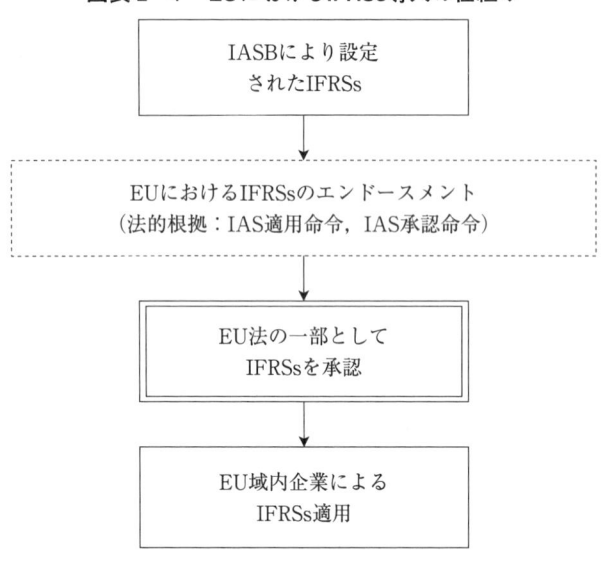

図表2-4　EUにおけるIFRSs導入の仕組み

```
┌─────────────────────┐
│   IASBにより設定    │
│    されたIFRSs      │
└─────────────────────┘
           ↓
┌─────────────────────────────┐
│ EUにおけるIFRSsのエンドースメント │
│ (法的根拠：IAS適用命令，IAS承認命令) │
└─────────────────────────────┘
           ↓
┌─────────────────────┐
│   EU法の一部として   │
│    IFRSsを承認      │
└─────────────────────┘
           ↓
┌─────────────────────┐
│   EU域内企業による   │
│     IFRSs適用       │
└─────────────────────┘
```

を肯定されたIFRSsは，その判断の時点ではEU法の一部として効力を発せず，別途，法的措置が必要となる。すなわち，承認されるIFRSsは，EU委員会による「IAS承認命令」により，全公用語（現在23言語）に翻訳のうえEU公報に掲載される。このEU公報への公表をもって，(IASBにより設定された) IFRSsは，EU法の一部としてのIFRSsへと転化し，域内企業に対し拘束的となる。なお，図表2-3は，エンドースメント手続きの流れを，開始からの順序で示したものである。

このように，EUのIFRSs適用戦略の特徴は，EUの利益確保を前提に，民間の基準であるIFRSsをEU法の一部として承認するプロセスを組み込んだことである。それがエンドースメントであり，「IAS適用命令」および「IAS承認命令」を法的根拠として，適用可能と判断されたIFRSsに法的正当性を付与する仕組みになっている（図表2-4）。

現実に，「IAS適用命令」の施行後，大部分のIFRSs（および解釈指針）がEU域内で適用可能と認められるに至った。EU公報に掲載されたIFRSsおよびそ

第2章 EUにおける会計基準のコンバージェンス　*49*

図表 2-5　EUに承認されたIFRSsと解釈指針

基準（IAS/IFRS）と解釈指針（SIC/IFRIC）	IAS 承認命令（番号）	EU公報日付
IAS 1, 2, 7, 8, 10, 11, 12, 14, 15, 16, 17, 18, 19, 20, 21, 22, 23, 24, 26, 27, 28, 29, 30, 31, 33, 34, 35, 36, 37, 38, 40, 41号。SIC 1, 2, 3, 6, 7, 8, 9, 10, 11, 12, 13, 14, 15, 18, 19, 20, 21, 22, 23, 24, 25, 27, 28, 29, 30, 31, 32, 33号	命令（1725／2003）	2003年9月29日
IFRS 1号	命令（707／2004）	2004年4月6日
IAS39号	命令（2086／2004）	2004年11月19日
IFRS 3, 4, 5号, IAS36, 38号	命令（2236／2004）	2004年12月29日
IAS32号およびIFRIC1号	命令（2237／2004）	2004年12月29日
IAS 1, 2, 8, 10, 16, 17, 21, 24, 27, 28, 31, 33, 40号	命令（2238／2004）	2004年12月29日
IFRS 2号	命令（211／2005）	2005年2月4日
IFRIC 2号	命令（1073／2005）	2005年7月7日
改訂IAS39号およびSIC12号	命令（1751／2005）	2005年10月25日
改訂IAS39号	命令（1864／2005）	2005年11月15日
IFRS 6号, 改訂IAS19号およびIFRIC 4, 5号	命令（1910／2005）	2005年11月8日
改訂IAS39号	命令（2106／2005）	2005年12月21日
IFRS 7号, 改訂IAS 1号, 改訂IFRS 4号およびIAS39号, 改訂IFRS 1号およびIFRIC 6号	命令（108／2006）	2006年1月11日
改訂IAS21号およびIFRIC 7号	命令（708／2006）	2006年5月8日
IFRIC 8号および9号	命令（1329／2006）	2006年9月8日
IFRIC10号	命令（610／2007）	2007年6月1日
IFRIC11号	命令（611／2007）	2007年6月1日
IFRS8号	命令（1358／2007）	2007年11月21日
IAS39号の修正およびIFRIC 8号	命令（1004／2008）	2008年10月15日

出所：EUウェブサイト（http://ec.europa.eu/internal_market/accounting）（2008年12月25日現在）をもとに作成。

の解釈指針（SIC/IFRIC）を示せば，図表2-5のとおりである。

　なお，エンドースメントによりIFRSs（および解釈指針）の一部がEUレベルで否認されることをカーブアウトという。この事例として，IAS39号「金融商品：認識および測定」のヘッジ会計にかかわる項目が挙げられる。

4．第三国会計基準の同等性評価

　EUでは，「IAS適用命令」に連携して，資本市場における発行開示にかかわ

る「目論見書指令」(2003年) や，継続開示にかかわる「透明性指令」(2004年) もまた制定されている。こうした一連の立法措置は，1999年の「行動計画」と，それに続く2000年の「将来の進路」の方針に沿ったものである。

「IAS適用命令」に加え，「目論見書指令」および「透明性指令」に従い，EU域内の上場企業の連結財務諸表に対して，2005年からIFRSsの適用が義務づけられ，他方，域外第三国の企業については，2007年から (EUに承認された) IFRSsか，それと「同等」と認められる本国基準への準拠が求められた (なお，この適用期日は2009年に延期)。

域外の第三国会計基準が (EUに承認された) IFRSsと同等かどうかの判断は，EUが主体的に行う。その場合，執行権限を有するEU委員会は，加盟国の証券規制当局から構成される欧州証券規制当局委員会 (Committee of European Securities Regulators : CESR) を助言機関として，同等性の判断にかかわる具体的作業を委ねることとした。こうした域内基準 (EUに承認されたIFRSs) と域外基準の同等性の判断をめぐる問題は，一般に「同等性評価問題」とよばれる。日本企業もEU域内市場に上場，資金調達を行っているため，日本において，EUから提起されたこの問題は「会計の2007年問題」(その後，2009年問題) と称され，大きな関心事となった (同等性評価問題については，第4章を参照)。

5．ドイツにおける会計国際化対応

(1) EU会計指令の国内法化

最後に，EUの主要加盟国であるドイツの会計国際化対応について述べたい。

ドイツでは，1985年の「会計指令法 (BiRiLiG)」の制定により，EU第4号指令，第7号指令および第8号指令の3つが同時に国内法化され，その主要部分が商法典 (Handelsgesetzbuch : HGB) に収容された。これは，EUの会計国際化でいえば，第1段階の加盟国会社法の調和化にドイツレベルで対応したものである。

ドイツの場合，商法典が連結会計の領域まで含めた詳細な会計規定を有して

おり，ドイツ会計といえば，一般には商法会計を指す。したがって，ドイツの会計制度改革は，一貫して，商法規定の改正が中心になる。なお，ドイツにおいては，日本の確定決算主義と比較可能な商法と税法の連携が存在しており，これは「基準性原則」とよばれる。

3つのEU会計指令の国内法化が実現した後，ドイツでは，とくに1990年代以降，「国際的に認められた会計原則」への対応が新たな論点として浮上した。ここで「国際的に認められた会計原則」とは，商法典で用いられた概念であり，具体的にはIFRSsとアメリカのUS-GAAPを指す。こうした「国際的に認められた会計原則」への対応が，EUの会計国際化の第2段階，すなわち域内市場におけるIFRSsの導入を軸にしたコンバージェンスの初期の局面であった。

(2) ドイツ企業の国際化対応

ドイツでは，国際資本市場を意識した企業の（連結財務諸表レベルの）実務対応が，1990年代前半から確認された。たとえば，ダイムラー・ベンツ（現ダイムラー）が，1993年にドイツ企業で初めてUS-GAAPに準拠してニューヨーク証券取引所（NYSE）に上場し，他方，1993年のプーマ，1994年のバイエル等を先駆として，一部のドイツ企業が自発的にIFRSsの適用を開始した。こうした一連のドイツ大企業による「国際的に認められた会計原則」(IFRSsおよびUS-GAAP)への自発的な実務対応は，その後の制度改革の契機となった。

ダイムラー・ベンツの1993年の事例では，同社は，商法典（HGB）にもとづく連結財務諸表に加えて，US-GAAPに準拠した決算数値を公表した。その際，HGB基準からUS-GAAPへの「調整計算表（reconciliation）」を作成する方法がとられた。SECへの提出書類（Form 20-F）の「連結財務諸表に対する注記」において，1992年度の連結純利益に関する「調整計算表」が示されており，HGB基準とUS-GAAPにもとづく（異なる）決算数値が示された。以降，ドイツテレコム等が後続してニューヨーク証券取引所に上場し，HGB基準ならびにUS-GAAPにもとづく決算数値を同時に公表する実務対応を行った。

また一方では，1993年にプーマがドイツ企業で初めてIFRSs（当時はIAS）を適用し，これに続いて，1994年にバイエル，シェーリング等が連結財務諸表に部分的にIFRSsを適用する実務対応を行った。ここでみられたIFRSs対応方式は，商法典への準拠を前提に，それに矛盾しない形でIFRSsを適用し，1組の連結財務諸表を作成するものであった。この方式は商法典で容認される会計処理方法の「選択権」を最大限に利用することで可能となった。このように，2つの基準を併用して作成された1組の財務諸表は，二元的という意味において「デュアル決算書」とよばれる。

　さらに，1995年のドイツ銀行の対応は，商法典にもとづく国内向けの連結財務諸表に加えて，別途，IFRSsに全面的に準拠した連結財務諸表を公表するものであった。この方式は，異なる基準にもとづいて並行的に2組の財務諸表を作成・公表するという意味で「パラレル決算書」とよばれる。前述の「調整計算表」を作成したダイムラー・ベンツの事例は，2本立ての決算数値を公表しているという意味で，「パラレル決算書」方式と同一の方向にある。

　このように，先駆的なドイツ企業の国際化対応には，大きく分けて「デュアル決算書」と「パラレル決算書」という2つの方向がみられた。ただし，その場合に2つの問題が浮上した。1つは，商法典への準拠義務が存在する限り，ドイツ企業は国際資本市場を利用するにあたり，国内向け，国外向けに2種類の財務諸表を作成しなければならず，これに起因する追加コストが生じるという問題である。もう1つは，異なる2つの会計情報（決算数値）を前にして，投資家が混乱するという問題である。

(3) 1998年の会計制度改革

　こうした問題に対処するため，ドイツでは1998年に「資本調達容易化法（KapAEG）」が制定された。この法律のポイントは，商法典に第292a条を新設することによって，ドイツの上場企業に対して，「国際的に認められた会計原則」（IFRSsおよびUS-GAAP）準拠の連結財務諸表の作成を正式に認め，その場合には，商法典に準拠した連結財務諸表の作成を免除するところにあった。

この免責条項（商法典第292a条）の導入により，以前から任意でUS-GAAPもしくはIFRSsを適用していたドイツ企業の実務対応が法的に支援されることになったが，同時に，これは2004年までの時限的措置とされた。

(4) 2004年の会計制度改革

その後，EU域内において統一基準としてのIFRSsの採用が現実化するに至った。すなわち，EUの「IAS適用命令」にもとづき，2005年以降，域内企業に対して（EUに承認された）IFRSsへの準拠を要求する方向が確定した。つまり，2005年とは，ドイツにとって，「資本調達容易化法」による免責条項（第292a条）の失効期限の到来と同時に，「IAS適用命令」によるIFRSsの適用開始を意味する年であった。

したがって，ドイツの会計国際化は，2005年を境に，IFRSsとUS-GAAPを並列的に扱った次元から，IFRSsへの対応に収斂する次元へと移行した。と同時に，EUの新たな「指令」である「公正価値指令」(2001年)，「規模基準指令」(2003年)，「現代化指令」(2003年) の国内法化のため，ドイツではさらなる制度改革が求められた。そのための措置が，2004年の「会計法改革法（BilReG）」の制定である。ドイツでは，この「会計法改革法」による商法典の改正を軸にして，「IAS適用命令」への対応とともに，「公正価値指令」，「規模基準指令」，「現代化指令」の転換が図られた。

参考文献

稲見　亨 (2004)，『ドイツ会計国際化論』森山書店。
稲見　亨 (2008)，「EUにおける国際的会計基準適用の法的根拠―承認メカニズムに焦点を当てて―」『會計』第174巻第4号。
奥脇直也編 (2008)，『国際条約集（2008年版）』有斐閣。
川口八洲雄編 (2005)，『会計制度の統合戦略』森山書店。
加藤恭彦編 (1998)，『EUにおける会計・監査制度の調和化』中央経済社。
木下勝一 (2007)，『会計規制と国家責任』森山書店。
黒田全紀 (1989)，『EC会計制度調和化論』有斐閣。
佐藤誠二 (2001)，『会計国際化と資本市場統合』森山書店。

佐藤誠二編（2007），『EU・ドイツの会計制度改革』森山書店。
佐藤博明編（1999），『ドイツ会計の新展開』森山書店。
杉本徳栄（2008），『国際会計（改訂版）』同文舘出版。
西川郁生（2008），「EUによる同等性評価とASBJの対応」『企業会計』第60巻第11号。
橋本　尚（2007），『2009年国際会計基準の衝撃』日本経済新聞出版社。
平松一夫・徳賀芳弘編（2005），『会計基準の国際的統一』中央経済社。
山口幸五郎編（1984），『EC会社法指令』同文舘出版。

（稲見　亨）

第3章
アメリカにおける会計国際化の対応

〈学習の視点〉

　IFRSsが世界標準（グローバル・スタンダード）としてますますその地位を高めている。もう一つの世界標準であるアメリカの会計基準も急速にIFRSsへ接近している。

　本章では国際会計基準委員会（IASC）/国際会計基準審議会（IASB）とアメリカの証券取引委員会（SEC）/財務会計基準審議会（FASB）との関係を考察する。かつてFASBは最も先進的なアメリカ会計基準の設定機関としてある意味ではIASC/IASBの指南役としての役割を果たしてきた。数10年にわたる両者の交流の結果，現在では両基準はほぼ対等な水準に達している。IASBとFASBとの協調関係が決定的になったのは2002年のノーウォーク合意によってである。この合意は単なる2つの会計基準設定機関の合意というだけでなく，国際的な会計基準の統合化をさらに加速させるものであり，わが国を含めてその影響はきわめて大きい。

　本章においてIASC/IASBとSEC/FASBとの交流と協調の具体的プロジェクトとその内容を学習する。最近における両機関の協働の濃密さに驚くことと思う。こうした濃密な共同作業により，新しい会計基準や概念フレームワーク（原案）といった成果が次々に出来てきている。そうした事態を観察すると，今後の世界の企業会計は実質的にIASBとFASBが決定していくのではないかとの予感すらする。

　そこで，近未来に向けての考察を行ってみよう。高品質で唯一の会計基準によって世界全体が覆われたとき，その世界はどのようなものになるのだろうか？そうした場合のメリットとデメリットは何だろうか？会計に関心を持つすべての人々にとって興味深い問題である。

1. 国際会計基準委員会（IASC）と証券取引委員会（SEC）/財務会計基準審議会（FASB）との交流

(1) アメリカの会計関係諸機関

まずアメリカの企業会計にかかわる諸機関である証券取引委員会（Securities and Exchange Commission：SEC），財務会計基準審議会（Financial Accounting Standards Board：FASB），アメリカ公認会計士協会（American Institute of Certified Public Accountants：AICPA）について簡単に触れる。

SECは1929年の大恐慌の経験に鑑み制定された1933年証券法，1934年証券取引法に基づいて設立された政府機関である。その目的は，投資家の利益を守るために証券業務全般にわたり監督し，規制することであり，強力な権限を有している。会計基準の設定もその権限の一部である。ただし，SECは会計基準設定権限を自ら行使せず，その権限をFASBへ委譲している。

FASBは1973年に前身機関の会計原則審議会（Accounting Principles Board：APB）の後に設立された民間機関である。主たる任務は会計基準および会計概念の設定，改定，廃止，それらに係る解釈指針の発表などである。FASBは十分な資金と多数の専属職員を有し，積極的な活動を展開している。SECとの取り決めによりFASBが決定した会計基準はSECによる個別の承認を必要とせず，そのまま会計基準として使用される。

AICPAは米国の公認会計士の業界団体である。国際会計基準委員会（IASC）の設立メンバーであったが，2001年のIASCから国際会計基準審議会（IASB）への改組に伴いFASBと交代している。AICPAは公認会計士のために会計基準等の適用指針を作成している。同時に会計士の倫理綱領を制定したり，監査品質向上のための教育研修活動を行っている。

(2) IASCとアメリカ諸機関との交流

IASCの初期の国際会計基準設定活動は，取り上げるテーマも内容もアメリ

カの会計基準にかなり類似していた。当時のIASCには資金も専属職員も不足していたため，独自の会計基準を設定する力がなかったことによる。

1986年になるとIASCは証券監督者国際機構（IOSCO）との協定締結に成功する。この協定は，IOSCOが国際会計基準（IAS）を世界基準として十分に高い質を有していると認定した場合は，各国で上場している外国企業はIASに準拠して財務諸表を作成することができるという内容である。この協定に基づいてIASCは1990年に「比較可能性改善プロジェクト」に鋭意取り組むこととなった。本プロジェクトは10個の国際会計基準をより優れた品質に向上させ，もって国際企業の財務諸表間の比較を容易にすることを目的としていた。この間1989年にIASCの「概念フレームワーク」が制定されている。「概念フレームワーク」は，たとえば，複数ある会計処理のうちどれを「標準処理」として選択するかを判断する規範として不可欠であったからである。

IOSCOは各国の証券市場を監督する当局の団体であり，各市場において使用する会計基準を含めて強制力を伴う決定権限をもつ政府機関がメンバーになっている。米州証券監督者機構として始まったというIOSCOの歴史的経緯から，アメリカのSECがその中心的な存在であった。ちなみに，IASCの正式メンバーは各国の職業会計士協会（アメリカはAICPA）であったが，IOSCOは1987年に，FASBは1988年にそれぞれオブザーバーとしてIASCに参加した。

IASCのIASに係わる「比較可能性改善プロジェクト」は1993年に終了した。しかし，これらのIASはIOSCOの承認を得るに至らなかった。不承認の主たる理由は，それらが特にアメリカ基準に比肩できる水準に達していないこと，会計基準の体系としては適用領域がいまだ狭いため各国基準での補完が必要であり国際基準としては未完成であること，などであった。この決定にはIOSCOのなかでもSECの意向が反映されたといわれている。

国際的な権威と強制力をもつ会計基準の確立を希求するIASCは1993年になると「コア・スタンダード・プロジェクト（Core Standards Project）」を開始した。本プロジェクトはIAS全体の体系の中核をなす基準であり，約37の会計基準の改良ないしは新規設定を含んでいた。完成のあかつきにはIASが真に高

品質な一組の会計基準としてIOSCOによって採用されるはずのものであった。2000年5月，IASCはこの困難なプロジェクトを完成し，IOSCOはIASの30の基準（IAS2000基準）を承認した。これによりIASは念願であった強制力を持つ国際的な会計基準としての地位を確立した。

いまやグローバル・スタンダードとなったIASを本格的に広めるため，IASCは2001年に組織，運営方法，メンバーの交代など根本的な大改革を断行した。IASCはIASBに，IASはIFRS（国際財務報告基準）にそれぞれ改められた。最も重要な変更は，IASBのメンバーが各国の職業会計士協会から会計基準設定機関（民間機関でなければならない）へ交代したことである。2001年の大改革は本書第1章において取り上げられているので参照願いたい。

(3) G4+1による活動

IASCは国際会計基準の普及を意図して，各国会計基準の調和化を早くから打ち出していた。調和化（harmonization）とは，各国の会計基準の存在を認めるとともに，できる限り相互間の差異を少なくすることで比較可能性を高め，財務諸表の作成者と利用者がその利益を享受する政策である。1990年代後半に入ると，調和化をさらに進めたコンバージェンス（convergence，収斂，統合）が俎上に載ってくる。コンバージェンスとは，自国の会計基準をIFRSs（IAS/IFRS）へ鞘寄せすることを意味する。この動きは2001年のIASBへの改組によって一層加速されることとなる。

会計基準のコンバージェンスを意識した動きは，1990年代の半ば頃からアメリカ，イギリス，カナダ，オーストラリア（ニュージーランドを含む）の4カ国の会計基準設定機関によって開始されている。これらの4機関にオブザーバーとして参加したIASCを加えて，この委員会は通常「G4+1」と呼ばれている。委員会の目的は，財務報告に関する共通問題を解決するとともに，全員が受容できる概念フレームワークに基づいた会計基準を開発することであった。

「G4+1」は1994年以降11件の報告書を発表するとともに，6件の提案に対してコメント（public comment）を公募するまでに至っている。意見公募に付

せられたテーマは,「企業結合の会計処理法の統合化」,「財務業績の報告」,「リース:新方式の実施」などである。例えば,「企業結合の会計処理法の統合化」は企業結合の会計処理として持分プーリング法を廃止し,パーチェス法へ統一する提案であるが,1998年12月に各機関から一般コメント募集に付された。アメリカにおいては,本提案を嚆矢として持分プーリング法の廃止の検討が本格化し,最終的には2001年の財務会計基準書 (Statement of Financial Accounting Standards:SFAS) 141号「企業結合」となって結実している。

「G4+1」へ参加した4カ国はいずれもアングロサクソン系の諸国であり,会計基準に係る基本的思想も似かよっている。IASCにもアングロサクソン的会計思想を受け入れる素地がある。それゆえに,特定の問題に関して意見の一致を見ることが比較的容易であった。また,1つのグループとして国際的に大きな影響力を持っていた。FASBとIASCの交流の観点から見ても「G4+1」での共同作業によって両者の相互理解が進んだことは間違いない。

「G4+1」は新生IASBの活動開始とともに2001年に活動を停止した。活動停止の理由は,会計基準設定機関が直接IASBのメンバーになったことにより,「G4」の意見をIASBの会議の場で述べることができるようになったためである。

IASC/IASBとFASBの主な出来事と交流は図表3-1になる。

図表3-1　IASC/IASBとFASBの主な出来事と交流

年	IASC/IASB	FASB
1973年	IASC設立	FASB設立
1978年		概念フレームワーク第1号公表
1987年	概念フレームワーク公表	
1988年		IASBへオブザーバーとして参加
1994年	「G4+1」報告書公表	「G4+1」報告書公表
2000年	コア・スタンダード完成,IOSCO承認	
同年	IASCがIASBへ改組	IASBのメンバーとなる
2002年	ノーウォーク合意	ノーウォーク合意
2008年	「信用危機」へ共同対応	「信用危機」へ共同対応

2．国際会計基準審議会（IASB）とFASBとのノーウォーク合意

　2001年にIASBが発足し，IFRSsへの国際的コンバージェンスが本格的に動き出した。これに対応してFASBは，①IASBとの共同プロジェクト，②短期統合化プロジェクト，③FASBに駐在するIASBスタッフとの連携，④IASBのプロジェクトのFASBによるモニター，⑤統合化研究プロジェクト，⑥作業計画表決定に際しての統合化の明確な考慮，を基本的な戦略として統合化に臨むこととした[1]。これらの方策により両会計基準間の統合は進捗するものと予想されるが，一部の作業の困難さと複雑さにより短期間では差異が解消されないかもしれない，とFASBは認識していた。

　2002年9月18日，FASBとIASBはアメリカ・コネチカット州のノーウォーク（FASBの所在地）において両者の会計基準の互換性をいっそう高めることを目的として合意文書を調印した。これがノーウォーク合意（The Norwalk Agreement）である。合意の内容はつぎの4項目である[2]。

① アメリカ会計基準とIFRSsとの間にあるさまざまな差異を削減する目的で，短期的なプロジェクトに着手する。
② 2005年1月1日時点で残った両会計基準間の差異を，両者の将来の作業計画を調整することを通して取り除く。すなわち，個別の重要なプロジェクトとして両者が相互に着手し，同時に検討する。
③ 現在実施している共同プロジェクトを継続して取り進める。
④ 両者の解釈指針設定組織に対して，それぞれの活動についても調整を行うことを促す。

①の短期的な収斂プロジェクトは以下の4つに分類され，2003年半ばにも終了させることが目標とされた[3]。

(a) IASBの改善プロジェクトの結果生じた差異を削減するためのプロジェクト（FASBが主導して検討する）…例：負債の長短区分，固定資産の交換の会計処理

(b) 最近FASBが公表した会計基準によって生じた差異を削減するためのプロジェクト（IASBが主導して検討する）…例：廃止事業，処分事業に係る解雇給付
(c) 両基準の間に存在するその他の差異を削減するためのプロジェクト（両者が共同して検討する）…例：棚卸資産，会計方針と見積りの変更，税効果会計
(d) その他のプロジェクト…例：年金以外の退職後給付

②の共同プロジェクトには，概念フレームワーク，企業結合，財務諸表開示，収益認識などがあるが，これらについては本章4節で論じる。

IASBとFASBのスタッフからなる統合化プロジェクト推進のための合同委員会が即時に組織されて鋭意検討に当たることになった。また，ノーウォーク合意の結果，FASBの幹部職員がIASBへ移籍し，そのままFASB駐在となった。これにより両者間での連絡がより緊密に行われる体制ができあがった。

ノーウォーク合意は世界の2大会計基準が中長期的に統合することの宣言であり，会計基準の国際的な統合化の潮を大きく前進させる意義を持っている。これ以降IASBでは，コンバージェンス・プロジェクトは①FASBとの統合化，と②リエゾン諸国との統合化の2つで推進されることになるが，①の比重が大きいのはその重要性からしてやむを得ない。なお，リエゾン国の概念はその後廃止されている。

また，ノーウォーク合意は，FASBにとってはアメリカという一国基準から脱して国際基準の場での影響力を行使する第一段階としての意味を，IASBにとっては世界最大の資本市場国でIFRSsが受け入れられることにより真の国際基準へ成長した証としての意味を持っていた。

3．統合化プロジェクトの推進

ノーウォーク合意後，IFRSsとアメリカ基準との統合作業は着々と進展している。まず，2004年4月に開催されたIASBとFASBの合同会議において，中

長期統合化プロジェクトとして検討する課題について合意がなされた。それらは，概念フレームワーク，従業員給付，連結およびSPE（特別目的組織），リース，無形資産，負債の認識中止，金融商品，公正価値測定，金融商品—負債と資本の区別，保険契約第2フェーズである。

2005年になると，4月にSECとECとの間でノーウォーク合意に基づきFASBとIASBとが会計基準の早期収斂を実現する活動を支持することで合意した。このときSECから「遅くとも2009年までには外国企業のIFRSによる財務諸表を差異調整表なしで認める用意がある」ことが示された。2009年という時間を限ったコミットメントである点に意義がある。さらに，2006年2月にはSEC委員長の交代を受けて再度SECとECは差異調整表の撤廃に向かって双方が全力で取り組んでいくことを確認している。

2006年2月にIASBとFASBとの間で「覚書（Memorandum of Understanding, MoU）」が取り交わされた。このMoUは，「2006年から2008年におけるIFRSsとアメリカ会計との統合化のロードマップ」という副題が示すとおり，両者の会計基準の統合化の進展状況を確認し，プロジェクトの促進を図ることを目的としている。

MoUは，まずIASBとFASBとが会計基準の統合化で推進してきた経緯を述べるとともに，IFRSsを使用しており，かつアメリカで登録（上場など）している非米国籍の企業がIFRSとアメリカ会計基準との調整表を必要としない状況へのロードマップが必要であることの認識が改めて示された。

さらに，①短期統合化プロジェクトと②その他のプロジェクトに分けて具体的な行動計画を示している。短期統合化プロジェクトは，2008年末までに統合化を完了ないしは実質的に完了することを目指すものであり，その他のプロジェクトは2008年末までに統合化することは不可能であるが，前進させることで全体の統合化に資するものである。

短期統合化プロジェクトに含まれるテーマは，(a) FASBがIFRSsへ統合すべき会計基準として，公正価値オプション，減損（IASBと共同），法人所得税（同），投資資産，研究開発，後発事象の6つがあり，(b) IASBがアメリカ基

準へ統合すべき会計基準として，借入コスト，減損（IASBと共同），法人所得税（同），国庫補助金，ジョイント・ベンチャー，セグメント報告の6つがある。

その他のプロジェクトでは，(a)活動中のプロジェクトとして，企業結合，連結会計，公正価値測定指針，負債と持分の区分，業績報告，退職後給付（年金を含む），収益認識の7つがあり，(b)検討済みだが未活動のプロジェクトとして，認識の中止，金融商品（現在の基準の代替），無形資産，リースの4つがある。ただし，(b)のカテゴリーに属するテーマは，いずれも単純なものではないため，概念フレームワークの助けが必要になるが，共通概念フレームワークが完成していない現状では，これらの会計基準の策定の速度が落ちる可能性があると述べられている。

MoUは短期統合化プロジェクトおよびその他のプロジェクトの各々のテーマにつき2008年末までに到達すべき目標を明示している。例えば，「企業結合」に関しては，「公開草案に対するコメントを十分酌量の後内容と実施日を決定し，改訂版の基準を公表すること」と記述されている。

IFRSsとアメリカ基準との統合プロジェクトはIASBとFASBとの単なる共同作業のように理解しがちであるが，実際はIASBが世界標準としてのIFRSsをアメリカの意向を斟酌して策定していることを意味する。こうして出来上がる概念フレームワークおよび会計基準はアメリカ以外の諸国をも拘束する訳であるから，世界の企業会計は結局FASBとFASBの意向をくむIASBによって左右されるとの意見もある。

4．共同プロジェクトの伸展

IASBとFASBが共同で推進するプロジェクトには，①概念フレームワーク，②企業結合，③財務諸表の開示，④収益認識がある。これらのプロジェクトはいずれも企業会計の中心的テーマである。IASBとFASBの共同作業はこれらのテーマに関して新しい会計思想や会計処理法を採用する可能性があるので常

に注意を向けていなければならない。

(1) 概念フレームワーク
① 概念フレームワークの共通化

概念フレームワークはそれ自体会計基準ではないが,個々の会計基準の上に存在し,企業会計全体を矛盾なく体系的なものにするために不可欠の枠組みである。概念フレームワークが,会計の目的を規定し,資産や負債などの財務諸表の構成要素の定義を与えることにより,論理的で整合性のある会計基準が作成される。概念フレームワークのそうした性格に鑑みると,IASBとFASBが会計基準を統合化するに当たり,土台となる概念フレームワークを統一する必要があることは容易に理解できる。

アメリカの概念フレームワークは「財務会計概念書(Statement of Financial Accounting Concepts：SFAC)」の形をとっており,現在のところ図表3-2の6個がある。

このように,SFACはまず,財務報告の目的を指定し,次いで財務報告情報が備えるべき質的特性,会計項目の認識と測定,そして財務諸表に使用される会計項目の定義を行うというきわめて論理的かつ演繹的な構成をとっている。7号は若干異質であるが,公正価値の使用を推進する立場から,2000年に新たに追加制定したものである。これらのSFACを貫いている会計思想は「資産負

図表3-2 アメリカの財務会計概念書(SFAC)

番号	発表年月	タイトル
No.1	1978年11月	「営利企業の財務報告の基本目的」
No.2	1980年5月	「会計情報の質的特徴」
No.4	1980年12月	「非営利組織体の財務報告の基本目的」
No.5	1984年12月	「営利企業の財務報告における認識と測定」
No.6	1985年12月	「財務諸表の構成要素」(旧SFAC第3号)
No.7	2000年2月	「会計測定におけるキャッシュ・フロー情報および現在価値の活用」

債会計観」である。

他方，IASBの概念フレームワーク（正式名称は「財務諸表の作成と開示のためのフレームワーク」）は110項からなる1篇の文書である。同フレームワークにはアメリカのSFAC第1号，第2号，第5号，第6号が扱っているテーマはすべて含まれているが，SFAC第4号と第7号のテーマは含まれていない。なおIASBの概念フレームワークも「資産負債会計観」に基づいて作成されている。

② 概念フレームワークの共通化作業

IASBとFASBによる概念フレームワークの共通化作業は現在も進行中である。具体的な作業では，概念フレームワークが含む範囲が広範であり内容が複雑であることに鑑み，全体を8つのフェーズへ分けるピースミール・アプローチを採用している。それらの8つとは①目的および質的特徴，②構成要素と認識，③測定，④報告企業，⑤表示と開示，⑥フレームワークの目的と地位，⑦非営利企業への適用，⑧その他，である（本書第5章第3節を参照）。

完成時の共通概念フレームワークは何篇かに分かれているFASB型ではなく，すべてのテーマを網羅したIASB型の一文書となる。

(a) 財務報告の目的と財務情報の質的特徴

2006年7月にまず「財務報告の目的」と「意思決定に有用な財務報告情報の質的特徴」の2つのテーマに関する「予備的見解（Preliminary View, PV）」が公表された。このPVには179通のコメントが寄せられた。これらのコメントならびに識者および会計関係者の意見を踏まえて2008年5月に「財務報告のための概念フレームワーク：財務報告の目的および意思決定に有用な財務報告情報の質的特徴と制約」と題する公開草案（Exposure Draft, ED）が公表された。EDは第1部の「財務報告の目的」と第2部の「意思決定に有用な財務報告情報の質的特徴と制約」から成っている。

第1部では，財務報告は「所有主の見地」ではなく「企業の見地」から作成されるべきであるとの基本的スタンスが示されている。また，一般目的の財務報告情報は，そうした情報の主たる利用者である株式投資家，融資の貸し手，その他の債権者である現在ならびに将来の資金提供者の意思決定にとって有用

なものでなければならないとしている。

　意思決定の有用性には，キャッシュ・フローの予測の評価ならびに経営者の受託責任の評価の2つの側面がある。前者はキャッシュ・フローの発生の金額，時期および不確実性に関する資金提供者の情報ニーズに応えるものである。後者は経営者が株主から委託された経済的資源を十分効率的に使用しているか否かの判断に資する情報である。また，ここで注目されるのが，「財務報告情報は実際に生じた取引，事象および状況が企業へもたらす財務的な影響の直截な記述ではなく，それらについての見積もり，判断およびモデルをかなりの程度基礎としている」との記述である。かなり「柔らかい」会計値が認められている。

　第2部では，意思決定に有用な財務報告情報が備えるべき質的特徴が示される。これらの特徴は，いかに情報の有用性へ効果を及ぼすかに応じて「基本的特徴（fundamental）」と「促進的特徴（enhancing）」とに分けられる。「基本的特徴」は財務報告が必ず備えなければならない特徴であり，①目的適合性（Relevance）と②忠実な表現（Faithful Representation），の2つがある。目的適合性とは，情報が意思決定に違いをもたらすことができる場合をいう。忠実な表現とは，情報が表現しようとする経済事象を忠実に表現することである。

　「促進的特徴」とは重要性において「基本的特徴」に劣るが，それがあることで財務情報の有用性が向上する特徴である。促進的特徴には，比較可能性，検証可能性，適時性および理解可能性の4つがある。比較可能性は2つの経済事象の間の類似点と相違点を利用者に分からせる情報の質であり，検証可能性は情報が表現しようとする経済事象を忠実に表現していることを利用者へ保証する情報の質である。また，適時性は情報が意思決定に影響を与える力を失わないうちに利用可能になることを意味し，理解可能性は利用者がその意味を理解できるようにする情報の質である。促進的特徴は他の特徴のために犠牲にされることもありえる。また，促進的特徴が完備していても基本的特徴を欠いている場合には有用な情報であるとは認められない。なお，理解可能性以外の3つの特徴は財務情報そのものに備わるべき特徴であるが，理解可能性は情報の

利用者の能力にも依存している。

本公開草案で見る限り,財務報告情報が備えるべき特徴はその階層構造といい特徴の内容といいアメリカのSFAC第2号が規定するそれとかなり似ている。

ところで,「概念フレームワーク」の地位がIFRSsとアメリカ会計基準とではかなり異なっている点が注目される。IFRSsでは,特定の取引や会計事象に適用できる会計基準または公式の解釈がない場合は,概念フレームワークを考慮して会計処理を行なわなければならない。これに対して,アメリカ会計ではそうした義務はなく,概念フレームワークの権威は会計書,指針書と同じ程度であり,IFRSsにおける権威に比較してかなり低い。しかし,概念フレームワークに関する共同プロジェクトにおいて,SFACはアメリカの会計規範の中でIASBのフレームワークと同じような地位を持つとの仮定が置かれている[4]。本共同プロジェクトの完成時にはそうした仮定が現実のものとなるだろう。

(b) 報 告 企 業

2008年5月に「報告企業」に関する「予備的見解」が発表された。同見解は①報告企業の概念,②グループ報告企業,③親会社の財務報告,④支配の問題,の4節からなっている。

まず,報告企業の定義は必要か否かが議論される。IASB/FASBは,報告企業は法律上の企業だけでなく,より広い対象をもつと考えている。②のグループ企業については,その構成に関して3つの考え方が紹介されている。支配企業モデル,共通支配モデル,リスクと報酬モデルがそれである。IASB/FASBは,グループの構成は支配によるので,支配企業モデルが適切であると考えている。③に関しては,親会社の財務報告は親会社アプローチによる連結財務諸表か,親会社単独財務諸表かが問題になる。IASB/FASBは,概念フレームワークの第1段階での決定と整合させて,グループ報告企業の観点から(親会社の観点ではなく)の連結財務諸表を選好している。

本予備的見解に対して4ヶ月にわたりコメント募集が行われた。現在関係者の間でコメントの分析が行なわれている。

(2) その他の共同プロジェクト

a. 企 業 結 合

企業結合の共同プロジェクトの成果として2005年6月にIASBではIFRS3号，FASBではSFAS第141号のそれぞれ改定となる公開草案を発表した。同草案は一般からのコメントを募集し，それらを検討の末，IASBでは2008年1月に改訂版IFRS第3号として，FASBでは2007年12月に改訂版SFAS第141号として発表された。

両者が共同で改定した主な内容は以下のとおりである。

(a) 企業結合が支配の獲得であることを強調し，企業結合の定義を狭めた。
(b) 従来「パーチェス法 (purchase method)」と呼ばれていた会計処理法の名称を「買収法 (acquisition method)」に改めた。
(c) 企業結合に関連して発生した費用を取得原価に含めず，通常の費用として処理することとした。
(d) 被買収企業の評価を部分時価評価から全面時価評価へ改めた。
(e) 被買収企業の資産と負債の公正価値による評価に際して，「公正価値ヒエラルキー」を使用することとした。

なお，「公正価値ヒエラルキー」はSFAS第157号に規定されている考え方である。すなわち，公正価値の算定には根拠の確かさを基準にしてレベル1から3までのものがある。レベル1の公正価値のインプット（決定要素）は，測定日において同一の資産または負債について活発な市場において決定された価格である。レベル3のインプットは，当該資産または負債について観察不能なインプットであり，企業特有の前提に基づく見積りや推定，モデルの使用により算出されるインプットである。レベル2のインプットは，1と3の中間のものである。

b. 財務諸表の表示

2008年10月に「討議資料 (Discussion Paper, DP)」が公表された。本DPは企業が作成する財務諸表の様式に関するIASB/FASBの考え方の整理であり，そ

うした考え方の一つひとつについてコメントを募集している。
　本DPの内容で注目される見解には以下のようなものがある。
　(a) 本DPで提案されている財務諸表のモデルの良否の判断基準は利用者への有用性である（有用性アプローチ）。
　(b) 主要な財務諸表は，財務状態報告書（Statement of Financial Position），包括利益計算書（Statement of Comprehensive Income），キャッシュ・フロー計算書（Statement of Cash Flow）である。なお，包括利益計算書は，末尾を包括利益とする一計算書方式とする。
　(c) 3つの計算書の構成は図表3-3のとおりである。各表とも「事業部門」と「財務部門」に分けて表示をする。
　(d) 「事業部門」と「財務部門」に分けて計上される類似した資産および負債は異なる測定属性によって測定されることもある。
　(e) キャッシュ・フロー計算書は直接法で作成される。
　上記の見解の中でも特に注目されるのは，資産と負債をその属性により事業

図表3-3　財務諸表の構成

財務状態報告書	包括利益計算書	キャッシュ・フロー計算書
事業部門 ・本業の資産および負債 ・投資用の資産および負債	事業部門 ・本業の収益および費用 ・投資の収益および費用	事業部門 ・本業のキャッシュ・フロー ・投資のキャッシュ・フロー
財務部門 ・財務資産 ・財務負債	財務部門 ・財務資産の収益 ・財務負債の費用	財務部門 ・財務資産のキャッシュ・フロー ・財務負債のキャッシュ・フロー
法人所得税	（事業部門と財務部門の）継続事業への法人所得税	法人所得税
廃止事業	税引後の廃止事業	廃止事業
	税引後のその他包括利益	
持分		持分

（出所）　FASB, *Discussion Paper "Preliminary Views on Financial Statement Presentation"*, October 16, 2008, p. xv.

(business) と財務 (financing) とに分けている点である。そうした資産および負債に係る収益と費用，ならびにキャッシュ・フローも同様に事業と財務とに分類される。これにより財務部門では公正価値の使用がより推進されるであろう。

なお，本プロジェクトは成果としての討議資料が発表されたばかりであり，今後さらに詳しい検討が加えられる。IASB/FASBにおける現在の工程表では本プロジェクトの公開草案が2010年に，会計基準が2011年6月に公表される予定になっている。

c. 収　益　認　識

収益認識に関する議論はIASBとFASBが共同して鋭意とり進めている。工程的には2008年末までに討議資料（DP）を公表し，2009年後半に公開草案（ED）を，2011年5月頃に会計基準を公表する予定になっている。

収益認識の規準としてFASBは「稼得過程アプローチ（earning process approach）」をとっている。それによると収益は（1）実現されたか実現可能である場合，（2）稼得された場合，に認識される。IASBは「リスクと報酬アプローチ（risk and rewards approach）」をとっている。IAS第18号「収益」が規定をしているが，認識の仕方等につき余り明確な指針が与えられていない。

現在までの共同作業の内容を見ると，収益の測定は，顧客対価額（契約において約定された取引価格）によって行うことが暫定的に合意されている。また，討議資料では単一の収益認識原則および測定方法が適切か否かを問うことになるが，それらは現行の実務と大きく異ならないだろうと予想されている。なお，2008年9月に「顧客との契約における収益認識に関する当初見解」と題する討議資料が公開された。

5．差異調整表の撤廃とアメリカ企業によるIFRSsの使用

　　IASBとFASBとの共同作業によってIFRSsとアメリカ会計基準が統合化の歩みを進めている状況下で，重要な問題はアメリカ市場におけるIFRSsの使用可

能性である。SECはこの問題を，(1) 対外国企業，(2) 対米国企業の2つに分けて対応している。

(1) 対外国企業

　アメリカで米国預託証券（ADR）等の有価証券を上場している外国企業は「様式20-F」の報告書をSECへ提出しなければならない。当該外国企業が財務諸表をIFRSsによって作成している場合は，様式20-Fに差異調整表を添付し，アメリカ会計に則って作成した財務諸表と同じ結果になるように調整をする。差異の調整は①損益計算書，②貸借対照表，③キャッシュ・フロー計算書，④1株当たり利益がある。①の損益計算書では，IFRSsによる当期純利益にアメリカ会計との差異を増減して，同国基準による当期純利益を示す。②の貸借対照表では，重要な差異がある項目について明確に相違点を示す。③のキャッシュ・フロー計算書では，主要な差異を注記で示す。④の1株当たり利益では，差異が大きい場合にその原因を開示する。一方，SECは従前からIFRSsとアメリカ会計基準とのコンバージェンスの一環として差異調整表の撤廃を欧州委員会へ公約していた。

　2007年7月にSECから「IFRSsへ準拠して作成された外国企業の財務諸表のアメリカ基準への調整なしの承認」と題するリリースが公表され，一般から意見が公募された。当該リリースは，SECに登録している外国企業はIASBが公表する英語版のIFRSsにより作成した財務報告を差異調整表なしで認めることの賛否を問うたものである。

　リリース公表の4ヵ月後の11月15日にSECは外国民間企業がIFRSsに従って作成した財務諸表を差異調整表なしで提出することを承認した。新ルールの効果は官報掲載日から60日後に発生し，2007年11月15日以降に終了する年度の財務諸表に適用される。ただし，IFRSsはIASBが公表したものに限定されており，EU版IFRSsは認められない。したがって，対象となるヨーロッパ企業には本社で使用しているEU版をIASB版へ修正するための若干の手数が残ることになる。

SECは，差異調整表廃止の理由を，アメリカ国民の3分の2が外国企業の株式を保有しており，直近の5年間に30％も増加していることをあげている。SECのこの決定は会計基準のコンバージェンスへ向けた大きな一歩である。

(2) 対米国企業

　2007年8月にSECは「米国企業がIFRSsに準拠して財務諸表を作成することの容認」に関するコンセプト・リリース（会計基準設定プロセスにおける討議資料に相当）を公表し，一般から意見を公募した。本コンセプト・リリースは，アメリカ企業にもIFRSsとアメリカ基準の選択を認めることの賛否を問うたものである。本件に係るIFRSsはIASBが公表する英語版のIFRSsに限定されており，EU版IFRSsは特例の対象になっていない。

　SECのコンセプト・リリースに対して，FASBの上部機構である財務会計財団（FAF）とFASBは11月7日に両議長の連名により，SECに宛てて「アメリカ国籍の上場企業がIFRSs改良版へ移行する提案を支持する」との回答書を提出した。ただし，①SECは，IASBが高品質の国際会計基準を策定する独立した世界機構であることを維持し，担保するのに必要な改良を行うよう，国際的な協力を求めるべきこと，②使用するIFRSsは「改良版IFRSs」であり，これはIFRSsへの移行計画表（正式決定後作成）の中で指摘されたIFRSsの弱点が改良されたものであること，を条件づけている。

　2008年11月14日，SECは「アメリカ国籍の証券発行者によるIFRSs基準で作成された財務諸表の使用可能性に関する工程表（No. RIN 3235-AJ93）」と題する「規則案（proposed rule）」（会計基準設定プロセスにおける公開草案に相当）を発表し一般からの意見を公募した。

　　本規則案の主な内容は以下のとおりである。
- (a) SECへ登録しているアメリカ企業が提出書類をIFRSsに基づいて作成する選択を認める。
- (b) すべてが工程表どおり進行した場合は，2014年から移行する。
- (c) 最終的にはすべてのアメリカ企業がIFRSsで書類を作成することを目指

す。
　(d) 工程表には次の7項目が含まれる。
　　　　・会計基準の改良
　　　　・IASC財団の責任能力と資金調達
　　　　・IFRSsによる報告データの相互使用能力の改良
　　　　・IFRSs関連の教育と研修
　　　　・アメリカの投資家の比較可能性が向上する場合の限定的早期使用
　　　　・SECによる将来の法律策定のタイミング
　　　　・アメリカの証券発行者に対するIFRSsの強制使用の実施
　(e) SECは2011年に工程表の進捗状態を検討し，必要であれば新しい決定を行う。

　現在SEC登録企業数は12,000社に上っている。工程表が順調に進捗した場合には，アメリカ基準よりもIFRSsによって財務諸表を作成している特定の産業に属する企業がまずIFRSsへ移行するものと想定されている。
　本改定案は，全部で165ページを数えるかなり大部の文書である。内容として，IFRSsへ移行する便益とコストの分析，改定しなければならない諸提出物の解説など詳細な説明が行われており，その各々についてコメントが求められている。文書を一読しただけでもアメリカ市場における同国企業のIFRSs移行には膨大なコストとエネルギーが必要であることが理解できる。

6．2008年秋の信用危機への対応

　2008年9月にアメリカ第4位の証券会社であるリーマン・ブラザーズが破綻したことを契機として大規模な信用危機（credit crisis）が発生した。危機はヨーロッパへ飛び火し，さらに全世界へと広まった。危機の原因は，証券化されたアメリカのサブプライム・ローン（信用力の低い借入人への住宅ローン）とその派生商品であった。銀行間信用が急速に収縮し，証券類は投げ売りされ，価

格は暴落した。

　各国の政策当局は連帯して迅速かつ大規模にこの危機の対応に当たった。当局の関心事の一つが「公正価値会計」であった。特に，保有する金融商品を公正価値（時価）で評価する会計基準は暴落した証券の投売りを誘い，それが一層の暴落へスパイラル的に落下する結果を招く。ここにおいて，SECとFASBは，実質的に公正価値評価の一時停止を認める共同声明を発表した。時を同じくしてIASBもほぼ同趣旨の決定を行っている。このときの危機対応でもSEC，FASB，IASBは共同歩調をとったといえる。

　2008年9月30日に，SECはFASBと共同で「公正価値会計に関する説明」と題する声明を発表した。公正価値の適用法はSFAS第157号に詳述されているが，本声明は正常に機能しなくなった市場における価格と公正価値の関係についての指針を示している。そうした市場で形成された価格はもはや公正価値とはいえないので，経営者の判断による評価が使用されてもよいとして，公正価値評価の適用を実質的に停止することを認めている。10月10日には，FASBが「スタッフの見解（staff position）：FAS157-3号」を公表した。同見解はSFAS第157号に設例No. 11を追加したものであり，適用日は即日であった。趣旨は9月30日の声明と同じである。

　IASBにおいても公正価値評価の一時的停止に関する対応を行っている。9月16日には以前から検討を行っていた「専門家諮問会議（Expert Advisory Panel）」による「もはや活発ではない市場における金融商品の公正価値の測定と開示」と題する討議資料が公表された。10月に入ると「スタッフの要約（staff summary）」が発出された。そこではIAS第39号における公正価値の適用は，市場参加者間での秩序ある取引が前提とされているので，強制された（やむを得ず行う）取引は秩序ある取引とはいえず，そうした取引の結果は公正価値の決定要因とはならないとしている。

　さらに10月には「IAS第39号とIFRS第7号の改定」と題する会計基準が発表された。本会計基準は，当初売買目的で購入した金融商品でも，近い将来に売却する意向がなければ公正価値評価から他の評価へ分類変えができることと

し，しかもその改定を2008年7月1日へ遡及適用した。さらに，本会計基準はIASBのデュープロセスを経ずに決定された。異例ずくめの決定であるが，この異例性は，金融市場の崩壊に直面したEU諸国からの緊急要請に応えようとしたものである。IASBの対応が間に合わなければEUはIFRSsの一部適用除外（カーブアウト）を実行するところに追い込まれただろう。

　今回の「信用危機」においてIASB/FASBが彼らの会計思想の中心においていた公正価値の適用が実質的にできないという事態に逢着した。こうした想定外の事態に対する具体的な対応策として，①市場価格はあるが，その価格が正常値から大きく乖離している金融商品について公正価値の測定を経営者の見積りを基礎とするインプットによって行うこと，さらに②「売買目的」に分類されている債券を「満期保有」へ分類変更することが認められたのである。①は公正価値の算出方法に例外的な扱いを認める方法であり，②は公正価値による測定を不要にする方法である。いずれの方法も，「公正価値評価」を回避することによって金融商品のスパイラル的な暴落を阻止することを目的にしている。

7．アメリカの対応の今後の方向性

　設立以来のIASCの歴史を観察すると，先進的なアメリカの会計基準を目標として念頭に置き，IASの品質向上に努めてきた姿がうかがえる。これに対してアメリカはSECがIOSCOの盟主としてIASの高品質化を標榜するとともに，FASBがオブザーバーとして会計基準の設定等に関して参考意見を与えてきた。IASBの創設によって，そのメンバーは各国の職業会計士協会から（民間の）会計基準設定機関へ変更されたことにより，FASBはIASBの正式なメンバーになった。

　また，2001年にIASBが創設された際に，IASBの目的に「各国の会計基準とIFRSsとの統合」が加えられた[5]。一方，アメリカも特に今世紀に入ってから一国主義から脱して会計基準のコンバージェンスを求めるようになり，IASB

との往来が活発になった。IASBにとっても，コンバージェンスの最大のターゲットはアメリカであることは論を俟たない。

ノーウォーク合意，SECによるIFRSsへの統合宣言を経て2008年秋の信用危機に際しての両者の共同歩調を見るとIASBとSEC/FASBとの間はかなり親密な状態にあるといえる。こうした関係は今後も一層進み，近い将来には両者は実質的に融合していくものと予想される。

最後に，IASB/FASBの共通の課題として，2008年11月にワシントンで開催された20カ国（G20）の緊急首脳会合（金融サミット）からの「宿題」がある。同会合のコミュニケには，唯一の高品質な国際会計基準の設定に向けた主要国の会計基準設定機関（とくにIASB/FASB）による集中的な作業が強く期待されており，また，歪んだ市場価格のもとでの複雑で流動性が低い金融商品の評価方法の確立が緊急課題として要請されている[6]。こうした要請にいかに迅速に応えることができるか，IASB/FASBの鼎（かなえ）の軽重が問われている。

注

1 J. J. Johnson, FASB Works with IASB toward Global Convergence, *FASB Report*, November 27, 2002.
2 本文の翻訳は主として『JICPAジャーナル』2003年1月号，74頁による。
3 山田辰己（2003）。
4 FASB（2005），par. 5 および FASB（2008）pars.13-16.
5 IASCF（2001），par. 2（d）.
6 同コミュニケはhttp://www.whitehouse.govから入手できる。

参考文献

佐藤誠二（2008），「EUにおけるIFRS会計実務の状況と課題」『會計』第174巻第5号。
デロイト・トウシュ・トーマツ編（2008），『国際財務報告基準の実務　第3版』中央経済社。
デロイト・トウシュ・トーマツ編（2008），『米国財務会計基準の実務　第4版』中央経済社。
平松一夫編著（2007），『国際財務報告論』中央経済社。
平松一夫・広瀬義州訳（2002），『FASB財務会計の諸概念　増補版』中央経済社。

松尾聿正編著(2008),『現代財務報告会計』中央経済社。
米山祐司(2001),『アメリカ会計基準論』同文舘出版。
山田辰巳(2003)「IASB会議報告(第16回会議)」『JICPAジャーナル』2003年1月号。
FASB (2005), *Exposure Draft, Proposed Statement of Financial Accounting Standards, The Hierarchy of Generally Accepted Accounting Principles.*
FASB (2008), *Exposure Dvaft, Conceptual Framework for Financial Reporting: The Objective of Financial Reporting and Qualitative Characteristics and Constraints of Decision-Useful Financial Reporting Information.*
IASCF (2001), *IASC Foundation Constitution.*
付記:本章で使用した公式文章は下記のホームページで入手できる。
FASB (http://www.fasb.org)
IASB (http://www.iasb.org)
SEC (http://www.sec.gov)

(藤井　保紀)

第4章
日本における国際化対応の会計改革

〈学習の視点〉
　日本の会計問題が，近年，新聞紙上で大きく取り上げられている。「国際基準と全面共有化　国際組織と日本側大筋合意　2011年までに」(『日本経済新聞』2007年8月4日朝刊)，「日本，国際会計基準導入へ　11年度以降に　資金調達しやすく」(『日本経済新聞』2008年9月4日朝刊) などの第一面の大見出しでわが国の会計の国際化対応がしばしば取り上げられている。
　現在，世界の資本市場において企業が使用する二大会計基準は，国際会計基準 (IFRSs) とアメリカの会計基準 (US-GAAP) である。このうち，IFRSsは，欧州連合 (EU) を中心に現在，世界100カ国以上で使用されており，アメリカの証券取引委員会 (SEC) もアメリカの資本市場に上場する企業に対してこのIFRSsを採用することを決定したため，IFRSsが世界共通の標準 (グローバル・スタンダード) となる様相が一層，強まってきた。
　上に紹介した新聞記事は，IFRSsの世界標準化に対してわが国が取り組む会計制度改革の姿勢を表したものである。わが国において，そうした国際化対応の会計改革は，1996年金融ビッグバン構想に基づく会計改革から本格的に始動したが，この章では，それから約10年を経て現在に至るわが国における会計改革の主要な歩みを跡付けるとともに，会計の国際化が現在，抱えている課題について考察する。

1．会計ビッグバンと会計基準の国際的調和

　1996年11月に，当時の第2次橋本内閣は2001年を達成目標とした，日本の金融・証券市場をニューヨークやロンドンに匹敵する国際市場にするための金融制度改革，いわゆる金融ビッグバンの改革を提唱した。国際化に向けた日本における会計制度の改革は，この金融ビッグバン構想を契機に，フリー（自由）・フェア（公正）・グローバル（国際化）の3つをキーワードに，金融・証券市場の改革のためのインフラ基盤の整備として実施されてきた。その会計制度改革は会計ビッグバンとも呼称されるが，その経過のなかで連結会計，金融商品会計，退職給付会計などに関わる会計基準の改訂と新設が行われてきた。
　こうした会計基準の形成には，企業の資金調達の国際化と資本市場のグローバル化に対応し，国際的基準と調和する会計基準を形成し，国際的に遜色ないディスクロージャー（開示）制度を再構築するという目的があった。
　1997年6月に公表された「連結財務諸表の見直しに関する意見書」の前文では，つぎのように述べられている（下線は筆者による）。
　「内外の広範な投資者の我が国証券市場への投資参加を促進し，投資者が自己責任に基づきより適切な経営判断を行うこと及び企業自身がその実態に即したより適切な経営判断を行うことを可能にし，連結財務諸表を中心として国際的にも遜色のないディスクロージャー制度を構築するとの基本認識に基づいて，21世紀に向けての活力と秩序ある証券市場の確立に貢献することを目指すものである。」
　また，会計ビッグバンの締めくくりとして2003年10月に公表された「企業結合に係る会計基準」の前文において，つぎのように述べられている。
　「証券取引法に基づくディスクロージャー制度については，連結経営の定着といった企業行動の変化や取引の複雑化・高度化といった近年の経済実態の変化に対応するために，既存の会計基準を改訂する必要性や新しい会計基準を設定する必要性があるとの認識が高まってきている。また，我が国企業の資金調達活動の国際化が進展し，海外からの投資がより一般化するにつれ，我が国の会計基準を国際的基準に

調和させる必要性も広く認識されるようになってきている。」

会計ビッグバンに伴う会計改革は，企業会計審議会を中心に実施された。企業会計審議会は金融庁組織法令に基づき設置される諮問機関であり，パブリックセクター（公的部門）の性格を持つ[1]。わが国における会計ビッグバンによる会計基準の形成は，この企業会計審議会を通じて官主導のもとに極めて短期間の内に実施された。その間，成立した会計基準を示すと図表4-1のようである。

図表4-1　会計ビッグバンによる会計基準の改定・新設

「連結財務諸表制度の見直しに関する意見書」（1997年6月6日，企業会計審議会）
「連結キャッシュ・フロー計算書等の作成基準の設定に関する意見書」（1998年3月13日，企業会計審議会）
「研究開発費等に係る会計基準の設定に関する意見書」（1998年3月13日企業会計審議会）
「中間財務諸表等の作成基準の設定に関する意見書」（1998年3月13日企業会計審議会）
「退職給付に係る会計基準の設定に関する意見書」（1998年6月16日，企業会計審議会）
「金融商品に係る会計基準の設定に関する意見書」（1998年10月30日，企業会計審議会）
「外貨建取引等会計処理基準の改定に関する意見書」（1999年10月22日，企業会計審議会）
「固定資産の減損に係る会計基準の設定に関する意見書」（2002年8月9日，企業会計審議会）
「企業結合に係る会計基準の設定に関する意見書」（2003年10月31日，企業会計審議会）

しかし，そうした会計改革への努力の経過のなかで，わが国の会計基準が国際的に認知を得ていたかというとそうとはいえなかった。そのことを典型的に示したのがいわゆる「レジェンド問題」である。レジェンド問題とは，アメリカの世界的な監査法人が方針として提携先の日本の監査法人に対して指示したもので，わが国の企業が英文で作成する年次報告書（annual report）に含まれる英文の財務諸表や監査報告書に，1999年3月期決算から，「日本基準により作成された財務諸表であり，国際基準とは異なる」という趣旨の警句（legend）が付記されることになった問題を指す。この警句は日本を含めアジア経済危機後の韓国，インドネシアなど数カ国にのみ突きつけられた条件である。1996年以降，会計ビッグバンのなかで会計基準の国際的対応を積極的に推し進めてきたわが国にとって，日本で適用されている会計基準と監査基準が国

際的に通用しないというレッテルを暗示するこうした条件が付与されたことは，ショッキングな出来事であった。財務諸表，監査報告書に警句が付与されれば，日本企業が海外での資金調達を行う際の障害ともなりかねない。しかし，当時の監督官庁であった大蔵省は行政が介入することを避け，この問題については日米の監査法人間の問題として処理することを求めた。こうした大蔵省の消極的な姿勢は監査法人や産業界の大蔵省離れの誘因となり，その後の会計基準の設定主体の官主導から民主導への流れを形成することともなった。なお，レジェンド問題については，日本公認会計士協会によれば，警句は「例外的なものを除き解消されてきている」[日本公認会計士協会 2004, 5頁]とされるが，実際にはいまだ解消されていないようである。

以下に示すのは，2007年3月期の日産自動車株式会社，日本電気株式会社（NEC）の英文の年次報告書のうち連結財務諸表の注記（重要な会計方針）を抜粋したものであるが，依然として警句として，「国際財務報告基準の適用および開示要求と異なる点がある」が残っている（下線部分）。

【日産自動車】

The accompanying consolidated financial statements have been prepared in accordance with accounting principles generally accepted in Japan, which <u>are different in certain respects as to the application and disclosure requirements of International Financial Reporting Standards</u>, and have been compiled from the consolidated financial statements prepared by the Company as required by the Securities and Exchange Law of Japan.)

【日本電気】

The accompanying consolidated financial statements have been prepared in accordance with the provision set forth in the Japanese Securities and Exchange Law and its related accounting regulation and in conformity with accounting principles generally accepted in Japan, which <u>are different in certain respects as to the application and disclosure requirements of International Financial Reporting Standards</u>

2．新しい会計基準設定主体の設立

(1) 国際会計基準審議会（IASB）と財務会計基準機構（FASF）

　会計基準については，わが国では，従来，パブリックセクター（公的部門）の性格を持つ企業会計審議会がその設定主体を担ってきた。当時の経済安定本部のもとに設置された企業会計制度対策調査会（1948年6月設置）により1949年に公表された「企業会計原則」は，証券取引法（現在の金融商品取引法）との緊密な関係のなかで存在し，一般原則，貸借対照表原則，損益計算書原則から構成される体系的会計基準である。企業会計原則はその設定主体が企業会計制度対策調査会，企業会計基準審議会（1950年5月設置）から受け継がれた企業会計審議会（1952年7月設置）によって，幾度かの修正および商法，税法との調整を経ながら，「すべての企業がその会計を処理するに当たって従わなければならない基準」（一般に公正妥当と認められる会計規範）としての役割を果たしてきた。ただし，1982年の修正を最後に「企業会計原則」それ自体の修正は行われず，個別の会計テーマに応じたピースミールな会計基準（個別会計基準）の設定が実施されてきた。会計ビッグバンに伴う会計基準の形成は，このピースミール・アプローチを採用して企業会計審議会を中心に実施されたものである。しかし，「企業結合に係る会計基準」（2003年10月31日）の設定を最後に企業会計審議会が果たしてきた会計基準設定という役割はプライベートセクター（民間部門）である「企業会計基準委員会（Accounting Standards Board of Japan：ASBJ）」（2001年8月設立）へと受け継がれることになった。官主導体制による会計基準設定からの訣別である。

　そうした民間機関の設定主体への移行の背景として，国際会計基準委員会（International Accounting Standards Committee：IASC）の組織変更があった。1973年の設立以降，職業会計士団体の国際組織として活動してきたIASCは，各国の会計基準設定主体との協力関係を密にし，「透明性と比較可能性を提供する高品質のグローバルな会計基準」［平松 1999］を各国に適用させる強制力

ある機関への脱皮を図って，2001年1月から国際会計基準審議会(International Accounting Standards Board：IASB)へと組織改革することが予定された。そして，わが国にとって何よりもインパクトを与えたのは，IASBの組織改革構想において，国際会計基準(IFRSs)を決定する権限が理事会に与えられ，理事会メンバーが，独立した（民間の）機関で，専門職員を擁する会計基準設定主体を有する国から選抜される可能性が示されたことである。「国際会計基準の決定組織，各国の設定機関で構成。日本は参画できない恐れも」（『日本経済新聞』1999年7月2日朝刊）という見出しの新聞記事はそのときの状況を報じたものである。専門職員を持たないパブリックセクターである企業会計審議会に会計基準の設定主体を委ねる日本では，新組織のIASBに理事を送り込み，会計基準形成に影響力（発言権）を行使できなくなることが強く危惧され，企業会計審議会に替わる独立した（民間の）基準設定主体を設置することが必要との声が，日本公認会計士協会(JICPA)や経済界の間で高まったのである。

こうした状況のなかで，これまで消極的姿勢をとってきた大蔵省は重い腰をあげ，大蔵省主催の証券界，監査人，学界から6名の有識者会議「会計基準設定主体のあり方についての懇談会」を開催した。

「会計基準設定主体のあり方についての懇談会」は，2000年6月に「企業会計基準設定主体のあり方について（論点整理）」をまとめ，そこにおいてつぎのように言及している［会計基準設定主体のあり方についての懇談会 2000］。

「現在，我が国会計基準は，企業会計審議会においてここ数年精力的に改訂がなされ，諸外国に比べても遜色ないものとなってきているが，経済取引・企業活動の高度化，複雑化，国際化等の急速な変化に的確に対応しつつ着実な基準整備を行っていくため，官民が適切な役割分担の下で人材・資源を結集しその機能を強化していくことが強く求められている。このような観点から，民間分野における実務的な専門的知識や資源を常時・最大限結集できる枠組みの構築が必要となっているところであり，現行システムの問題点等を検証しつつ，積極的に民間主体の新しい枠組みを検討していくべきである。新しい枠組みとする場合，確保されるべき必要な要件

を満たし，かつ充実した組織・体制等を構築することによって，作成した基準が有効に機能するという信頼を国内外から得ることが必要不可欠であると考えられる。」

その後，日本経済団体連合会（以下，日本経団連），日本公認会計士協会，全国証券取引所協議会，日本証券業協会，全国銀行協会，生命保険協会，日本損害保険協会，日本商工会議所，日本証券アナリスト協会，企業財務制度研究会の民間10団体による「『財団法人財務会計基準機構』の設立に関する準備委員会」の設置を経て，2001年7月26日，財団法人「財務会計基準機構（Financial Accounting Standards Foundation：FASF）」が創設され，このFASFのコア機関として，同年8月には会計基準の開発を任務とする会計基準委員会（ASBJ）が発足した。その間の経過を示せば図表4-2のようになる。

2001年1月，IASCは組織改革されてIASBが正式に発足した。設立当時の理事メンバー14名（2名は非常勤）の構成は，図表4-3の通りであるが。日本からも山田辰巳氏が理事として選出された。それと同時に，日本の理事がリエゾン・メンバーとして指名された。IASBは，IASBが策定するIFRSsと各国の会計基準とのコンバージェンス（収斂，統合，convergence）を促進するため，日本を含めアメリカ，カナダ，イギリス，フランス，ドイツ，オーストラリア／ニュージーランドの7ヶ国をリエゾン国としているが，リエゾン・メンバ

図表4-2 企業会計基準委員会（ASBJ）の設立経過

1999年12月	自民党・金融問題調査会・企業会計に関する小委員会が，「企業会計基準設定主体の拡充・強化に向けて」を公表
2000年3月	日本公認会計士協会が，「我が国の会計基準設定主体のあり方について（骨子）」を公表
2000年6月	大蔵省主催の証券界，監査人，学界から6名の有識者会議「会計基準設定主体のあり方についての懇談会」が「会計基準設定主体のあり方について（論点整理）」を公表
2001年2月	財団法人「財務会計基準機構」の設立に関する準備委員会の設置（日本経団連，日本公認会計士協会，全国証券取引所協議会，日本証券業協会，全国銀行協会，生命保険協会，日本損害保険協会，日本商工会議所，日本証券アナリスト協会，企業財務制度研究会の民間10団体）
2001年7月	財団法人「財務会計基準機構（FASF）」の設立
2001年8月	FASF内のコア機関として「企業会計基準委員会（ASBJ）」を設置

図表4-3 IASB発足当時の理事メンバー

氏　名	出身国	前　職
D. トゥウィーデイ（議長）	イギリス	イギリス会計基準審議会議長
T. ジョーンズ（副議長）	イギリス	シティコープ主席財務責任者
H. ブルンズ	ドイツ	ダイムラークライスラー最高会計責任者
G. ジェラール	フランス	KPMGパートナー
J. ライゼンリング	アメリカ	アメリカFASB委員
W. マクレガー	オーストラリア	オーストラリア会計調査協会CEO
P. オマリー	カナダ	カナダ会計基準審議会会長
G. ウィッティントン	イギリス	ケンブリッジ大学教授
山田辰巳	日本	中央青山監査法人代表社員
A. コープ	アメリカ	アメリカFASB委員，アナリスト
R. ガーネット	南アフリカ	アングロアメリカン副社長
H. シュミット	スイス	ネスレ財務本部長
M. バース（非常勤）	アメリカ	スタンフォード教授
R. ハーズ（非常勤）	アメリカ	PWCパートナー

ーは，その際，各国の会計基準設定主体との連携の窓口の役割を担うこととされた。

(2) FASFと企業会計基準委員会（ASBJ）

　さて，IASBの設立から半年遅れで発足した財団法人「財務会計基準機構（FASF）」（基本財産10億円）は，一般に公正妥当と認められる企業会計の基準の調査研究・開発，ディスクロージャー制度その他企業財務に関する諸制度の調査研究およびそれらを踏まえた提言ならびに国際的な会計制度への貢献等を行い，もってわが国における企業財務に関する諸制度の健全な発展と資本市場の健全性の確保に寄与することを目的とする（寄附行為第一章総則第3条）。

　また，その目的を達成するため，FASFはつぎのような事業を行うとされている（寄附行為第一章総則第4条）。

① 一般に公正妥当と認められる企業会計の基準の調査研究及び開発
② ディスクロージャー制度その他企業財務に関する諸制度の調査研究
③ 前二号の事業の成果を踏まえた提言及び広報・研修活動
④ 国際的な会計基準の整備への貢献
⑤ その他，法人の目的を達成するために必要な事業

FASFの組織構成は，図表4-4のようである。FASFは①理事会，②評議員会，③企業会計基準委員会（ASBJ），④基準諮問会議（SAC），⑤事務局により構成される。FASFの役員は理事（10名以上15名以内）と監事（2名以内）であり，理事は理事会を構成し，FASFの業務に関する重要事項を議決し執行する。ただし，一般に公正妥当と認められる企業会計の基準およびその実務上の取扱いに関する指針の開発に関わる事業は，この法人内に設置するASBJに委任される。また，理事会はASBJの委員の選択も行う。理事会により選任された評議員（15名以上20名以内）によって構成される評議員会は，理事長の諮問に応じた必要な事項を審議・助言する。また，FASFには独立した機関として

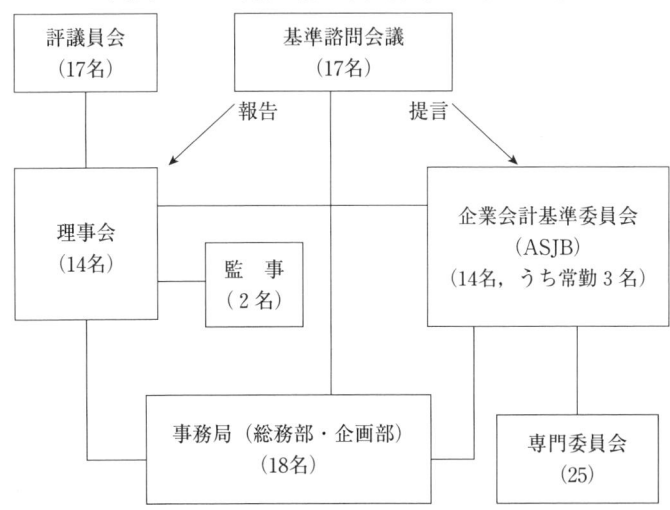

図表4-4　財務会計基準機構（FASF）の組織

```
評議員会              基準諮問会議
（17名）              （17名）
                    ↓報告    ↓提言
理事会 ─── 監事 ─── 企業会計基準委員会
（14名）   （2名）      （ASJB）
                      （14名，うち常勤3名）
        事務局（総務部・企画部）  専門委員会
          （18名）              （25）
```

出所：財団法人「財務会計基準機構」ホームページ
（http://www.asb.or.jp）より作成，平成21年1月1日現在

SACがある。SACの委員は20名以内であり，ASBJの審議テーマ，優先順位等，ASBJの審議・運営に関する事項について審議し，その審議状況等について理事会に報告する。そして，理事会によって委任された会計基準の開発，審議や国際的な会計基準の整備への貢献等を直接担当するのがASBJである。ASBJは，企業会計の基準およびその実務上の取扱いに関する指針を開発したときは遅滞なくその内容を内閣総理大臣に報告しなければならない。また，ASBJは，そこでの審議における問題点，今後の課題およびそれらに対する取組状況並びに今後の活動計画等について理事会に報告しなければならない。

　なお，ASBJは，専門の事項を調査審議させるため必要があるときは専門委員会を置くことができ，平成20年7月時点でつぎのような23の専門委員会を設けている。収益認識専門委員会，財務諸表表示専門委員会，投資不動産専門委員会，無形資産専門委員会，過年度遡及修正専門委員会，セグメント情報開示専門委員会，資産除去債務専門委員会，工事契約専門委員会，基本概念専門委員会，特別目的会社専門委員会，四半期会計基準専門委員会，関連当事者開示検討専門委員会，棚卸資産専門委員会，会社法対応専門委員会，退職給付専門委員会，排出権取引専門委員会，企業結合専門委員会，固定資産会計専門委員会，リース会計専門委員会，ストック・オプション等専門委員会，金融商品専門委員会，国際対応専門委員会，実務対応専門委員会。

(3)「一般に公正妥当と認められる企業会計の基準」と「企業会計基準」

　ASBJが策定する会計基準は「企業会計基準」と呼ばれ，今日まで公表されてきた企業会計基準は図表4-5のようである。

　わが国の連結財務諸表等規則（および財務諸表規則）はその第1条第1項において，連結財務諸表（および財務諸表）の用語，様式および作成方法は，この規則の定めるところによるものとし，この規則において定めのない事項については「一般に公正妥当と認められる企業会計の基準」に従うものとするとし，また，第1条第2項においては，金融庁組織令第24条に規定する企業会計審議会により公表された企業会計の基準は「一般に公正妥当と認められる企業

図表4-5　企業会計基準委員会（ASBJ）設定の会計基準

企業会計基準第1号（2002年2月）「自己株式及び法定準備金の取崩等に関する会計基準」
企業会計基準第2号（2002年9月）「1株当たり当期純利益に関する会計基準」
企業会計基準第3号（2005年3月）「『退職給付に係る会計基準』の一部改正」
企業会計基準第4号（2005年11月）「役員賞与に関する会計基準」
企業会計基準第5号（2005年12月）「貸借対照表の純資産の部の表示に関する会計基準」
企業会計基準第6号（2005年12月）「株主資本等変動計算書に関する会計基準」
企業会計基準第7号（2005年12月）「事業分離等に関する会計基準」
企業会計基準第8号（2005年12月）「ストック・オプションに関する会計基準」
企業会計基準第9号（2006年8月）「棚卸資産の評価に関する会計基準」
企業会計基準第10号（2007年6月）「金融商品に関する会計基準」
企業会計基準第11号（2006年7月）「関連当事者の開示に関する会計基準」
企業会計基準第12号（2007年3月）「四半期財務諸表に関する会計基準」

会計の基準」に該当するものとするとしている。さらに、「財団法人財務会計基準機構・企業会計基準委員会の公表した会計基準の取扱いについて」（金融庁総務企画局長）においては、企業会計基準委員会の公表する会計基準は「一般に公正妥当と認められる企業会計の基準」として取り扱うものとするとされている。したがって、企業会計審議会および企業会計基準委員会が公表する各種の会計基準は一般に公正妥当と認められる企業会計基準として取り扱われるが、その他、該当するものとして、図表4-6のものが例示されている。

ところで、従来、わが国の企業会計制度は、証券取引法（現在の金融商品取引法）、商法（現在の会社法）、税法の三つの法規範がそれぞれ牽制し影響を及ぼし成立しているところから、「トライアングル体制[2]」（図表4-7）と呼ばれ、そのトライアングル体制の中心に位置してきたのが「一般に公正妥当と認められる企業会計の基準」である。現在の会社法第431条では、「株式会社の会計は、一般に公正妥当と認められる企業会計の慣行に従うものとする[3]」という包括規定を定め、「一般に公正妥当と認められる企業会計の慣行」として、「一般に公正妥当と認められる企業会計の基準」が解釈指針としての役割を果たすと考えられている。とりわけ、平成15年の商法施行規則の改正によって、これまで商法本文に規定されていた財産価額の評価方法等の規定を委任し、ま

図表 4-6　一般に公正妥当と認められる企業会計基準の例示

1. 企業会計審議会または企業会計基準委員会から公表された会計基準
2. 企業会計基準委員会から公表された企業会計適用指針及び実務対応報告
3. 日本公認会計士協会から公表された会計制度委員会等の実務指針及びQ&A
4. 一般に認められる会計実務慣行

　なお，明確な企業会計の基準がない場合等，監査人が，経営者が採用した会計方針及びその適用方法をはじめ財務諸表の適正性に関する判断を行うに当たり，実務の参考になるものとしては，例えば次のものがある。
　・日本公認会計士協会の委員会研究報告（会計に関するもの）
　・国際的に認められた会計基準
　・税法（法人税法等の規定のうち会計上も妥当と認められるもの）
　・会計に関する権威ある文献

出所：日本公認会計士協会，監査基準委員会報告書第24号「監査報告」「付録2」，http://www.hp.jicpa.or.jp/specialized_field/pdf/00525-001588.pdf

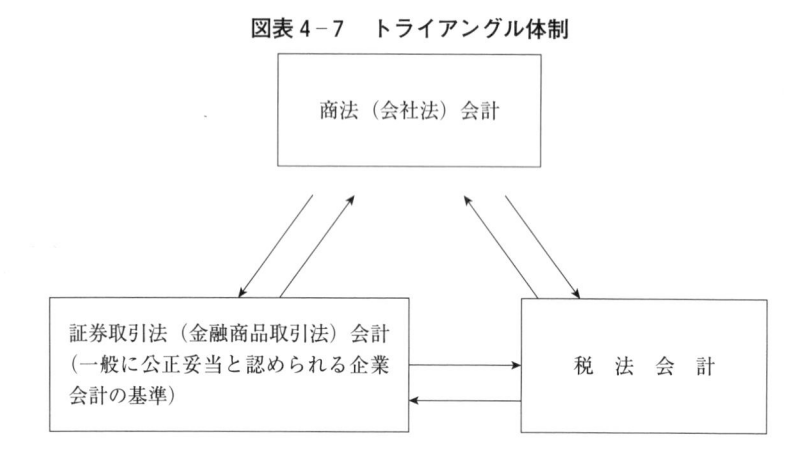

図表 4-7　トライアングル体制

```
              ┌──────────────────┐
              │  商法（会社法）会計  │
              └──────────────────┘
                ↑↓            ↑↓
┌────────────────────────┐    ┌──────────────┐
│ 証券取引法（金融商品取引法）会計 │ →  │              │
│ （一般に公正妥当と認められる企業 │    │  税 法 会 計  │
│   会計の基準）                  │ ←  │              │
└────────────────────────┘    └──────────────┘
```

た，証券取引法会計の特徴であった連結財務諸表（連結計算書類）の記載方法等も取り込まれたことにより，「一般に公正妥当と認められる企業会計の基準」を中心にした会社法（商法）会計と証券取引法会計との連携は一層強まることになったといえる。ただし，「一般に公正妥当と認められる企業会計の基準」がすべて「一般に公正妥当と認められる企業会計の慣行」として妥当するかについては統一した見解はない。

他方，法人税法は第22条第2項および第3項において課税標準となる益金の額と損金の額に関する規定を定め，第22条第4項において「第2項に規定する当該事業年度の収益の額及び前項各号に掲げる額は，一般に公正妥当と認められる会計処理の基準に従って計算される」ことを指示している。この「一般に公正妥当と認められる会計処理の基準」がなにを指すのか税法は明らかにしていないが，その会計処理の基準のひとつとして「一般に公正妥当と認められる企業会計の基準」が該当すると一般に解されている。しかし，1996年11月の政府税制調査会法人課税委員会の報告書では，法人税の課税所得は適正な課税の実現という税法固有の観点からして，必要に応じ，商法・企業会計原則と異なった取り扱いが適切であるとの提言がなされている。1998年の税制改正においても，貸倒引当金の法定繰入率の廃止，賞与引当金・製品保証引当金・特別修繕引当金の廃止など引当金の大幅な縮小，建物の減価償却に対する定額法の強制等，企業会計の処理とは異なる規定改正がなされ，また，2001年，2002年には会社再編税制，連結納税制度が導入されるなどして，税務会計と企業会計との距離は離れつつある。

　したがって，資本市場指向のIFRSsとのコンバージェンスをますますはかる「企業会計基準」が，それぞれの法目的に照らして，会社法上の「一般に公正妥当と認められる企業会計の慣行」，税法上の「一般に公正妥当と認められる会計処理の基準」との関係においてどのように取り扱われるのかは今後の課題となっているといえよう。

3．会計基準の国際的コンバージェンス

(1) EUにおける2005年IFRS導入の影響

　欧州連合（EU）においては，「IAS適用命令」（IAS規則とも呼ばれる）（2002年7月19日）に基づき，欧州の資本市場で有価証券の取引認可を受ける欧州企業に対して，2005年1月1日以降に始まる事業年度から，連結決算書へのIFRSsの適用が義務づけられている。また，欧州の資本市場を利用する日本等

の域外第三国の企業に対しては,「IAS適用命令」と連動して資本市場の開示規制を設ける「目論見書指令」(2003年11月4日)と「透明性指令」(2004年12月15日)において,2007年1月1日以降に始まる事業年度からIFRSsまたはIFRSsと「同等(equivalent)」の会計基準の適用が義務づけられている(なお,現在では,この適用期日は目論見書指令,透明性指令を修正の上,2009年1月1日に延期されている)[4]。

この「IAS適用命令」に端を発したわが国の会計問題が,「IAS適用命令」の発効年を象徴していわゆる「会計の2005年問題」ないしIFRSsまたはIFRSsと同等の会計基準の適用期日を象徴して「2007年問題」と呼ばれるものである。

わが国の会計改革は,この「2005年問題」ないし「2007年問題」を契機に,IFRSsへのコンバージェンスに焦点を絞って,期限を付した国際化対応に転換したといってよい。

EUは,日本を含む第三国の会計基準とIFRSsとの同等性についての評価を,2007年1月1日の経過措置期間満了の6ヶ月前までに,欧州委員会に義務づけた。欧州委員会は,コミトロジー・アプローチ(欧州委員会と欧州の証券監督者委員会が協力して規制を詳細に履行する方法)に基づき,欧州証券規制当局委員会(CESR)[5]に対して同等性評価に関する技術的助言を行うことを諮問し,それを受けたCESRは,2005年2月3日に同等性評価の目的,意義等についての概要を示した「特定第三国の会計基準の同等性および特定第三国の財務情報のエンフォースメントの説明に関する概念ペーパー」を公表し,その後2005年7月5日には域外第三国(リエゾン国でIFRSsを適用していない日本・アメリカ・カナダの3国を指定)の各会計基準の同等性評価について,「特定第三国の会計基準の同等性および特定第三国の財務情報のエンフォースメントの説明に関する技術的助言」を公表した。この2005年7月の技術的助言書の内容はカナダ・日本・アメリカの各国会計基準に対して「全体として同等」の評価を下しつつも,会計基準の重要な相違に関して一定の補完措置(日本26項目,カナダ14項目,米国19項目)を要求するものであった。日本に対して示された補正措置を一覧すると図表4-8の通りである。

図表4-8　日本の会計基準に示された補正措置（重要な相違）

開示A	株主報酬（IFRS 2），歴史的原価での少数株主持分（IFRS 3），株式の段階的取得（IFRS 2），保険契約（IFRS 4），工事契約（IAS 4），不良債権（すでに開示のものを除く。IAS12,30），資産廃棄義務のコスト（IAS16），従業員給付（IAS19），のれんの移転（IAS21），金融商品の公正価値（IAS32），減損（IAS36），解体・撤去等コスト（IAS37），投資不動産（IAS40） （開示A＝第三国会計基準に基づき既に開示されている情報を拡充する定性的および／または定量的情報の追加開示）
開示B	株式報酬（IFRS 2），企業結合（交換日IFRS 3），研究開発の取得（IFRS 3），負ののれん（IFRS 3），LIFOおよび原価法の使用（IAS 2），会計方針の不統一（IAS28），減損テスト（IAS36），開発費の資産計上（IAS38），農業会計（IAS41）， （開示B＝取引および事象がIFRSの規制に従って説明されていない場合，当該取引および事象の影響についての定量的な言及）
補完計算書	持分プーリング法（IFRS 3），連結範囲（支配の定義，IAS27），会計方針の不統一（IAS28） （補完計算書＝第三国の会計基準のもとでは表示されないかもしくは十分適用されていないとき，限定的な修正再表示を含む要約財務報告）
今後の作業	金融商品（IAS39），開示Aの可能性

出所：CESR, (2005) p. 9 をもとに作成。

(2)「2005年問題」，「2007年問題」に対する日本の対応

さて，こうした経過のなかで，わが国の金融庁，日本会計士協会，ASBJ，企業会計基準審議会，日本経団連の各方面から2005年問題に対する積極的な提言・取組みが行われた。

2004年2月20日の企業会計審議会総会において金融庁が「2005年問題の論点と考え方」（金融庁総務企画局）を示したのを受けて，企業会計審議会の企画調整部会は，わが国の制度上の対応について検討を行い，2004年3月に「国際会計基準に関するわが国の制度上の対応について（論点整理）」を取り纏めた。企業会計審議会は，その後2006年7月には「会計基準のコンバージェンスに向

けて(意見書)」も公表している。また,日本経団連は,2003年10月に「会計基準に関する国際的協調を求める」の提言,2004年4月には欧州産業連盟(UNICE)と共同で「国際会計基準に関する共同声明」を公表した。

また,2003年から2005年問題プロジェクトチームを立ち上げた日本公認会計士協会(JICPA)は,2004年3月に「2005年問題に関する提言」を公表し,つぎの6つの提言を行った[日本公認会計士協会 2003, 2 - 4 頁]。

①コンバージェンスに向けたわが国の努力,前向きな姿勢が,国際的に正しく理解されるような施策を進める

②当面の実務対応として,日本公認会計士協会,金融庁,日本経団連,企業会計基準委員会等が連携し,わが国の企業が国際会計基準に基づく財務諸表を一方的に求められることがないよう,わが国の会計および監査基準が国際基準と遜色ないものであることについて国際的認知させる必要がある。

③わが国の企業会計基準委員会が中心となり,わが国の会計および監査基準の国際基準との間の差異を解消する取り組み体制を強化する

④財務諸表の信頼性の確保する

⑤国際的に活躍できる人材を育成する

⑥基準設定に係る資金の充足について広く理解を求める

こうしたわが国の各界の対応に共通してみられるのは,①わが国の会計基準および監査基準に対する誤解を払拭し,国際基準と比較して遜色ないものであることを積極的に説明し訴えること,②わが国の会計改革はIFRSsに対してそれを受け入れるというアドプション(採用)・アプローチではなく,IFRSsと日本会計基準との差異を解消し相互承認の道を図るというコンバージェンス(収斂)・アプローチを採用している点である。そして,そのスタンスは現在も基本的に変わっていない。2007年6月15日に会計基準設定主体であるASBJが新たに公表した「中期運営方針」においても,会計基準の国際化への取組みとして今後も相互理解に努力すること,コンバージェンスを継続して進めていくことがつぎのように明示されている([企業会計基準委員会 2007])。

「高品質な会計基準への国際的なコンバージェンスは，資本市場の参加者にとって利益をもたらすものであり，これは我が国を含む主要な資本市場において受け入れ可能な基準が整備され市場での評価と選択を通じて達成されるものと考えられる。このため，当委員会は，以下のように積極的に会計基準の国際的なコンバージェンスに取り組んでいく。

・日本基準と主要な海外基準の差異を可能な限り縮小させることに注力する。
・主要な海外の基準設定主体とのより緊密な関係を構築し，双方向のコミュニケーションの強化・共同作業を通じて相互理解を深めていく。」

(3) 会計の「2009年問題」とASBJの「プロジェクト計画」

2006年12月，EUの欧州委員会は，同等性評価の決定を予定の2007年より2年延長するための目論見書指令，透明性指令の改正案を公表し。これによっていわゆる「2005年問題」は「2007年問題」を経て「2009年問題」へと移行した。

こうして同等性決定が先送りされた背景には，会計基準のコンバージェンスを巡る取り組みの急速な展開があったとみることができる。とくに，EUが会計基準の相互承認を要望していたアメリカにおいて，2005年4月に証券取引委員会（SEC）がIFRSsに基づく財務諸表に対して要求していた差異調整表を2009年までに解消するための「ロードマップ」を示し，また，2006年2月には財務会計基準審議会（FASB）がIASBとの間で2008年までの会計基準のコンバージェンス計画に関する覚書（Memorandum of Understanding：MoU）を確認し公表した。カナダではカナダ会計基準審議会（ACSB）が今後，5年間でIFRSsを採用する戦略計画を2006年1月に公表した。また，日本のASBJも，2005年1月にIASBとの間でIFRSsと日本の会計基準との相違の解消に向けたジョイント・プロジェクトに合意した。そして，それらの動向に注目していた欧州委員会はCESRの助言を踏まえ，同等性評価の決定を2007年1月より2年延長する（正確には2009年1月1日より6ヶ月前までに欧州委員会が決定）ことを決定するとともに，CESRに対し継続して同等性の定義および評価メカニズム

の確定を含む同等性評価に向けての助言を諮問した。

　その後、CESRは欧州委員会の要請に応えて、2007年3月6日に「カナダ、日本、アメリカの基準設定主体の作業計画、同等性の定義、EU資本市場を現在利用する第三国会計基準一覧に関する欧州委員会に対するCESRの助言」、2007年3月30日には、「第三国会計基準の同等性を決定するメカニズムに関するCESRの技術的助言」を公表し、さらに、2008年3月19日に「カナダと韓国の会計基準に関するCESRの助言」、2008年3月31日には「中国、日本およびアメリカのGAAPの同等性に関するCESRの助言」という同等性評価に関する最終助言書を欧州委員会に答申したのである。

　こうした経過のなかで、わが国の会計基準の設定主体であるASBJは、2005年1月21日、IASBとの間でのジョイント・プロジェクトの立ち上げについて合意し、2005年3月から会計基準のコンバージェンスに向けた会合を継続的に開催してきている。また、いわゆる「2007年問題」について、ASBJは2006年1月31日に「日本基準と国際会計基準とのコンバージェンスの取組みについて─CESRの同等性評価に関する技術的助言を踏まえて─」、2006年10月12日には「我が国会計基準の開発に関するプロジェクト計画について─EUによる同等性評価等を視野に入れたコンバージェンスへの取組み─」を公表している。

　この間のASBJの取組みの経過については、2006年10月の「我が国会計基準の開発に関するプロジェクト計画について」のなかで、つぎのように要約して述べられている。少し長いが引用しておこう。［企業会計基準委員会 2006, 1-2頁］。

　「企業会計基準委員会（ASBJ）は、高品質な会計基準への国際的なコンバージェンスは世界各国の資本市場にとって便益になると考えており、そのような観点を踏まえて会計基準の開発を行い、また、国際会計基準審議会（IASB）における国際会計基準（IFRS）の開発に対して積極的に貢献するため、IASBの提案内容に対する意見発信や、IASBプロジェクトへのスタッフの参画等の活動を積極的に行っている。このような基本方針に基づき、ASBJは、日本基準とIFRSのコンバージェンスを最終目標とするIASBとの共同プロジェクトを2005年3月に開始した。この共同プロジェ

クトにおいては，ASBJとIASBは日本基準とIFRSの差異を縮小させるべく積極的に議論を行い，その結果として，ASBJは日本基準の改訂を加速化する形で取り組んでいる。また，世界各国の会計基準設定主体とのより緊密な関係の構築を推進すべきとの考えから，米国財務会計基準審議会（FASB）との定期協議を2006年5月から開始している。このような状況の下，2006年7月に，企業会計審議会 企画調整部会から『会計基準のコンバージェンスに向けて（意見書）』が公表され，その中では，EUの同等性評価等を視野に入れた計画的な対応に関して，2008年初めまでに，相互にコンバージェンスが可能な項目についてはコンバージェンスを図るとともに，コンバージェンスの達成に時間を要する項目についても作業の進捗を示す一定の方向性を示すために，早急に具体的な工程表の策定を行うことの必要性が指摘されている。ASBJは，これまでも国際会計基準とのコンバージェンスの取組みに関してその取組状況や今後の見通し等を公表してきたが，企業会計審議会の意見書を踏まえ，内外の関係者に対してASBJにおける取組状況等をより明らかに示していくことを目的として，現在取組み中あるいは今後取組みを予定しているプロジェクトのうち，コンバージェンスに関わる会計基準等の開発プロジェクトについて，『プロジェクト計画表』（別添）をとりまとめ，今般公表することとした。なお，本プロジェクト計画表の公表にあたっては，特にEUによる同等性評価に関連して欧州証券規制当局委員会（CESR）から補正措置が提案されている26項目の取組状況について，その2007年末までの作業計画と2008年年初の達成状況の見通しを明らかにすることに主眼を置いて，それらの項目を中心に示すこととしている。」

　この文章のなかで示された「プロジェクト計画案」とは，2005年1月21日のASBJとIASBとの合意に基づきジョイント・プロジェクトの会合の議論を経て作成された工程表のことである[6]。この「プロジェクト計画案」はその後，更新され，最新のものが，次節で述べる2007年8月8日のASBJとIASBとの「東京合意」を踏まえて2008年9月に公表された新プロジェクト計画である（図表4-9を参照）。

図表4-9　企業会計基準委員会（ASJB）のプロジェクト計画表

	2008年		2009年				2010年
	7～9月	10～12月	1～3月	4～6月	7～9月	10～12月	
1．EUによる同等性評価に関連するプロジェクト項目（短期）							
企業結合（ステップ1）[※1]		Final					
棚卸資産（後入先出法）	Final						
固定資産（減損）							
無形資産（仕掛研究開発）		Final					
退職給付（割引率）	Final						
投資不動産		Final					
2．既存の差異に関連するプロジェクト項目（中期）							
企業結合（ステップ2）							
（フェーズ2関連[※3]）					DP	ED	
（のれんの償却）					DP	ED	
無形資産						DP	
過年度遡及修正（会計方針の変更等）				ED	Final		
廃止事業				DP		ED	Final
3．IASB／FASBのMOUに関連するプロジェクト項目（中長期）							
連結の範囲			DP			ED	Final
財務諸表の表示							
（包括利益等）				DP		ED	Final
（フェーズB関連[※3]）				DP			
収益認識				DP			
負債と資本の区分							
金融商品							
（現行基準の見直し）		DP					
（公正価値測定）		DP					
退職給付	DP						
リース							
4．IASB／FASBのMOU以外のIASBでの検討に関連するプロジェクト項目（中長期）							
1株当たり利益		専門委		ED		Final	
引当金		専門委			DP		ED
保険							

〈補足〉
計画表上の記号の意味は次のとおり。
専門委：専門委員会設置　DP：論点整理・検討状況の整理（Discussion Paper）　ED：公開草案（Exposure Draft）　Final：会計基準／適用指針等（最終）
※1　企業結合は，EU同等性評価対応を対象とするステップ1とそれ以外の差異解消を対象とするステップ2に区分してプロジェクトを進める。また，「企業結合（ステップ1）」は，持分プーリング法，交換日，負ののれん，少数株主持分，段階取得，外貨建てのれんの換算を含む。
※2　IASB／FASBの検討とタイミングを合わせて進めるため，現時点ではスケジュールは未定。
※3　IASBでのプロジェクトの呼称である。

出所：企業会計基準委員会（2008），http://www.asb.or.jp/html/press_release/overseas/pressrelease_20080911.pdf.

また，CESRは「東京合意」を受けて，欧州委員会に対する2007年12月18日の助言案において，日本の会計基準とIFRSsとが同等であることを掲示し，2008年3月31日の「中国，日本およびアメリカのGAAPの同等性に関するCESRの助言」においては，「東京合意で設定された目標を工程表に沿ってASBJが達成する十分な証拠が存在する限り，欧州委員会は日本の会計基準を同等と見なすべきである」とする最終勧告を欧州委員会に答申した[7]。その後，このCESRの勧告に基づき欧州委員会が提出した「目論見書指令施行命令」および「透明性命令の施行に関する決定」の改正案は欧州議会において討議され，2008年10月7日，日本の会計基準がIFRSsと同等であることが認められ，2009年以降もEU資本市場において使用することが決定されたのである。

4．日本の会計改革の進路—コンバージェンスかアドプションか—

　「国際基準と全面共有化　国際組織と日本側大筋合意　2011年までに」(『日本経済新聞』2007年8月4日朝刊)，本章の「学習の視点」に掲げた新聞記事の見出しは，「東京合意」を報じたものである。東京合意とは，2007年8月8日においてASBJとIASBが行った共同声明であり，当初，2005年3月に公表されたIFRSsと日本基準間のコンバージェンス・プログラムを加速化する取組みを示している。この取組みの目的は，日本基準と現行のIFRSsの間の重要な差異（2005年7月にCESRが同等性評価案で示したもの）について2008年までに解消し，両者間で識別された残りの差異を2011年6月までに取り除くことにある。なお，2011年という期日は，現在開発中であって2011年以後に適用となる新たな主要なIFRSsについては適用しないものとしているが，両者は新たな基準が適用となる際に日本において国際的なアプローチが受け入れられるように，緊密に作業を行うこととされている（企業会計基準委員会）。この東京合意を踏まえて，わが国においては2011年を目途に会計基準のコンバージェンスの作業が進められている。

　しかし，東京合意から約1年後の2008年9月4日，同じ新聞紙上の第一面に

「日本，国際会計基準導入へ　11年度以降に　資金調達しやすく」（『日本経済新聞』2008年9月4日朝刊）の記事が報道された。この新聞記事の背景には，これまで自国の会計基準（SEC基準）しか認めてこなかったアメリカにおいて，2007年12月にSEC規則が改正され，第三国の企業に対して差異調整表の開示を求めないIFRSsの採用（adoption）が容認されたことに続いて，2008年8月には，SECがアメリカ国内の企業についてもIFRSsの採用を容認する意向を決定したことがある。このアメリカの方針転換によって，IFRSsの世界標準（グローバル・スタンダード）としての地位はより強まり，いわゆるコンバージェンス・アプローチの立場を踏襲しアドプション・アプローチを採ってこなかった日本が世界的流れに唯一遅れをとりかねないという懸念が生ずることになった。先に示した9月4日付の新聞記事は，このことをつぎのように報じている（『日本経済新聞』2008年9月4日朝刊）。

「米証券取引委員会（SEC）は昨年11月，米国外企業に対し国際基準での決算書作成を容認。さらに今年8月には，国内企業にも認める案を発表した。作成主体の国際会計審議会（IASB）の運営に積極関与し『事実上，国際標準の作成に影響力を持つ』（会計関係者）手段に出たと見られている。日米は国際基準と自国基準の違いを解消する『共有化（コンバージェンス）』作業を進めてきた。しかし，米国が『受け入れ（アダプション）』路線に転換し，日本は孤立を避けるため追随せざるを得なくなった。今後は，米国と同様に，IASBへの発言力向上が課題になる」

現時点で，日本がIFRSsの採用（adoption）に踏み切るかは公式には決定していない。ただし，日本公認会計士協会や日本経団連は，IFRSsの採用に向けて積極的な姿勢を公式に表明している。

2008年10月14日，日本経団連は「会計基準の国際的な統一化へのわが国の対応」を公表し，その冒頭で以下のように記している［日本経済団体連合会 2008］。

「世界の三大市場のうち，欧州連合（EU）では域内の資本移動の自由化という大きな目標の下，2005年より連結財務諸表の域内統一基準として国際会計基準（IFRS）の適用を義務付け，今日では欧州各国市場において定着しつつある。一方，この間，

日本ならびに米国では，他市場の会計基準の動向を踏まえながら，各々，自国の会計基準を見直し，国際的に収斂（コンバージェンス）させていく作業に取り組んできた。経団連としても，一貫して日本の会計基準と海外基準とのコンバージェンスを支持・推進している。わが国の会計基準設定主体である企業会計基準委員会（ASBJ）による東京合意に基づくコンバージェンスへの取組みなど，関係者による精力的な取り組みの結果，当面の最重要課題であったEUによる日本基準の同等性評価についても正当な評価が下される見通しである。

このようななか，米国は，2007年11月，米国に上場する外国企業に対して，IFRSの使用を容認した。さらに，本年8月に，2009年から一部の米国国内企業に対してIFRSの適用を認め，2014年からは順次IFRS採用（アドプション）を義務付けていく考えを示唆した。

既に，EU諸国をはじめカナダ，オーストラリア，インド，中国，韓国など，IFRSの採用を表明した国は100カ国を超えていたが今回，米国がコンバージェンスからIFRSの採用へと方針を転換したことによって，IFRSが名実ともにグローバル・スタンダードとなる方向が揺ぎないものになりつつある。

このように，世界において会計基準の流れは大きな転換期を迎えており，EUの同等性評価に一応の目処が付いた今日，わが国においても，IFRSの採用を含め，中長期的な視点から今後のわが国会計基準に関する方針を明確にすべき時期にきている。」

新聞報道によると，金融庁もIFRSs採用への姿勢を固めたようである。以下のような記事が掲載されている（『日本経済新聞』2008年9月18日朝刊）。

「日本が企業会計の国際化に対応するため，『国際会計基準』の導入に向け動き出した。金融庁は17日，本格的な検討に入ると正式に表明。10月中旬以降に長官の諮問機関である企業会計審議会を開き，対象企業や採用方法などを議論する。2011年度以降の導入を念頭に置いたロードマップ（行程表）を早急にまとめたい考えだ。国際会計基準は米国も採用する方針に転換した。米国の方針が実現すれば，日本の会計基準は世界で孤立する恐れもあった。日本経団連，日本公認会計士協会といった利用者側が危機感を募らせ，金融庁に国際基準の導入を迫っていた。金融庁は同

日午前,『わが国企業会計のあり方に関する意見交換会』を開いた。経団連,日本会計士協会など出席者の大勢が国際会計基準の導入を容認。企業会計審議会・企画調整部会で正式に議論することを了承した」

IFRSsを受け入れる場合,導入時期,会計監査への対応,会計システムの対応,人材育成など,また受け入れ前の導入段階でどのような課題が生ずるのかについて不透明な部分は多いといわれる。しかし,わが国の会計制度改革は,「会計ビッグバン(会計基準の国際的調和)」から「会計基準のコンバージェンス(収斂)」を経て「統一会計基準(IFRSs)の適用」の航路へと帆を向けたようである[8]。

注

1 金融庁組織令第24条は,「企業会計の基準及び監査基準の設定,原価計算の統一その他企業会計制度の整備改善について調査審議し,その結果を内閣総理大臣,金融庁長官又は関係行政機関に対し報告し,又は建議する」としている。
2 投資家保護の立場から情報開示の規制を重視する証券取引法は,債権者保護の立場から配当規制を置き,また債権者と株主利害との調整の立場から公開規制を行う商法との間で会計規範の調整が行われてきた。確定決算主義の立場から,商法上,確定した決算に基づき課税所得を計算する法人税法は,税法に規定のない処理を商法,証券取引法に依存する一方,損金経理の要件により,逆に商法,証券取引法の会計処理に影響を与えてきた。トライアングル体制とは,1991年ブラッセルで開催された主要国の会計基準設定機関会議において,そうした関係・仕組みを表現するために用いられた用語である。その後,わが国の会計制度を象徴する用語として,一般的に用いられてきている。
3 昭和49年改正商法第32条2項では,商業帳簿の作成に関する規定の解釈については「公正なる会計慣行に従うべし」としていた。
4 EUの国際化対応の会計制度改革については,本書第2章を参照。
5 CESRは,EUにおける証券監督者間の協力の強化およびチェック機能を果たす独立機関としての欧州証券監督者委員会(ESRC)の構想に基づき,2001年5月の欧州委員会決定に基づき設立された。CESRの任務は,①欧州の有価証券監督者間の調整改善,②欧州委員会に対する助言,とくに有価証券領域における実施計画案の作成を行う諮問グループとしての活動,③加盟国における共同体規制に対してより一貫した適宜的実施を促進する活動にあり,これらの任務を履行する指針,勧告,基準,等を公表している。

6 ASBJとIASBは，2006年3月に開催された会計基準のコンバージェンスに向けた共同プロジェクトの第三回会合において，コンバージェンスの加速化を図るため，それまでの着手しやすいものから逐次テーマとして取り上げていく方式（フェーズド・アプローチ）から，差異のあるすべての会計基準について広く今後の取組みを明示し，その中から優先度に応じて同時に着手していく方式（全体像アプローチ）に移行することで合意している。

7 CESRはそれまで「会計基準の直接的比較の形式（a form of direct comparison of standards)」による評価アプローチを採用し，IFRSsと第三国会計基準の差異について分析し重要な差異については補正措置を求めてきたが，当助言書においては，EUと第三国の会計基準設定主体（主務官庁）間において，コンバージェンス・プログラムが具体的に存在し，その実施が確実に見込まれると評価されれば，第三国会計基準を同等と評価するというホーリスティックな成果主義アプローチ（a more holistic outcome-based approach）を採用している。この点について考察したものとして，佐藤（2008）を参照。

8 本稿の脱稿後，金融庁の企業会計審議会が2009年3月期からIFRSsの適用を企業に認める方針を認めたとの報道があった。それによると，今回の適用は企業の選択適用とし，上場企業への義務化は2012年を目処に最終判断されるとしている（『日本経済新聞』2009年1月27日朝刊）。

参考文献

新井清光（1999），『日本の企業会計制度　形成と展開』中央経済社。
磯山友幸（2002），『国際会計基準戦争』，日経BP社。
企業会計基準委員会（2006a），「日本基準と国際会計基準とのコンバージェンスの取組について―CESRの同等性評価に関する技術的助言を踏まえて―」2006年10月12日，http://www.asb.or.jp。
企業会計基準委員会（2006b），「我が国会計基準の開発に関するプロジェクト計画について―EUによる同等性評価等を視野に入れたコンバージェンスへの取組み―」2006年1月31日，http://www.asb.or.jp。
企業会計基準委員会（2007a），「中期運営方針」2007年6月15日，http://www.asb.or.jp。
企業会計基準委員会（2007b），「会計基準のコンバージェンスの加速化に向けた取組みへの合意」2007年8月8日，http://www.asb.or.jp。
企業会計基準委員会（2007c）「プロジェクト計画表の公表について―東京合意を踏まえたコンバージェンスへの取組み―」2007年12月6日，http://www.asb.or.jp。
企業会計基準委員会（2008），Press Release「企業会計基準委員会と国際会計基準審

議会が会合し，会計基準のコンバージェンスに向けた進捗状況を確認」2008年9月11日，http://www.asb.or.jp.
企業会計審議会（2004），「国際会計基準に関する我が国の制度上の対応について〈論点整理〉」平成16年6月24日，http://www.fsa.go.jp.
企業会計審議会（2006），「会計基準のコンバージェンスに向けて〈意見書〉」平成18年7月31日，http://www.fsa.go.jp.
会計基準設定主体のありかたについての懇談会（2006），「企業会計基準設定主体のあり方について〈論点整理〉」，平成12年6月29日，http://www.fsa.go.jp.
金融庁総務企画局（2004），「2005年問題の論点と考え方」平成16年2月，http://www.fsa.go.jp.
佐藤誠二編（2007），『EU・ドイツの会計制度改革』森山書店．
佐藤誠二（2008），「EUにおけるIFRS会計実務の状況と課題―IAS適用命令の履行とエンフォースメント―」，『會計』第174巻第5号．
佐藤誠二，佐藤和美（2004），『アカウンティング』税務経理協会．
杉本徳栄（2008），『国際会計〈改訂版〉』同文舘出版．
日本公認会計士協会（2004），「2005年問題に関する提言」2004年3月17日，http://www.hp.jicpa.or.jp.
日本経済団体連合会（2008），「会計基準の国際的な統一化へのわが国の対応」2008年10月14日，http://www.keidanren.or.jp.
橋本　尚（2007），『2009年国際会計基準の衝撃』日本経済新聞社．
平松一夫（2009），「『IASCの将来像』の内容と我が国への影響」『JICPAジャーナル』No. 524．
CESR（2005），*Technical advise on equivalence of certain third country GAAP and on description of certain third contries mechanisms of enforcement of financial information*, June 2005 Ref. CSER/05-230b.

（佐藤　誠二）

第5章
国際化と概念フレームワーク

〈学習の視点〉

　2002年ノーウォーク合意に基づきFASBとIASBは会計基準のコンバージェンスをめざし，2004年4月以来共同のコンバージェンスプロジェクトの一環として概念フレームワークの再検討を実施している。このプロジェクトは，両審議会が共同で取り組む会計基準コンバージェンスプロジェクトの完成を目指して，会計基準の設定の前提となる概念フレームワークの構築を意図するものである。

　本章では，概念フレームワークの意義について検討することにしたい。概念フレームワークの形成史からみた概念フレームワークの意義を理解してほしい。

　その前提のもとに，先駆的存在であるFASBの概念フレームワークの概要を示すことにしたい。概念フレームワークが当時の会計基準設定における基礎概念を整理するという点で貢献した側面があることは事実であるものの，概念フレームワークが会計基準設定の判断基準として十分に機能しなかった側面を指摘する。

　最後に，FASB・IASB共通の概念フレームワークに関する草案における「財務報告の目的」と「財務情報の質的特徴および制約」の内容を示したい。この草案の内容が将来確定するならば，FASBとIASBの両審議会の概念フレームワークとなるものである。このことは同時に各国における会計基準の概念フレームワークとしても機能することが想定され，わが国の会計基準設定においても多大なる影響を及ぼすものである。

1. 概念フレームワークの形成史

(1) 概念フレームワークとは

　概念フレームワークは，会計上の基礎的諸概念についてのフレームワークを設定するものである。財務報告基準を設定するうえで，概念フレームワークは新たな実務慣行を確定し，会計基準として設定するうえでの根拠を提供するものである。概念フレームワークの設定にあたり，財務報告の目的をどのようなものと設定するべきか，この財務報告の利用者をどのような人物と想定するのか，またその利用者のニーズとはどのようなものか，またどのような財務報告を想定するのかなど様々な重要な論点が存在する。概念フレームワークは，どのような経済的事象を会計対象として認識し，どのように測定するのか，そしてそれらの情報を利用者にどのように表示・開示するのかを判断するうえでの判断の枠組みを提供するものとして想定されてきた。

(2) 概念フレームワークの形成

　概念フレームワークの形成の歴史をさかのぼると，まずアメリカにおける概念フレームワークプロジェクトをあげることができる。アメリカでは1929年の金融恐慌を契機に，会計開示制度の整備がスタートし，その目的を実現するために監査制度およびその前提となる会計原則の設定が進められた。1938年にはアメリカ公認会計士協会（American Institute of Certified Public Accountants：AICPA）が正式に会計原則設定機関として会計手続委員会（Committee on Accounting Procedure：CAP）を設立した。CAPは，以後20年間にわたり，現実の会計実務の中から一般的または共通した会計原則を抽出するという「帰納的アプローチ」で会計原則設定活動を進めてきた。しかしながら，1950年代後半には，一般に認められた会計実務を参照するだけでは，信頼性のある会計原則を設定することはできない状態となっていた。1959年AICPAはこの事態を改善すべく会計原則審議会（Accounting Principles Board：APB）を設立するこ

とにしたのである。AICPA会長はAPBに対して会計原則の基礎となる基本的公準を研究するように指示した。この研究から実務の基礎となる普遍的前提を設定することから，個別の基準間における矛盾のない会計基準の設定を目指す「演繹的アプローチ」を採用する概念フレームワークプロジェクトの端緒となったのである。

　APBは1961年から1972年まで活動し，15個の『会計調査研究』(Accounting Research Studies：ARS) のほか，31個のAPB『意見書』(APB Opinion) と4個の表明書（statement）を作成した。特に，ARS第1号『基本的会計公準論』およびARS第3号『会計原則試案』は概念フレームワークとの関係が深いものであったが，一般に認められる概念フレームワークとして認められるまでには至らなかった。

　1971年AICPAは2つの研究グループを設定し，このプロジェクトの新たなる進展を図った。それはWheatを議長とする「会計原則制定研究グループ」（ウィート委員会）とTruebloodを議長とする「財務諸表の目的研究グループ」（トゥルーブラッド委員会）である。1972年に公表されたウィート委員会報告の提案によって，APBの後継となる基準設定機関として財務会計基準審議会（FASB）を設立することになった。FASBの設立によって，会計基準の設定責任は従来の公認会計士協会中心から民間の独立機関へと委ねられることとなったのである。

　1973年10月トゥルーブラッド委員会は財務諸表の目的に関する意見書を公表した。この意見書は12項目の財務諸表の目的を特定し，その前提のもとに利用者のニーズに応える財務諸表における記載情報が備えるべき7つの質的特徴について論じている。ここで特定された財務諸表の目的が『財務会計諸概念に関するステートメント』(SFAC) の第1号『営利企業の財務諸表の基本目的』の基礎となった。またこの意見書で特定された質的特徴がSFAC第2号「会計情報の質的特徴」の内容についての検討材料となったのである。

　FASBは，1960年代に行われた会計基準の濫用よる財務報告への信頼の喪失から回復しなければならないことを認識していた。概念フレームワークプロジ

ェクトは財務報告への信頼性の回復を図るための手段として位置づけられた。個人や組織による会計理論の構築の試みが実務上認められなくなったことから，財務報告の目的や基本概念について相互に矛盾することのない一貫性ある概念フレームワークを必要とするようになったのである。当時FASBは，概念フレームワーク対して期待された機能について，以下のような項目を掲げている［FASB, 1976］。

・会計基準設定機関に基本方針を提供すること。
・基準が存在しない場合，会計上の問題を解決する枠組みを提供すること。
・財務諸表を作成する場合，判断の余地を決定すること。
・財務諸表の利用者に財務諸表の理解と信頼とを向上させること。
・比較可能性を高めること。

しかしながら，これまでのFASBの会計基準設定の歴史を振り返れば，FASBが期待したように，概念フレームワークが会計基準設定機関に基本方針を提供するという機能を十分に果たしたと判断することは難しい。SFACはFASBが正式に設定したにもかかわらず，現実の会計実務との矛盾を生じることが予想されたために，強制をもとめられるFASBのステートメントと位置づけられることはなかった。SFACは基準設定の指導方針として位置づけられることを期待するものの，当初は未完成なものとして強制されるものではなかったのである。

2．財務会計基準審議会（FASB）概念フレームワークの内容と特徴

(1) 概念フレームワークの概要

FASBは現在までに概念フレームワークとして以下の7つの概念書を公表している。7つの概念書のポイントを指摘するならば以下のようになる。

SFAC第1号は営利企業における財務報告の目的を取り扱うものである。SFAC第2号はその目的を達成するために必要とされる会計情報の質的特徴について述べるものである。SFAC第3号は当初の適用範囲を営利企業に設定

図表5-1　「FASB概念フレームワーク」

○SFAC第1号「営利企業の財務報告の基本目的」（1978年11月）
○SFAC第2号「会計情報の質的特徴」（1980年5月）
○SFAC第3号「営利企業の財務諸表の構成要素」（1979年12月）
○SFAC第4号「非営利企業における財務報告の基本目的」（1980年12月）
○SFAC第5号「営利企業の財務報告における認識と測定」（1984年12月）
○SFAC第6号「財務諸表の構成要素」（第3号改訂版）（1985年12月）
○SFAC第7号「会計測定におけるキャッシュ・フロー情報および現在価値の使用」（2000年2月）

し，財務諸表の構成要素について述べるものであった。SFAC第4号は非営利組織における財務報告の基本目的を取り扱った。SFAC第5号は営利企業の財務報告における認識と測定の概念を取り扱う。そしてSFAC第6号はSFAC第3号を改訂したもので，その適用範囲を非営利組織までに拡大している。SFAC第7号は測定における将来キャッシュ・フローの現在価値についての基礎的枠組みを取り扱ったものである。

『財務諸表の作成と表示に関するフレームワーク』（以下IASB概念フレームワーク）は1989年7月に国際会計基準委員会（IASC）によって概念フレームワークをなす諸概念を定めるために公表されたものである。SFACの各号は独自に設定されたが，IASB概念フレームワークは単独の文書として設定されたものである。IASCがその後IASBへ組織再編される際に，IASBによって2001年4月概念フレームワークは採択されている。この概念フレームワークは会計基準ではなく，また国際会計基準（IFRSs）に優先するものではない。IASBの概念フレームワークはSFACをベースとして作成されたものである。IASBの概念フレームワークは資本および資本維持の概念などについて異なる部分もあるものも，おおよそSFACの第1号，第2号，第5号，第6号の要約版の内容となっている。IAS第8号『会計方針，会計方針の見積りの変更および誤謬』において，会計基準や解釈指針の規定および指針に告ぐ参照事項として位置づけられている（paras. 10-11）。以下では，SFAC第1号，第2号，第6号，第5号における主要なポイントを簡単に整理することにしたい。

図表5-2　「IASB概念フレームワークの主要項目」（1989年7月）

- 財務諸表の目的（paras. 12-14）
- 財務諸表の質的特徴（paras. 24-46）
- 財務諸表の構成要素（paras. 47-81）
- 財務諸表の構成要素の認識（paras. 82-98）
- 財務諸表の構成要素の測定（paras. 99-101）
- 資本および資本維持の概念（paras. 102-110）

（2）財務報告の目的

　SFAC第1号は営利企業における一般目的外部財務報告の基本目的を規定している。まずSFAC第1号は目的の適用範囲を示している。それは財務諸表のみならず，財務報告に関する情報である。財務報告には，財務諸表のみならず，会計システムによって提供される情報，すなわち企業の資源，債務，稼得利益などに関する情報，また直接または間接に関連する情報を伝達するための手段を含む［paras. 5-8］。具体的には，年次報告書，目論見書，新聞報道や経営者の会見などがある。財務報告は，だれに，どのような情報を伝達することを目的とするのか？　SFAC第1号は投資家や債権者その他の情報利用者の情報ニーズに焦点をあて以下のような目的を設定している。

　○「財務報告は，現在および将来の投資者，債権者その他の情報利用者に対して，合理的な投資，与信およびこれに類する意思決定を行う上において有用な情報を提供しなければならない。［par. 34］」すなわち，FASBは財務報告の第一の目的として投資・信用供与の決定に有用な情報を提供することを指摘する。

　○「財務報告は，意思決定に有用な情報を提供するために，現在および将来の投資者，債権者その他の情報利用者が当該企業への正味キャッシュ・インフローの見込額，その時期およびその不確実性をあらかじめ評価するのに役立つ情報を提供しなければならない。［par. 37］」つぎに，第一の目的を達成するためにキャッシュ・フローの予測の判定に有用であるものことを第二の目的として焦点を当てている。

○「財務報告は，企業の経済的資源，かかる資源に対する請求権（当該企業が他の企業に対して資源を譲渡しなければならない債務および出資者持分）ならびにその資源およびこれらの資源に対する請求権に変動をもたらす取引，事象および環境要因の影響に関する情報を提供しなければならない。[par. 40]」最後に，財務報告の目的として経済的資源，これに対する請求権ならびにこれらを変動させる取引，事象および環境要因に関する情報を提供することを定めている。

SFAC第1号では，財務報告の第一の目的として，意思決定に有用な情報を提供することとしている。またその目的を達成するために財務報告は企業の財務的業績に関する情報を提供しなければならない。さらに，企業の流動性，支払能力および資金フローに関する情報提供の有効性についても触れ，最後に，企業の経営者がその受託責任をどのように遂行したかについての情報を提供しなければならないとする。ただし，FASBは財務報告において企業業績と経営者の業績を区分できないことから，財務報告は経営者の業績評価のための事前評価としては限界があることを指摘している。

(3) 会計情報の質的特徴

SFAC第2号は利用者にとって会計情報が有用となる特徴について規定する。その特徴を「会計情報を有用にさせる特徴の階層構造」において示し，財務報告に織り込むべき情報の質的特徴の選択適用を提供している。図表5-3は会計情報を有用にする質的特徴の関係を図示したものである。この図は意思決定有用性を中心に位置づけられたものである。意思決定有用性に関する情報の質的特徴を規定する前提として，意思決定者とその特徴およびコスト・ベネフィットを配置している。また，意思決定有用性を達成する上で重要な特徴として理解可能性を掲げている。このような制約条件を踏まえて，意思決定の有用性を構成する特徴の階層性を示している。

〈目的適合性（relevance）〉

意思決定有用性を構成する第一の特徴は目的適合性である。目的適合性と

図表 5-3 「会計情報を有用にさせる特徴の階層構造」

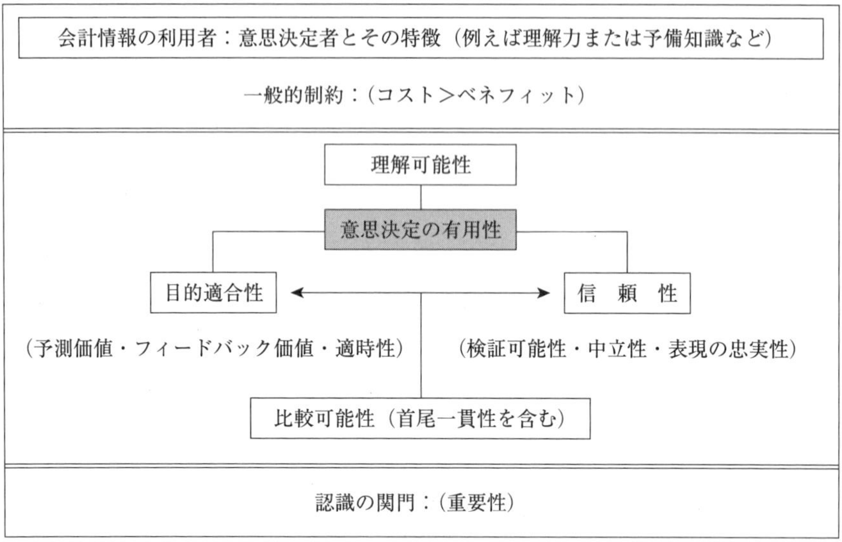

会計情報の利用者：意思決定者とその特徴（例えば理解力または予備知識など）
一般的制約：（コスト＞ベネフィット）

```
            理解可能性
               │
          意思決定の有用性
         ┌─────┴─────┐
      目的適合性  ←→  信 頼 性
 （予測価値・フィードバック価値・適時性）　（検証可能性・中立性・表現の忠実性）
               │
         比較可能性（首尾一貫性を含む）
```

認識の関門：（重要性）

出所：SFAC 2「会計的特徴の階層構造（para. 32）」の図1より作成。

は，情報利用者に過去，現在および将来の事象もしくは成果を予測または事前の期待値の確認もしくは訂正を行わせることによって情報利用者の意思決定に影響を及ぼしうる能力とされる。図表5-3では，目的適合性の補完的特徴として，予測価値（predictive value）およびフィードバック価値（feedback value）を示している。ここでは予測価値とは過去または現在の事象の成果を情報利用者に正しく予測させる可能性を高めるのに役立つ情報の特徴とされる。またフィードバック価値は情報利用者に事前の期待値を確認または訂正させる情報の特徴とされる。また目的適合性を達成するために適時性が補完的特徴として位置づけられる。しかしながら，かりに情報の適時性を高めるならば信頼性に欠ける可能性が高まるために，信頼性との間にトレード・オフの関係が生じる。このことは目的適合性と信頼性の間でいずれが優先されるかの問題として残されることになったものである。

〈信頼性（reliability）〉

　主要な特徴のうちのもう一つの重要な特徴が信頼性である。ある測定値の信

頼性は，それは情報利用者に対する保証と結びつき，測定値が表現上の特徴を持っていることを検証することによってその保証が確保されるという。信頼性からは「検証可能性（verifiability）」，「中立性（neutrality）」，「表現の忠実性（representational faithfulness）」の補完的特徴が導き出される。

〈比較可能性（comparability）〉

比較可能性は，図表5-3では，財務情報が有するべきもう一つの情報特徴として掲げるものである。比較可能性は会計の基本的概念の一つである首尾一貫性を含んだものである。比較可能性は首尾一貫した基準によって作成された財務情報を用いることで，期間比較または企業間比較を可能とし，そのことによって情報の有用性を高めるからである。

〈重要性（materiality）〉

重要性はすべての特徴に対して影響を与えるものである。これは重要性のある情報のみが意思決定過程に影響を与えるとする前提に基づいている。重要性とはその項目の金額的重要性の側面を中心としている。SFAS第2号には重要性を判断する指針がないために，各項目の重要性は情報の提供者に判断がゆだねられている。

(4) 財務諸表の構成要素

SFAC第6号は財務諸表の構成要素を規定する。これはSFAC第3号の改訂版として登場したものである。第3号は営利企業に限定したものであったが，第6号は非営利組織を対象範囲としたものである。SFAC第6号は財務諸表の構成要素として10項目を定義し，この10項目と相互関連性を記述している。

SFAC第6号では，これまで採用されてきた収益・費用アプローチではなく，資産・負債アプローチを前提としている。図表5-4は財務諸表の構成要素の定義を示したものである。また図表5-5は一会計期間において営利企業に影響を及ぼすすべての取引その他の事象および環境要因に関する10項目の諸関係を示している。SFAC第6号はすべての取引その他の取引その他の事象および環境要件をA「持分の変動を伴わない資産または負債のすべての変動」，B

図表 5-4 「財務諸表の構成要素の定義」

A．資産とは，過去の取引または事象の結果として，ある特定の実体により取得または支配されている，発生の可能性の高い将来の経済的便益である（para. 25）。
B．負債とは，過去の取引または事象の結果として，特定の実体が，他の実体に対して，将来，資産を譲渡しまたは用役を提供しなければならない現在の債務から生じる，発生の可能性の高い将来の経済的便益の犠牲である（para. 35）。
C．持分または純資産とは，負債を控除した後に残るある実体の資産に対する残余請求権である（para. 49）。
D．出資者による投資は，特定の営利企業による出資者への請求権（または持分）を獲得または増加させるために，何か価値があるものを他の実体からその企業へ譲渡した結果として生じる，当該企業における持分の増加である（para. 66）。
E．出資者への分配は，特定の営利企業による出資者への譲渡，用役の提供または負債の発生の結果として生じる，企業の持分の減少である（para. 67）。
F．包括利益とは，出資者以外の源泉からの取引その他の事象および環境要因から生じる一期間における営業企業の持分変動である。包括利益は出資者による投資および出資者への分配から生じるもの以外の，一期間における持分のすべての変動を含む（para. 70）。
G．収益とは，財貨の引渡もしくは生産，用役の提供，または実務の進行中の主要なまたは中心的な営業活動を構成するその他の活動による，企業への資産の流入その他の増加もしくは負債の弁済（または両者の組み合わせ）である（para. 78）。
H．費用とは，財貨の引渡もしくは生産，用役の提供，または実体の進行中の主要なまたは中心的な営業活動を構成するその他の活動による，実体の資産の流失その他の費消もしくは負債の発生（または両者の組み合わせ）である（para. 80）。
I．利得とは，実体の副次的または付随的な取引および実体に影響を及ぼすその他のすべての取引その他の事象および環境要因から生じる持分（純資産）の増加であり，収益または出資者による投資によって生じる持分の増加を除いたものである（para. 82）。
J．損失とは，実体の副次的または付随的な取引および実体に影響を及ぼすその他のすべての取引その他の事象および環境要因から生じる持分（純資産）の減少であり，費用または出資者への配分によって生じる持分の減少を除いたものである（para. 83）。

出所：SFAC 6「構成要素の定義（paras. 24-133）」により作成。

「持分の変動を伴う資産または負債のすべての変動」，C「資産または負債に影響しない持分のすべての変動」の3つに区分している。内訳を示すと以下の通りとなる。

図表5-5 「営利企業の持分を変動させる取引および事象」

一会計期間における営利企業におよぼすすべての取引その他の事象および環境要因						
A. 持分の変動を伴わない資産または負債のすべての変動				B. 持分の変動を伴う資産または負債のすべての変動		C. 資産または負債に影響をおよぼさない持分内の変動
1. 資産と資産の交換	2. 負債と負債の交換	3. 負債の発生による資産の変動	4. 資産の譲渡による負債の変動	1. 包括利益		2. 営利企業とその出資者との間の譲渡による持分のすべての変動
				a. 収益	b. 利得	c. 費用	d. 損失	a. 出資者による企業への投資	b. 企業による出資者への分配

出所：SFAC 6「営利企業の持分と変動させる取引および事象（para. 64）」の図により作成。

A．持分の変動を伴わない資産または負債のすべての変動
  1．資産と資産の交換（例えば，資産の現金購入）
  2．負債と負債の交換（例えば，買掛金への手形振出し）
  3．負債の発生による資産の取得（例えば，商品の掛仕入れ）
  4．資産の譲渡による負債の弁済（例えば，借入金の返済）
B．持分の変動を伴う資産または負債のすべての変動
  1．包括利益およびその内訳科目（a. 収益，b. 利得，c. 費用，d. 損失）
  2．営利企業とその出資者との間の譲渡による持分のすべての変動
    （a. 出資者による企業への投資，b. 企業による出資者への分配）
C．資産または負債に影響しない持分内の変動（例えば，株式配当，優先株から普通株への転換など）

SFAC第6号は資産および負債の定義からスタートしている。この2つの定義から資産と負債との差額として持分を定義している。持分変動のうち出資者との取引を除くすべての持分変動を包括利益とする論理構造を採用する。包括利益とは（出資者との取引の変動を除く）持分変動であると定義される。またこの包括利益は収益－費用＋利得－損失に等しいものである。

(5) 財務諸表の認識と測定

SFAC第5号は財務諸表および報告のあるべき姿を規定し，その前提のもとに，認識規準および認識指針を提供する。SFAC第5号のタイトルに反して内容は認識が中心であり，測定に関する内容についてはそれほどまとまった記述はない。SFAC第5号では財務諸表を財務報告の中心をなすものとして，期末財政状態計算書，稼得利益および包括利益結合計算書，キャッシュ・フロー計算書，並びに持分増減計算書の特徴について述べている。なかでも，稼得利益および包括利益結合計算書における稼得利益と純利益の区分に関する検討に頁

図表5－6　稼得利益と現在の純利益の類似点と相違点

	純利益		稼得利益	
収　益		100		100
費　用		(80)		(80)
非経常的源泉からの利得		3		3
継続的営業活動利益		23		23
営業活動停止損失				
営業活動停止セグメントからの利益	10		10	
営業活動停止セグメントの処分損失	(12)	(2)	(12)	(2)
異常項目および		21		21
会計原則の変更に伴う影響額 控除前利益		↓		↓
異常損失		(6)		(6)
過年度における会計原則の変更に伴う累積的影響額	(2)	(8)		
稼得利益				15
純利益		13		

※（　）部分はマイナス項目であることを示す。
出所：SFAC5「稼得利益（para. 34）」の要約計算書により作成。

を割いている（図表 5 - 6）。稼得利益という概念は現在の会計実務における純利益に類似し，当期に認識される前期損益修正の累積的影響額を含めないものとする。この例としては，会計原則の変更に伴う累積的影響額をあげることができる。また稼得利益と包括的利益の関係についても重要な説明を行っている。稼得利益と包括的利益はともに同一の広範な内訳要素，すなわち，収益，費用，利得，および損失を持っているが，ある種の利得および損失は包括利益に含められるが稼得利益からは除外されるので，必ずしも同一のものではない。稼得利益から除外される項目として前期損益修正損益および出資者以外との取引から生じる持分の変動を指示している。この内容はFASBのSFAS第130号『包括利益』の前段の議論として興味深いものがある。

　また，SFAC第 5 号では，認識を，資産，負債，収益，費用もしくはこれらに類するものとして正式に財務諸表に記載するプロセスとし，財務諸表で認識するための基本的認識規準を検討している。基本的認識規準は，費用対効果の制約と重要性の判断基準の適用とを前提条件として，構成要素の定義，測定可能性，目的適合性，および信頼性の 4 項目を提示している。

　SFAC第 5 号は，認識および測定に関する未解決な基本問題の解決を図ることを目的としたものであったが，未解決な基本問題を解決するための改善策を提示するまでには至らず，その内容は当時の会計実務を解説するだけにとどまった。

3. 国際会計基準審議会（IASB）とFASBの共同プロジェクト

(1) 概念フレームワーク共同プロジェクトの概要

　現在，IASBはFASBとの共同作業を通じて会計基準のコンバージェンスが進められている。会計基準のコンバージェンスのため，その前提となる概念フレームワークのコンバージェンスが必要となった。2006年 2 月，IASBとFASBの間で取り交わされた覚書（MoU）において共同プロジェクトとして概念フレームワークのコンバージェンスを開始することになった。現在，概念フ

レームワークプロジェクトは以下の図表5-7ように全体AからHの8つの分野に区分されている。このうち「目的と質的特徴」,「構成要素と認識」,「測定」,「報告実体」の4つの分野において活動が進められている。2008年5月「財務報告の目的と質的特徴」に関する公開草案および「報告企業」に関する討議資料が公表された。両審議会において，財務諸表の構成要素の定義，計算書の単位，財務諸表の構成要素の認識と認識中止，および財務諸表の構成要素の当初測定および再測定の検討が進められている。

図表5-7 「概念フレームワークプロジェクトの現状」

	プロジェクト名	現段階	今後の予定
A	財務報告の目的と質的特徴	公開草案	2009年第3四半期，完成
B	構成要素と認識	検討中	2010年，討議資料
C	測定	検討中	2009年第3四半期，討議資料
D	報告企業	討議資料	2009年第3四半期，公開草案
E	表示と開示	未活動	未定
F	概念フレームワークの目的と地位	未活動	未定
G	非営利企業への適用	未活動	未定
H	その他の問題	未活動	未定

※2009年1月現在の状況※

(2) 財務報告の目的

2008年5月，公開草案『財務報告の概念フレームワーク：第1章財務報告の目的および第2章意思決定に有用な財務報告の特徴と制約（Exposure Draft of An improved Conceptual Framework for Financial Reporting: Chapter1 *The Objective of Financial Reporting* and Chapter2 *Qualitative Characteristics and Constraints of Decision-Useful Financial Reporting Information*）』（以下草案）が公表された。草案は概念フレームワークの第1章および第2章となる予定である。コメント期限は2008年9月29日であった。以下では概念フレームワークの根幹をなす本草案の概要を紹介する。

① 一般目的財務報告の目的

草案は，一般目的財務報告（general purpose financial reporting）を前提として，その目的についてつぎのように述べている。一般目的財務報告の目的は現在の株主と将来の株主候補，貸付者，その他の債権者に，資本提供者（capital provider）の立場として意思決定をする上で有用な報告企業（reporting entity）に関する財務情報を提供することにある。資本提供者の意思決定に有用な情報は，資本提供者ではないその他の財務報告の利用者にも有用であるかもしれない（para. OB2）。

草案は財務報告の目的の対象者として資本提供者を想定している。一般目的財務報告は特定集団のニーズよりも幅広い利用者ニーズに応えるものである。一般目的財務報告で提供される情報はすべての資本提供者のニーズに焦点を当てるものである。これは特定集団のニーズに焦点をあてることを意図していない。財務報告は株主の観点（proprietary perspective）ではなく企業の観点（entity perspective）を反映するものである（para. OB3とOB5）。

② 意思決定有用性

草案は目的である意思決定有用性の内容をつぎのように具体化している。資本提供者が財務報告に関心をもつのは，その財務報告が意思決定に有用な情報を提供するからである。資本提供者が行う意思決定には，自己の資源を特定の企業に投入するべきか否か，また投入するならばどのようにするべきか，その投資を保護または拡大するべきか否か，保護または拡大するならばどのようにすべきかなどが含まれる。これらの意思決定を行うために，資本提供者は企業の正味キャッシュ・インフローを生み出す能力や資本提供者による投資を保護して拡大する経営者の能力の評価に関心がある（para. OB9）。草案は，さらにつぎのように財務報告の有用性とその限界について指摘している。

〈キャッシュ・フローの見通し評価のための財務報告の有用性〉

企業への資本提供者は配当，利息および証券またはローンの売却，早期または満期償還などにより生じるキャッシュ・フローに関連しており，その金額，時期および不確実性に直接的関心をもっている。また同様にその他の財務報告

利用者もキャッシュ・フローに関心をもっている。この結果として，資本提供者のニーズを満たす情報は企業の財務情報に関心があるその他の集団の構成員にとって有用である可能性が高い (para. 10)。

〈受託責任の評価のための財務報告の有用性〉

経営者は，企業への資本提供者に対して，企業の経済的資源を効率的に管理・保全すること，およびこれらを利益が出るように利用する責任を負っている。受託責任の遂行の観点から，経営者を交代させるか再任させるか，または経営者にどれだけ報酬を与えるかなど株主の立場で意思決定を行うために，経営者の成果は既存の株主にとって特に重要である。また受託責任の遂行に関する経営者の成果は将来の資本提供候補者にとっても関心がある (para. OB12)。

〈一般目的財務報告の限界〉

財務報告情報は，相当な範囲で，これまでに発生済みか現在の取引その他の事象および環境要因の企業に対する財務的影響の厳密な描写に基づくというよりも，財務的影響に関する見積り，判断およびモデルに基づくものである。このフレームワークはそれらの見積もり，判断およびモデル，また財務報告の他の側面の基礎にある諸概念を確立するものである。この諸概念は基準設定機関および財務諸表の作成者が邁進すべき目標または理念である。理想的な財務報告のビジョンは，少なくとも短期的には技術上の実現不能とコストのために，完全に達成される可能性は低いものである。しかしながら，資本提供者その他の利用者の意思決定目的で提供される情報を改善するために財務報告を進化させるべきであるとすれば，邁進すべき目標を設定することは重要なことである (para. OB14)。

③　企業の経済的資源，その資源への請求権，それらの変動に関する情報

草案は，資本提供者の意思決定に有用性のある財務情報を提供する財務報告の目的を達成するために，企業の経済的資源，その資源への請求権およびそれらの変動に関する情報の提供を求めている。これらの情報提供が資本提供者にとって有用であることを指摘している。財務報告は企業の経済的資源（すなわち，資産）とその請求権（すなわち，負債および持分）に関する情報を提供しな

ければならない。また財務報告は経済的資源およびその資源への請求権に変動をもたらす取引その他の事象および環境要因の影響に関する情報をも提供しなければならない。このような情報は，資本提供者が企業の正味キャッシュ・インフローを生成する能力を評価する際に，またどれだけ経営者が効率的に受託責任を遂行したかについて評価する際に有用である（para. OB15）。

〈経済的資源およびその資源への請求権〉

草案は経済的資源およびその資源の請求権に関する情報の機能についてつぎのようにしている。企業の経済的資源とその請求権に関する情報（すなわち財政状態に関する情報）は，企業の財務報告利用者に，企業の将来キャッシュ・フローに関する金額，時期，および不確実性についての多くの見識をもたらすことができる。これらの情報はまた資本提供者が企業の財務的な長所と短所を特定する際に，また企業の流動性および支払余力を評価する際に有用なものである。さらに，財政状態に関する情報は一部の経済的資源に関するキャッシュ・フローの潜在能力を示し，また貸付者その他の債権者の請求権を充足するために必要とされるキャッシュ・フローを示すものである。企業の財務報告利用者は期待と実際の結果を比較することで経営者が資本提供者に対する受託責任を効率的に果たしたかを評価する。企業のいくつかの経済的資源は直接的な将来キャッシュ・インフローの資源である。また貸付者や他の債権者の請求権は将来キャッシュ・アウトフローの原因である。しかし，企業の事業から生成されるキャッシュ・フローの多くは，顧客に財またはサービスを生産し，提供し，販売するためにいくつかの経済的資源を組み合わせた結果として得られるものである。これらのキャッシュ・フローを個別の経済的資源（または請求権）に関係付けることはできないが，資本提供者は企業の事業で使用できる企業の資源の性質と数量を知る必要がある。このような情報はまた企業の価値を見積ろうとする者に役立つ可能性が高いが，財務報告は企業の価値を示すように設計されていない（para. OB16）。

〈経済的資源およびそれら資源への請求権の変動〉

また草案は企業の経済的資源およびそれら資源への請求権を変動させる取引

等に関する情報の機能についてつぎのように指摘する。企業の経済的資源およびそれら資源への請求権を変動させる取引その他の事象および環境要因の影響に関する情報は，企業の財務報告利用者が企業の将来キャッシュ・フローの金額，時期および不確実性を評価する際に役に立つものである。またこのような情報は企業の資本提供者に対する受託責任をどれだけ効率的に果たしたかを評価する際にも役に立つものである。また，この情報には，期間中の発生主義会計およびキャッシュ・フローに反映される企業の財務活動の成果である，経済的資源とその請求権の変動に関する定量的な測定値その他の情報が含まれる。また企業の財務活動の成果ではない変動（企業と所有主との間の資金調達など）に関する定量的な測定値その他の情報も含まれる（para. OB18）。

〈経営者の説明〉

草案は，最後に，財務報告の構成要素として経営者の説明の位置づけをつぎのように明確化している。財務報告にはその利用者が情報を理解するために必要な経営者の説明および他の情報をも含めなければならない。経営者の説明は資本提供者が企業の活動を評価し，企業への期待を形成する能力を高めるものである。また仮定や見積りなどの重大な不確実性の開示，財務情報の基礎となる仮定，および使用した方法について経営者の説明があれば，資本提供者は財務情報をよりよく評価することができる（para. OB25）。

最後に要点をまとめることにしよう。一般目的財務報告の目的は意思決定に有用な情報を提供することにある。この観点から，財務報告はキャッシュ・フローの評価と受託責任の評価をする際に情報の有用性の存在を前提とする。このために，財務報告は経済的資源（資産），その請求権（負債と持分）およびそれらの変動に関する情報を提供しなければならないことを明確化している。また，この目的を達成するために経営者による説明その他の情報の補完的な機能を位置づけていることも重要である。一般目的財務報告の目的は，これからの概念フレームワークの構成要素の内容を規定する意味で重要な役割をはたすことになる。

(3) 財務報告情報の質的特徴

① 財務報告情報の質的特徴とは

草案はまず財務報告情報の質的特徴の構造についてつぎのように規定している。財務報告の目的は，現在の株主および将来の株主候補者，貸付者，その他の債権者に，資本提供者の立場から意思決定に有用な報告企業の財務情報を提供することにある。質的特徴はこの目的から財務情報を有用にする属性である。意思決定に有用な財務情報の特徴は，基本的な質的特徴と補強的な質的特徴に区分される。またどの分類にふくまれるかに関係なく，それぞれの質的特徴は財務報告の有用性に貢献するものである。しかし，有用な財務情報の提供には財務報告に係る2つの制約（重要性とコスト）により制約を受ける（para. QC1）。

財務報告の目的を前提として，質的特徴はその目的を有用とする属性である。この質的特徴を基本と補強の2面から質的特徴を区分する。ここでは，基本的特徴を主たるものとし，補強的特徴を従たるものと位置づけ，重要性とコストの制約を前提としている。

図表5-8 「財務報告情報の質的特徴と制約」

● 基本的な（fundamental）質的特徴 　○ 目的適合性（relevance） 　　・予測的価値（predictive value） 　　・確認的価値（confirmatory value） 　○ 忠実的表現（faithful representation） 　　・完全性（completeness） 　　・中立性（neutrality） 　　・重要な誤りなし（free from material error）	● 補強的な（enhancing）質的特徴 　○比較可能性（comparability） 　○検証可能性（verifiability） 　○適時性（timeliness） 　○理解可能性（understandability）
● 財務報告への制約—重要性（materiality）とコスト（cost）	

出所：公開草案『財務報告の概念フレームワーク＝第2章　意思決定に有用な財務報告の特徴と制約（paras. QC1-QC33）』により作成。

② 基本的な質的特徴

草案は財務情報を有用とする基本的特徴として，「目的適合性」と「忠実的

表現」の2つの特徴をつぎのように位置づけている。経済的事象は経済的資源，その請求権およびこれらを変動させる取引他の事象および環境要因のことである。財務情報は（現存するか発生済みの）経済的事象を財務報告において文字または数字で描写したものである。財務情報を有用なものとするには，2つの基本的な質的特徴，すなわち「目的適合性」と「忠実的表現」の特徴があらねばならないとする。(para. QC2)。

〈目的適合性〉

情報利用者が資本提供者の立場で行う意思決定に違いをもたらす可能性がある場合，当該情報には目的適合性がある。また，経済的事象に関する情報が予測的価値，確認的価値またはその両方をもつ場合，当該情報が意思決定に違いをもたらすことができる。経済的事象に関する情報が意思決定に違いをもたらす可能性があるかどうかは，過去に実際に意思決定に違いをもたらしたか，あるいは将来の意思決定に違いをもたらすかどうかには関係がない (para. QC3)。

草案は目的適合性の構成要素として予測的価値と確認的価値をつぎのように定義している。当該情報に資本提供者が自ら将来の期待を形成するために使用する予測プロセスにおけるインプットとしての価値がある場合に，予測的価値がある。また当該情報に過去の評価に基づく過去（または現在）の期待を確認し，または変更させる場合に，確認的価値がある。

〈忠実的表現〉

財務報告において有用性があるためには，当該情報が表現しようとする経済的現象の忠実な表現であらねばならない。経済的事象の描写において「完全性」と「中立性」があって，かつ「重要性のある誤りがない」場合に忠実的表現を得ることができる。経済的現象を忠実に表現する財務情報は取引，事象および環境要因の経済的実態を描写するものの，その経済的実態（economic substance）は必ずしも法的形式と同じものではない (para. QC7)。

草案は，忠実的表現の構成要素として「完全性」，「中立性」，「重要性のある誤りがない」の内容をについてつぎのように述べている。経済的事象の描写にその忠実的表現に必要なすべての情報を含めている場合，「完全性」がある。

またあらかじめ定められた結果を得るか，特定の行動を誘導するような意識的バイアスがない場合，「中立性」がある。経済的事象の描写にまったく誤りがないことを想定しているわけではない。経済的現象の忠実的表現のためには，見積りは適切なインプットに基づかなければならず，そのインプットは利用可能な最善の情報を反映しなければならない。また同時に見積りが経済的事象の忠実的表現となるには，最低限の正確性が必要である。

〈基本的な質的特徴とその適用方法〉

目的適合性という質的特徴は，資本提供者および財務報告情報の他の利用者における意思決定と経済的事象との関係に関連している。目的適合性という質的特徴を適用することによって，経済的事象に関する意思決定に有用な情報を提供する意図をもって，どの経済的事象を財務報告において描写すべきかが特定される。目的適合性は経済的事象と関連し，その描写とは関連しないので，その他の質的特徴の前に検討されることになる。

目的適合性は経済的事象と意思決定の間にどのような関係があるかを決定するために適用されると，次に経済的事象の描写が目的適合性のある経済的事象に対してどれだけ最もよく対応しているかを決定するために忠実的表現が適用されることになる。忠実的表現という質的特徴の適用によって，提案された文字や数字による描写が描写された経済的事象に対して忠実であるかどうかが決定されることになる。

これらの基本的な質的特徴は情報の意思決定有用性に共同することで機能する。目的適合性のある経済的事象を忠実的表現ではなく描写することが意思決定に有用でないように，目的適合性のない経済的事象に忠実的表現を行っても意思決定において有用ではない。したがって，目的適合性のないこと，また忠実的表現ではないことは，いずれも意思決定に有用な情報を提供しない。目的適合性と忠実な表現が共同することで財務報告情報を意思決定に有用なものとする（paras. QC12-14）。

草案はここで基本的特徴の適用について基本的な指針を提供している。草案は第一に目的適合性の質的特徴の適用を指示する。つぎに目的適合性のある情

報について忠実的表現の適用を指示し，目的適合性の優位性を明確化している。また意思決定有用性という一般目的財務報告の目的のために2つの基本的特徴が共同で機能することを強調している。

③ 補強的な質的特徴とその適用方法

草案は補強的な質的特徴の内容についてつぎのように述べている。補強的な質的特徴は基本的な質的特徴を補完するものである。補強的な質的特徴はより有用な情報とそれほど有用ではない情報とを区別するものである。補強的な質的特徴には，「比較可能性」，「検証可能性」，「適時性」および「理解可能性」がある。これらの特徴は目的適合性と忠実的表現という基本的な特徴のある財務報告情報の意思決定有用性を補強するものである（para. QC15）。

また草案は補強的な質的特徴の適用指針を示し，基本的な質的特徴の優位性を述べている。補強的な質的特質は財務情報の有用性を改善し，可能な限りの最善を目指すべきものである。財務情報に目的適合性と忠実的表現のない場合，補強的な質的特徴は単独でも，また他の質的特徴と共同しても意思決定に有用な情報とすることはできない（para. QC26）。

④ 財務報告に係わる制約

財務報告により提供される情報に関わる制約は重要性とコストである。重要性は，意思決定に有用な財務報告情報のすべての質的特徴と関係するために，財務報告に係る一般的な制約である。コストの制約の適用は，財務報告情報の便益が，情報を提供し，利用するために負担するコストを正当化する可能性が高いかどうかを評価することを意味している。この評価を行うに当って，コスト削減のために，ある程度はいくつかの質的特徴を犠牲にすることを検討しなければならない。

以上の要点をまとめることにしよう。草案は，基本的な質的特徴として「目的適合性」と「忠実的表現」の2つの特徴を規定している。これまでの基本的な特徴であった「真実性」の特徴は退けられて，「忠実的表現」が採用されることとなった。このことは公正価値および見積もりの採用を前提に真実性の特徴は誤解を生じるとの根拠から真実性にかわる「忠実的表現」を規定したもの

である。これは従来の検証可能性を意味する真実性から一定の制限の下での真実性への後退を意味するものである。意思決定有用性の観点から「目的適合性」を第1位とし，それにつぐものとして「忠実的表現」を定めている。このことにより従来の目的適合性と真実性のトレード・オフ問題は解消されることになる。また基本的な質的特徴を補強するものとして補強的な質的特徴を位置づけている。このことにより，基本的な質的特徴と補強的な質的特徴の位置関係は明確化されることになった。ただし，その前提となる制約事項として重要性とコストをおく。このことを前提として，情報特徴は判断されることになる。

(4) 概念フレームワークの国際化

　EUでは，2005年1月からEU域内の上場企業に対するIFRSsの適用を義務づけられ，また域外の上場企業にも同様に2009年1月からIFRSsの適用を義務づけられた。この結果，EU域外の国々にもIFRSsの適用が世界的に拡大している。またアメリカにおいても，IFRSs適用を受けて，証券取引委員会（SEC）は，2008年11月に自国企業に対してIFRSsの任意適用を容認し，また2014年以降に全企業にIFRSsを段階的に適用することの是非を2011年までに決定する「ロードマップ」を公表した。これらの国際的な動向を受けて，2009年1月金融庁の企業会計審議会（企画調査部会）は『日本版ロードマップ案』を公表した。わが国では，企業会計基準委員会（ASBJ）は2007年8月にIASBとの間で結ばれた東京合意に基づく2011年6月末に向けたコンバージェンス作業が進めている。これらの作業に伴う基準改正は，実務，商慣行，会社法，税法との関連する調整問題を解決するために，「連結先行」で進められることが想定されている。『日本版ロードマップ案』では，アメリカ同様に，2010年3月から一定規模の上場企業に任意適用を認め，2012年を目途に国際的な上場企業にIFRSsを強制適用することの是非を判断する見込みである。このように，EU諸国，アメリカ，および日本などの主要各国における国際会計基準へのコンバージェンスの進展と共に，上場企業等へのIFRSsを強制的に適用する環境整備

が急速に進められている。このような状況のもとで，IASBとFASBの概念フレームワークプロジェクトの重要性は以前にもまして高まっている。まさに，国際的な概念フレームワークの構築が目指されているのである。

現在，IASBとFASBの概念フレームワークプロジェクトは，会計基準のコンバージェンスの進展を下支えするものとして，重要な会計基準の検討作業と同時併行的に進められている。「財務報告の目的と質的特徴」，「構成要素と認識」，「測定」，「報告実体」の4つの分野において，このプロジェクト活動が進められている。他の分野については作業に着手しておらず完成の目途は立っていない。IASBとFASBの間で結ばれた覚書（MoU）に沿って2011年に向けて進められる会計基準のコンバージェンスと同時に，現在進行中のプロジェクトの完成が目指されている。4つプロジェクトの決着を受けて，「表示と開示」，「概念フレームワークの目的と地位」，「非営利企業への適用」の各プロジェクトが検討されることになる。果たして，IASBとFASBの概念フレームワークプロジェクトは，国際会計基準へのコンバージェンスの過程において，どのようにその役割を果たすことになるのか注目されるところである。

参考文献

アーンストン・アンド・ヤング（2005），新日本監査法人訳，『第1巻 International GAAP®の概要』雄松堂出版。
企業会計基準委員会，財団法人財務会計基準機構監修，レクシスネクシス・ジャパン株式会社訳（2008），『国際会計基準審議会 国際財務報告基準（IFRSs®）2007』雄松堂出版。
平松一夫／広瀬義州（2002），『FASB財務会計の諸概念（増補版）』中央経済社。
山形休司（1986），『FASB財務会計基礎概念』同文舘出版。
FASB（1976），*Scope and Implications of the Conceptual Framework Project.*
付記：本章で使用した公式文章は下記のホームページで入手できる。
ASBJ（http://www.asb.or.jp）
FASB（http://www.fasb.org）
IASB（http://iasb.org）

（深谷　和広）

第2部
グローバリゼーションと会計諸課題

第 6 章
日本の会計開示実務の国際化対応

〈学習の視点〉

　会計基準のコンバージェンスが世界的に進行するなか，100カ国以上の国がIFRSsを利用している。アメリカの会計基準も今まさに，IFRSsにその役割を受け渡そうとしている。すなわち，証券取引委員会（SEC）は，IFRSsの上場企業への強制適用について2011年までに結論を出すこととし，その工程を明示した。一方で，わが国では，日本の会計基準とIFRSsとの差異を解消すべく，企業会計基準委員会（ASBJ）が，目標を2011年6月に定めて会計基準の改定／設定の活動を行っている。

　その一方，このような潮流との関連で，わが国の開示制度については四半期報告書制度の法制化という大きな変化があった。この制度上の変化は，企業の会計実務としては対応しなければならない要件である。裏返せば，今後，どのように対応をするのか，現況を分析／予想することが，企業の会計実務のスムーズな対応へ不可欠な条件となる。

　企業の会計実務では，法制度への対応とともに，経営の意思決定へのサポートも重要視されている。会計情報の「制度会計と管理会計の一体化」という議論もあり，会計制度の改革は企業戦略に大きな影響を与えるものである。

　本章では，会計基準のコンバージェンスに対する世界的な動向のなかで，近年，わが国で導入された会計法制のいくつかを取り上げ，企業会計実務がどのように対応するのかについて，その選択肢，適否のポイントと作業の進め方を示した。これを足がかりとして，企業実務の立場からの財務報告に対する戦略的対応についても考えてみた。

1．会計基準の国際的コンバージェンスについての動向

現在，100ヶ国以上の諸外国ではIFRSsが利用されており，引き続きその数は増加する傾向にある。しかしながら，各国の利用の進度と厳格度は国によって一様でない。オーストラリア，香港，シンガポールのように，相当の努力を払い，IFRSsを完全に採用した国と，実質的には部分的な採用に留まっている国とでは，大きな差異があり，利用国のなかでもIFRSsの目指すところの財務諸表の比較可能性は実現されている状況にはないといえる。

他方，わが国では，企業会計基準委員会（ASBJ）と国際会計基準審議会（IASB）との合意に基づき，2005年1月以降，会計基準のコンバージェンスについての活動を進めており，両者は定期的に会合を持っている。また，アメリカの財務会計基準審議会（FASB）とも2006年5月以降，定期協議を開催している。

また，わが国は，日本の会計基準とIFRSsの重要な差異の解消について，2007年8月時点の差異事項解消の目標期日を2011年6月までとすることを，ASBJ，IASB間で合意している。この「東京合意」を受け，ASBJは各項目についてのプロジェクト計画表を策定した。内容としては，その時点で22項目の未解決の重要な差異項目について，差異解消の目標期日の設定と工程を明確化した。

2．わが国の開示制度における最近の変化

(1) 四半期開示制度の導入

わが国において，財務情報の開示制度としては，一般的には，会社法に基づく「計算関係書類」「決算公告」，金融商品取引法に基づく「有価証券報告書」等，および金融商品取引所の自主規制に基づくものがある[1]。

そのうち，金融商品取引所の開示について，四半期開示制度が新たに導入さ

れた。東京証券取引所は，企業業績等に係る情報の適時かつ迅速な開示のニーズの高まりを受け，2000年11月のマザーズ上場市場の開設の際に，当該市場の上場企業について各四半期会計期間での「四半期業績の概況」開示を義務付けた。2003年1月には上場有価証券の発行者に対して会社情報の適時情報開示として「四半期開示」を要請し，その後，他の金融商品取引所が追随した［東京証券取引所2003］。それ以前は年2回の財務情報等の作成・開示が一般的であった。四半期情報の開示は，適時性という観点から会計期間末日から短期間で開示することが望ましく，一方で，証券発行者である企業の実務上の負荷を一定範囲内におさめる必要もあった。このバランスをはかるため，金融商品取引所の四半期開示制度では，決算短信等の開示様式はあるものの，会計処理の基準は定められず，外部監査人の監査証明も要求されていない。規則に違反した場合，金融商品取引所による罰則はあるものの，企業にとって効果は限定的で強行性は法令による規制とはレベルが異なるものである［金融審議会2005，2-3頁］。

　金融商品取引所の四半期開示制度は，制度として広く一般に定着し，企業の四半期業績や直近の財政状態を最新情報という形で提供するため，投資家の合理的な投資判断の形成という観点からは一定の成果があった。しかしながら，あくまで企業による自主的ディスクロージャーの枠内のものであり，限界があることも否めない。

　これに対して，2007年6月に成立した金融商品取引法では，中間決算での「半期報告書制度」にかわり四半期決算毎の「四半期報告書制度」が規定された。これにより，従来の年2回の上場企業による金融庁への報告書提出義務が年4回に倍増した。四半期報告書の提出義務は，2008年4月1日以降に始まる（連結）会計年度からで，対象は一定の有価証券を上場または店頭登録している会社とされた[2]。

　金融商品取引所による四半期開示制度は一定の意義は認められたものの財務情報の信頼性や比較可能性に難があり，四半期報告書制度ではこれらの点を解消すべく制度設計が行われた。すなわち，四半期会計基準が設定され，外部監

査人の監査と罰則が法定された。以下，この四半期報告制度の概要について説明しておこう。

① 四半期会計基準

ASBJは2007年3月に「四半期会計基準」を公表し，これを受けて，金融庁は「四半期連結財務諸表規則」「四半期財務諸表等規則」を制定した[3]。

この会計基準の特徴としては，実績主義，原則として四半期会計期間での積上げ方式による会計処理，四半期特有な会計処理の採用，および簡便な会計処理の認容があげられる。四半期財務諸表が作成される会計期間は，原則として，四半期会計期間および四半期累計会計期間である。

② 報告期限

情報開示の迅速性・適時性の観点から，四半期報告書の提出期限は決算日後45日とされた。有価証券報告書，半期報告書の提出期限は決算日後90日であり，提出日程は半分に短縮されたことになる[4]。

③ 外部監査人の監査

四半期報告書は「レビュー」という形式の公認会計士，監査法人による保証が必要とされる。2007年3月に企業会計審議会は，「四半期レビュー基準の設定に関する意見書」を公表した。これを受け，日本公認会計士協会は2007年10月に「四半期レビューに関する実務指針」を公表した。

四半期レビューの目的は，四半期財務諸表の適正性に関して消極的形式により外部監査人が結論を表明することにある。有価証券報告書，半期報告書の監査報告書では，財務諸表が財政状態，経営成績およびキャッシュ・フローの状況をすべての重要な点において適正に表示しているものと認める旨の証明であるが，45日以内の金融庁への報告書提出という日程短縮に伴い，外部監査人が監査時間を十分に確保できない可能性にも配慮し，四半期報告書に添付されるレビュー報告書では，財務諸表が財政状態，経営成績およびキャッシュ・フローの状況を適正と表示していないと信じさせる事項がすべての重要な点において認められなかった旨の証明となる。

四半期報告書は，原則として連結財務諸表での作成となる。ただし，子会社

等，連結すべき会社がない企業の場合，個別財務諸表を記載することとなる。また，開示する情報は四半期会計期間と四半期累計会計期間とそれぞれの前期情報となる。なお，四半期報告書の情報量は，半期報告書の情報量に比べて大幅に減少している。これは，迅速性・適時性を十分に勘案し制度設計されたためである。

(2) XBRL形式の開示制度の導入

紙媒体から始まった財務情報報の開示は，今日では，インターネットの環境整備・普及により，現在ではPDF，HTML等のソフト・ウェアを使用した電子的開示が主流となっている。

わが国では，金融庁や金融商品取引所のホーム・ページにアクセスすることにより株式上場企業の財務情報等が手軽に閲覧することができ，企業によってはIR情報として，自主的に自社のホーム・ページに法定財務情報等の全部を掲載している場合も散見される。

現在，財務諸表の電子的開示の方法として，XBRL形式での開示が世界的に進行している。XBRL（Extended Business Reporting Language）とは，各種財務報告用の情報を作成，配布，利用できるように開発された，国際的に標準化されたコンピュータ言語であり，タクソノミ（Taxonomy）を作成するための世界共通のルールである。タクソノミとは財務諸表の電子的な雛形・定義集で，財務諸表に表示される勘定科目，使用可能な項目を示し，各国の会計基準別，財務報告の種類毎，企業の業種，制度別に開発される。現時点でタクソノミは，世界11カ国の政府機関，2つの会計基準設定主体が使用または開発中である[5]。

アメリカでは2008年5月にSECが財務諸表の提出に関してXBRL義務化を決定した。また，IASBにおいてはIFRSsに対応したIFRSsタクソノミを開発／公開している[6]。

わが国でも，2008年4月1日以降に始まる事業年度より，XBRLを用いて作成した財務諸表の金融庁への提出が義務付けられた。また，これと歩調を共に

して東京証券取引所では，2008年7月より同社の適時開示情報システムTDnetにて，決算短信の表紙および基本財務諸表についてXBRLを利用した情報の提出が始まった。任意の要請であったが，対象の上場企業1782社のうち1779社が要請に応じXBRLにて決算短信を提出した［『日本経済新聞』2008年9月26日朝刊］。このようにわが国では財務情報の開示でのXBRLの利用に関して，欧米など諸外国に較べ，いち早く導入が進められている。諸外国ではこれからXBRLを利用した財務情報の開示が進められるところである。

　XBRLでは，コンピュータの基本OS，ソフトウェアに関係なく，電子的な財務情報を作成し，流通させ，再利用を可能にし，財務諸表の利用者は情報を閲覧するだけではなく，データとしてそのまま加工，分析することができる。会計基準のコンバージェンスの進行に伴い，各国企業の財務諸表の質は均一化に向い，財務諸表の国際間比較が単純かつ簡単になる。従前は，財務諸表の国際間比較を行う場合に，たとえば，同一勘定科目の中に異なる会計処理を行った数値が混入している可能性があるため，財務諸表の利用者は慎重にその実質を判断し，（必要ならば調整作業を行った後に）比較を実施しなければならなかった。しかしコンバージェンスが進み会計基準間の同等性が確保され，あるいは同質化した場合には，比較は単純作業になる。このような状況下では，財務諸表の数値を，利用者自身の手でコンピュータに再びデータ入力することなく，直接，財務データをダウン・ロードすることができれば，財務諸表の分析作業の効率は著しく改善する。

　このように会計基準のコンバージェンスとXBRLの採用により会計基準間の壁が低くなり，情報の再利用が可能となり，効率的かつ理想的なディスクロージャー環境の実現に向かうものと考えられる。XBRLの導入では，将来，わが国の会計基準を基礎として開発されたXBRLと米国会計基準およびIFRSsを基礎として開発されたXBRLとは相互に互換性がないことが問題なるであろう。今後，会計基準収斂と共に，XBRLの統一も課題であるといえ，逆にXBRLの普及により会計基準コンバージェンスの進行に良い影響を与えることが期待される。

3. 連結決算における会計実務の対応

(1) 連結決算における在外会社の会計処理
① 連結決算における在外会社の会計処理基準

ASBJは2006年5月に「実務対応報告第18号：連結財務諸表作成における在外子会社の会計処理に関する当面の取扱い」（以下，「実務対応報告18号」とする）を公表した。これは，欧州証券規制当局委員会（Committee of European Securities Regulators：CESR）が2005年7月に公表した「第三国の会計基準の同等性に関する技術的助言」のなかで日本の会計基準について指摘した26項目の差異のうち，重大な差異として補完財務諸表の作成を求めた3項目の1つ，「在外子会社の会計方針の親会社との不一致の許容」に対するわが国の対応である（この点については本書第4章を参照）。

連結決算では，同一環境下で行われた同一性質の取引等については親会社および子会社が採用する会計処理は同一でなければならない。わが国でも，連結決算にあたって親会社の会計処理の方法を，在日在外を問わず子会社に適用することを原則とする。しかしながら，一方で，実務上の実行可能性等に配慮し，在外子会社の財務諸表が所在地国において公正妥当と認められた会計基準に準拠して作成されている場合，連結決算上の基礎となる財務諸表として利用できる旨の「当面の取扱い」を定めていた[7]。このため，企業集団の内での会計処理の整合性は損なわれており，企業集団の財政状態および経営成績を適切に表すものとはいえないとの批判があった。

「実務対応報告18号」では，連結決算にあたり基礎となる在外子会社の財務諸表を，原則として日本基準と定めるものの，当面の取扱いとしてIFRSsまたはアメリカ会計基準に準拠して作成された財務諸表を認める例外規定を定めた。ただし，「当面の取扱い」に基づき，連結決算にIFRSsまたはアメリカ会計基準に準拠して作成された在外子会社の財務諸表を利用する場合には，連結財務諸表の当期純利益が適切に計上されるよう，特定の6項目，その他明らか

に合理的でない項目について，連結決算手続上，修正して利用する[8]。

　財務諸表が作成され公表されるまでの会計処理の範囲として，会計事象の認識，会計事象の測定，財務諸表の表示，および開示に分類され，これら4つの段階は一対の会計基準としては一体で不可分のものである。実務対応報告18号は，この点，少なくとも在外子会社の内部的な財務諸表をIFRSsまたは米国会計基準に準拠して作成し連結決算に利用すればよい，と規定しており，開示や財務諸表の表示までを念頭に置いていない。

　なお，「実務対応報告18号」では，IFRSsまたはアメリカ会計基準に準拠した在外子会社の財務諸表とは，「所在地国で法的に求められるものや外部に公表されるものに限らず，連結決算手続上，利用するために内部的に作成されたものを含む」としている。

　また，2005年時点でこの「在外子会社の会計方針の親会社との不一致の許容」の他にCESRが指摘する25項目についてIFRSsとわが国の会計基準との間に差異が存在した。これらの差異について2011年6月までに解消する旨，ASBJとIASBは合意し，ASBJはこの合意に従い活動を推進している〔企業会計基準委員会 2007〕。

　②　在外会社の会計処理基準に対する一般的な選択肢

　「実務対応報告18号」を適用する場合，親会社と在外子会社とで会計方針を統一するためには，企業は会計実務上，相当の負担を負わなければならない。しかしながら，「実務対応報告18号」の例外規定を適用する場合，在外子会社は，最低限，連結決算上の基礎となる財務諸表をIFRSsまたは米国会計基準で作成することになる。さらに，在外子会社の会計方針の統一も含め，わが国の会計基準のIFRSsとのコンバージェンスに対応するため，さまざまな会計コンサルタントから，準備および作業の進め方について考え方も提案されている[9]。

　会計実務において対応する場合の一般的な選択肢としては，3つの観点が考えられる。第1に，連結決算をわが国の会計基準ベースで行うか，それとも在外子会社に関してIFRSsベースの財務諸表を作成し連結決算を行うかという点がある。第2に，在外子会社の財務諸表をIFRSsで作成する場合，在外子会社

が作成するか，親会社が作成するかの点である。第3に，在外子会社の財務諸表の作成をIFRSsで作成する場合に，日常の取引をIFRSsで会計処理し財務諸表を作成するか，各取引の会計処理は各国の会計基準で行い，一旦，財務諸表を作成したうえ，連結決算上の基礎となるレポーティング・パッケージに修正したり組み換えたりするのかという点である。

どういった選択肢を選ぶのかは，各企業が会計方針の統一をどのような目的で行うかによる。すなわち，単に公表目的の財務諸表を作成することが目的なのか，経営管理の質を高めることまでを目的とするかである。

いずれにしても，親会社およびに企業集団内の全子会社の会計処理に関わることであるため，マニュアル，インストラクション等を整備し，各子会社はこれらの規定類に従って財務諸表を作成する必要がある。

③ 親子会社間の会計基準の統一

連結決算では，IFRSs，アメリカ会計基準，日本の会計基準共に，親会社と子会社とで会計方針が統一されていることは，当たり前の話である。また，企業の経営管理としても，日常の会計処理を統一することによって親子会社で同質の会計数値で管理できるというメリットがある。企業集団内の会社間で会計基準が異なれば，経営管理目的の管理会計の数値としては不適切である。たとえば経営資源配分の意思決定の際に，どちらの選択肢が有利であるかの判断を誤る可能性がある。

親会社・子会社間で会計基準を統一する場合，日常の個別取引まで統一的な会計処理とするのか，連結決算手続上のみ会計方針を統一するか，の2つの考え方がある。

一方，日常の会計処理までの統一のデメリットとしては，統一にかかる労力とコストが考えられる。特に子会社が複数国に所在している場合，各国の会計基準から会計処理を変更し統一を行うことは，大変，手間とコストがかかると思われる。また，税金申告等，在外子会社の所在国の社会・法制度上必要な財務諸表は企業として統一した会計基準から適宜組み替えして作成しなければならなくなる。

会計基準の統一を連結決算手続上のみで行う場合，メリットとしては，コスト便益面で比較的に手間と費用がかからない方法といえる。「実務報告対応18号」ではIFRSs（またはアメリカ会計基準）で作成できる在外子会社の財務諸表は連結決算手続で利用するために内部的に作成されたものを想定しており，所在地国で法的に求められ外部公表されるものまでを想定していない。これはコスト便益面の重視した発想といえる。

理想をいえば連結財務諸表も企業集団内のすべての親子会社の個別財務諸表も一つの同じ会計基準で作成されるべきである。セグメント情報のマネジメント・アプローチの観点からも財務情報は詳細レベルまで，開示情報と管理会計データとが一致することが望ましく，このためには日常の会計処理から統一的な会計基準で行った方がよい。また，個別財務諸表は連結財務諸表作成の基礎となる財務諸表であり，各会社の会計基準がバラバラの場合，IFRSsへの会計基準の修正は単純な組み換えにとどまらず，数字の質の変更も含まれる。このため，高品質の連結財務諸表の作成・開示という目的からは日常の会計処理まで統一すべきといえる。

④　企業の視点での選択肢

親子会社間での会計基準統一の場合，日本の会計基準で統一することは，現在の原則的な方法である。親会社は会計基準を変更しなくてよく，在外子会社はわが国の会計基準で連結決算の基礎となる財務諸表を作成する。

在外子会社は，日本の会計基準を日常の会計処理から採用するか，個別財務諸表は自国の会計基準で作成し，連結決算手続上で日本の会計基準に変更するかの選択がある。海外で日本の会計基準を理解する財務担当者および公認会計士の数は僅少であると考えられ，日常の会計処理から日本の会計基準を採用することは極めて困難である。

後者の場合に当該修正を，在外子会社で行うか，親会社で行うかを選択できる。修正作業を親会社で行う場合に修正に必要な詳細情報を親会社に提供しなければならず，表面的な作業の負荷は在外子会社が行う方が軽いと考えられる。しかしながら，海外で日本会計基準を理解する財務担当者はほとんど期待

できないと考えられるため，親会社が企業内で在外子会社の財務担当者に対して，わが国の会計基準について教育・トレーニングを行う必要がある。これは相当の労力が必要となる。

他方，「実務対応報告18号」の例外規定によって，在外子会社の会計基準としてはIFRSs（またはアメリカ会計基準）を採用することも可能である。この場合，親会社は日本の会計基準であるため会計基準の統一とはならず，在外子会社で日常の会計処理からIFRSsまたはアメリカ会計基準を採用するメリットは小さい。したがって，連結決算手続上で会計基準を変更するということになる。またこの修正を，在外子会社で行うか，親会社で行うかの選択は日本の会計基準で統一する原則的な方法の場合と同様に，作業を親会社で行う場合には修正に必要な詳細情報を親会社に提供しなければならず，全体としての作業負荷は在外子会社が行う方が軽い。

日本基準で統一する方法を採用する場合のメリットとしては，日本国外では，IFRSs，アメリカ会計基準に関して，日本の会計基準に較べ，理解する財務担当者や公認会計士の数が多いと考えられることにある。なお，「実務対応報告18号」では，日本会計基準との差異に重要性があると考えられる6項目他については，連結決算手続上，修正しなければならないとしている。

実は企業経営にとって，親子会社間で会計処理の何らかの統一はきわめて重要なことである。企業集団で統一的な会計基準を日常の取引から適用することは，本来，財務報告上の要請ではなく，企業の経営管理上の要請から行われる種類のものである。意思決定および業績評価に経営数値を用いるため，会計基準の統一は企業の経営にとって大変有益である。

現在，わが国では，アメリカ市場で持分証券の上場，資金調達を行っている企業にアメリカ会計基準での連結財務諸表のみ作成・開示が認められている。このような企業にとっても，SECはアメリカ国内で起債する外国の証券発行者に対してIFRSsベースでの財務諸表を調整表なしで認める決定をしたため，今後，アメリカ会計基準を採用する企業はIFRSsを採用すると考えられる。したがって，企業が日常の取引からIFRSsベースでの会計処理が選択されうる。こ

の場合，以下の点がメリットと考えられる。

　第1に，一般にIFRSsは認知度が高い。すなわち財務諸表作成担当として会社の財務担当者の確保や教育・トレーニング，監査人としての公認会計士数の多さの点で有利なことである。

　第2に，世界的な会計基準のIFRSsへの適合の流れの中，今後，諸外国でも会計制度，特に個別財務諸表や税金申告面でIFRSsの使用が認められる国の増加が期待できる点である。

　第3に，わが国の会計基準は2011年6月時点で現在のIFRSsと重要な差異のない状態までに改定される。また，アメリカでのIFRSs採用の動きの影響から，今後，わが国でもIFRSs適用に向けた動きが加速すると考えられる点である。

　デメリットとしては，まず，現時点では各会社は税金申告等の所在国の会計制度で要求されている財務情報をIFRSsベースの各個別財務諸表から修正，組換を行い，作成しなければならない点である。また，現時点でわが国の会計制度では，連結，個別共に法定開示の財務諸表としてIFRSsベースのものを認めていない。したがって，企業はその必要に応じて日本の会計基準から修正，組換を行い法定開示しなければならない。

　以上に述べた3つの選択肢のうちのどれかを選択する際に考えるべき視点は，第1に費用対効果の観点である。この場合のコストとは，異なる会計基準への修正，組換にかかるコストや企業が財務担当者を新規採用し教育・トレーニングするコスト，会計基準の変更に伴う業務変更コストおよびITシステム変更のためのコストなどである。「コスト」といったのは，手間や工数が最終的には費用に換算されるためである。これらのコストは企業集団の全ての会社において発生するため，企業は企業集団にかかるコスト総額で判断しなければならない。ベネフィットとしてあげられるのは，経営管理の高品質化である。すなわち，企業の意思決定や業績評価に用いる経営数値の質が向上し，より一層，経営判断に有効といえる。

　そして，この判断を行う際に費用対効果の裏側にある重要な要因として，わ

が国も含め，会計基準のコンバージェンスの世界的な動向を考えなければならない。わが国でもIFRSs適用に向けた動きが加速するとされ，近い将来，IFRSsベース財務諸表の開示が許容されまたは強制されることも十分考えられる。

(2) アメリカのIFRSs導入に対する日本の対応

① アメリカにおけるIFRSs導入

2007年7月，SECはアメリカ国内で起債する外国の証券発行者に対してIFRSsをベースでの財務諸表を調整表なしで認める決定をした。さらに，アメリカの企業に対して，IFRSsベースの財務諸表を強制適用への「工程表」が公表された（この点については本書第3章を参照）[10]。理由として，第1に，財務諸表利用者の立場に立つと，アメリカ国内で会計基準のダブル・スタンダードを認めることは投資家の利益を損なうことになること，また，この両者ではIFRSsが米国会計基準よりはるかにブランド力を有するということ，第2に，アメリカでは，外国企業にIFRSsの適用を認めて，アメリカ国内の企業にIFRSsの適用を認めないことは公正ではないとされることにある。

この様な最近の動向を考えると，アメリカはIFRSsとのコンバージェンスではなくIFRSsのアドプションを選択し，真の「一組の高品質な会計基準のグローバル・スタンダード」の設定に対し真摯にかつ正攻法での対応を選択したといえる。

このアメリカの対応に対し，わが国の意識としては，たとえば，日本経済団体連合会（経団連）の会員企業に対する調査があげられる［経団連2008］。この調査結果によると，将来は少なくとも，コンバージェンスのため改定された日本の会計基準と共にIFRSsの選択適用も認めるべき，との結果であった。また，日本公認会計士協会からは，少なくとも連結決算ではIFRSsの適用を認めるべき旨の提言が出された［日本公認会計士協会2008］。このような動きを受け金融庁は2011年以降の対応として，とくに連結決算でのIFRSsの適用の検討に入った。

わが国が会計基準としてIFRSsを採用するには,つぎの課題があげられよう。これまで,わが国の会計基準では,IFRSs,アメリカ会計基準と同様に,個別決算と連結決算に同じく適用されることが前提である。一方で,IFRSsは公正価値を中心にその全体が構成されており,その中では財務諸表作成時点の公正価値を見積り計算で求める。わが国では従来,会社法会計,企業会計および税務会計が相互に影響し合う「トライアングル体制」が維持されてきた。この点,個別財務諸表についても,会社法会計および企業会計で,アメリカ会計基準を適用できるとすると同様に,IFRSsも適用できるという説もあるが［弥永2008］,会社法会計,税務会計との関係とできるだけ速やかな対応の両立をするうえでため,個別決算では現在の日本の会計基準を維持し,連結決算から対応する方向で検討し始めたようである[11]。

② アメリカのIFRSs導入に対する日本の選択要素

企業は,資金を元手に事業を行い利益を獲得するのであるが,事業を拡大するにつれて必要とする資金規模が増加する。ある一定規模以上の企業になると,金融商品取引所の市場に自己が発行した持分証券を上場し資金調達を行う。上場した持分証券の発行者は規制当局による規制を受けるが。その場合上場した市場が,日本国内であるか,あるいはアメリカ,欧州域内など海外市場なのかによって受ける規制内容と資金調達先である投資家の要求が異なる。ここでは企業を,(a) 国際的な上場企業,(b) それ以外の企業に区分して考察する。

(a) 国際的な上場企業の場合

国際的な上場企業は,海外市場で競争を行っており,いわゆる事業の「海外比重が高い企業」といえる。これらの企業は,アメリカまたは欧州(あるいは海外)の投資家,顧客など,ステーク・ホルダーを大いに意識する。

国際的な上場企業は,アメリカ会計基準採用企業とそれ以外の国際的な上場企業に大別される。資金調達に関していえば,アメリカ会計基準採用企業はアメリカの資本市場(および日本国内資本市場)で行っており,SECより,アメリカ会計基準で財務諸表を作成するか,外国企業の所在国の会計基準で作成した

財務諸表をアメリカ会計基準に組替えた場合の調整表の作成・開示を要求されていた。アメリカ会計基準採用企業は，わが国での財務情報開示においても連結財務諸表に関しては同国会計基準で作成したものを開示する。前述の通りSECはアメリカ国内で起債する外国の証券発行者に対してIFRSsをベースの財務諸表を調整表なしで認める決定をした。このため，わが国のアメリカ会計基準採用企業は同国会計基準からIFRSsの採用へと変更すべき考えられる。

一方，アメリカ会計基準採用企業以外の国際的な上場企業は，主にアメリカ以外の海外資本市場（及び日本国内資本市場）で行っている。EU域内市場では2008年まで，外国企業の所在国の会計基準で作成した財務諸表で債券の起債ができた。こういった事情もあり，財務情報の開示については，わが国の会計基準で作成した財務諸表を開示するのみで，他の会計基準をベースとした財務諸表の開示は行っていないのが一般的である。

しかしEU当局は，2005年から上場する欧州企業にIFRSsでの財務諸表の作成・開示を義務付け，外国の企業にも，経過措置を経て2009年より欧州資本市場で債券の起債を行う場合にはIFRSsまたはそれと同等な会計基準で作成した財務諸表の開示を義務付けた。なお，2008年12月にわが国の会計基準はEU政府によりIFRSsと同等と認められた［EU 2008］。しかし比較可能性の観点からIFRSsベースの財務諸表を作成することが望まれる。

(b) その他の企業の場合

その他の企業の場合には，一般的に，わが国国内市場を中心に競争を行っている企業か，または持分証券の非上場企業が該当すると考えられる。これらの企業は，国内の金融商品取引所での持分証券等の発行，銀行からの借入れ，私募債の発行といった形で国内を中心に資金調達している。

これらの企業は，通常，財務諸表をわが国の会計基準のみで作成する。企業活動も資金調達も日本国内である以上，顧客，株主，取引先等のステーク・ホルダーも日本国内にとどまり，日本の会計基準に不慣れな外国人は非常に少数であるためである。なお，国際的な上場企業の連結子会社は，(b) には該当せず，(a) に属するものとして扱われる。

4．財務会計と管理会計の一体化について

　企業では，法制度等で定められた制度会計とは異なり，管理会計についてはその方法を経営管理上の必要性に応じて企業が自由に決定できるものと考えられている。

　ASBJは2008年3月，「セグメント情報等の開示に関する会計基準」を公表した［企業会計基準委員会　2008c］[12]。これはCESRが指摘した日本の会計基準とIFRSsとの26項目の差異ではないが，ASBJが示す「工程表」の差異解消項目としての活動成果の一つである。

　このセグメント会計基準では，従前の「事業セグメント・アプローチ」から考え方を変更し，企業の経営者等が資源配分の意思決定，業績評価，内部の経営管理に用いるセグメントを用い外部公表する「マネジメント・アプローチ」を採用している。

　この場合，会計実務上の課題としては，企業は経営管理詳細情報のデータ・ベース化／一元化を検討することが必要である。マネジメント・アプローチでは，従前，わが国で採用していた事業セグメント・アプローチとは異なり，実際に企業内で行われている経営管理を重視する。この観点からは，内部管理情報を投資家に提供しなければならない。しかしながら，こういった情報を，外部の財務情報の利用者が完全に理解することが難しいと思われる。なぜなら，各企業の内部事情を含む，すべての「前提条件」を外部の情報利用者が把握することは困難だからである。このため，企業には，投資家，アナリスト等のステーク・ホルダーから経営管理情報の提供の要求が強まることになろう。また，財務報告情報と経営管理情報との間に差異がある場合には，さらなる説明が必要になると考えられる。場合によっては会計情報の範囲を超える情報までの開示を求められるであろう。このため，企業にとって制度会計と管理会計の一体化が要求されることなる。

　もっとも，わが国では「単一性の原則」によって，企業の財務情報は基礎と

なる会計記録を企業会計目的のものと同一の起源（単一）から作成しなければならない。したがって管理会計として提供される財務情報についても，主に財務会計の「基礎となる会計記録」から情報処理を行い作成されることとなる。管理会計では，具体的な必要性に応じて，部門別，責任単位別，製品別，販路別，プロジェクト別といった単位での財務情報を作成されるが，基礎となる会計記録は財務会計と同じくする必要がある。

注

1　計算関係書類とは計算書類、連結計算書類などの総称。会社計算規第2条第3項第3号。
2　なお，銀行業，保険業等の一定の金融業を営む会社は第2四半期にかかる「四半期報告書」に変えて，従前とおり，「半期報告書」を提出することとされた。
3　内閣府令第63号「四半期連結財務諸表の用語，様式及び作成方法に関する規則」，2007年8月10日。内閣府令第64号「四半期財務諸表等の用語，様式及び作成方法に関する規則」，2007年8月10日。
4　金融商品取引所の四半期開示では，会社情報開示の適時性の観点から，決算翌月の決算発表が望ましいとして，企業に対して決算日から30日以内の開示を要請していたが，四半期報告書制度では外部監査人の監査も含めて45日以内の四半期報告書の提出期限となっている。
5　「使用または開発中」とは，XBRL Internationalが"Approved"または"Acknowledged"のレベルと認めているものをいう（http://www.xbrl.org/Taxomomies/（2008年9月3日））。
6　IASBは英語，フランス語他，9カ国語の表示に対応したタクソノミを用意しており，XBRL展開として積極的に動いている。この点からも，IASBは，IFRSsの普及，会計基準の統一の重要なツールとしてXBRLを位置付けていることがうかがい知れる。
7　わが国には，この他にも，原則はIFRSs，米国会計基準といった国際的な会計基準と同様の取扱いとなっているが，例外処理規定により大多数の証券発行体が当該例外規定を適用し会計処理を行っているものがある。その典型的な例として2007年3月30日改正前の「ファイナンス・リース取引」に係る会計処理がある。多くの例外処理規定には原則的処理に収束させる「工程」が明示されていないことが，わが国の会計基準の適用上の大きな問題と考えられる。
8　特定の6項目とはつぎの項目である。①のれんの償却，②退職給付会計におけ

る数理計算上の差異の費用処理，③研究開発費の支出時費用処理，④投資不動産の時価評価および固定資産の再評価，⑤会計方針の変更に伴う財務諸表の遡及修正，⑥少数株主損益の会計処理。
9 たとえば，新日本有限責任監査法人，監査法人トーマツ，あずさ監査法人，ベアリング・ポイント，レイヤーズ・コンサルティングなど。
10 SECのリリースによると，①2009年12月15日以降に終了する会計年度より適格事業体と認められるアメリカ国内の証券発行者に早期適用を認め，②2011年に，アメリカの上場企業にIFRSsの強制適用の可否を決定する。そして，③2015年から大規模な企業からIFRSsの早期適用を認め，2017年にまでにすべての法定財務諸表提出者に強制適用を完了する，という工程である［SEC 2008a］。
11 この点，法人税法の「確定決算主義」に問題があるように思われる。企業からも同様の指摘が多く集っている。一方で，非上場の企業で適用すべき会計基準の問題から個別決算では，現在の日本の会計基準を維持すべきという主張がある［経団連2008］。
12 IFRSsが，米国会計基準とのコンバージェンスの要請で，マネジメント・アプローチを採用したことが新会計基準設定のトリガーとなった。

参考文献

東　雅彦（2007），「新会計基準が経営計画・予算編成に及ぼす影響と対策」，『旬刊経理情報』1164号。
太田達也（2008），『四半期決算のすべて』，商事法務研究会。
小津稚加子（2008），「EUによる同等性評価の最新動向」，『企業会計』第60巻第4号。
川西安喜（2008），「米国のIFRS受入れに対する姿勢」，『会計・監査ジャーナル』No. 631。
五木田明（2008），「XBRLの徹底解説」，『旬刊経理情報』1184号。
企業会計基準委員会（2008a），「プロジェクト計画表の更新について」，2008年9月19日，http://www.asb.or.jp。
企業会計基準委員会（2008b），「企業会計基準委員会と国際会計基準審議会が会計基準のコンバージェンスに向けた第7回会合を開催」，2008年4月11日，http://www.asb.or.jp。
企業会計基準委員会（2008c），「企業会計基準第17号　セグメント情報等の開示に関する会計基準」，2008年3月21日。
企業会計基準委員会（2007a），「プロジェクト計画表の公表について─東京合意を踏まえたコンバージェンスへの取組み─」，2007年12月6日，http://www.asb.or.jp。
企業会計基準委員会（2007b），「企業会計基準委員会と国際会計基準審議会は2011年

までに会計基準のコンバージェンスを達成する『東京合意』を公表」，2007年8月8日，http://www.asb.or.jp.

企業会計基準委員会（2007c），「企業会計基準第12号　四半期財務諸表に関する会計基準」，2007年3月14日。

企業会計審議会（2007），「四半期レビュー基準に関する意見書」，2007年3月27日。

金融審議会（2005），「金融分科会第一部会報告　ディスクロージャー・ワーキング・グループ報告―今後の開示制度のあり方について―」，2005年6月28日，http://www.fsa.go.jp.

坂本道美（2008），「IFRSとのコンバージェンスを巡る日本の展望」，『企業会計』第60巻第4号。

杉本徳栄（2008），「IFRS受入れを巡る米国の対応」，『企業会計』第60巻第4号。

田邉朋子（2006），「連載　在外子会社の会計基準統一にどう対応するか　在外子会社が採用する会計基準をどう選択するか」，『旬刊経理情報』1130号。

東京証券取引所（2003），「上場有価証券の発行者の会社情報の適時開示等に関する規制」，2003年1月21日改正。

日本経済団体連合会（2008），「今後のわが国会計基準のあり方に関する調査結果概要」，2008年5月20日，http://www.keidanren.or.jp.

日本公認会計士協会（2007），「監査・保証委員会報告第83号　四半期レビューに関する実務指針」，2007年10月30日。

橋本　尚（2006），「会計基準の国際的収斂と日本の戦略」，『JICPAジャーナル』，No. 607。

弥永真生（2008），「コンバージェンスと受容―金融商品取引法・会社法の観点から―」，『企業会計』第60巻第4号。

山田辰巳（2008a），「MOUのアップデートと米国の動向　―世界基準誕生のシナリオにも触れて―」，『週刊経営財務』No. 2884.

山田辰巳（2008b），「IASBを巡る国際動向と日本の対応」，『企業会計』第60巻第4号。

Deloitte Touche Tohmatsu (2008), "*IFRSs in Your Pocket 2008*", London, UK, 2008.

European Union (2008), "*Accounting: European Commission Grants Equivalence in Relation to Third Country GAAPs, Reference: IP/08/1962*", http://europa.eu.

Securities and Exchange Commission (2008a), "*Roadmap for the Potential Use of Financial Statements Prepared in Accordance with International Financial Reporting Standards by U.S. Issuers, Proposed Rule, Release Nos. 33-8982; 34-58960; File No. S7 -27-08, 17 CFR Parts 210, 230, 240, 244 and 249*", http://www.sec.gov.

Securities and Exchange Commission (2008b), "*SEC Proposes Roadmap Toward*

Global Accounting Standards to Help Investors Compare Financial Information More Easily, Press Release Nos. 2008-184", http://www.sec.gov.

Securities and Exchange Commission (2007), "*Acceptance From Foreign Private Issuers of Financial Statements Prepared in Accordance with International Financial Reporting Standards without Reconciliation to U.S. GAAP, Proposed Rule, Release Nos. 33-8818; 34-55998; International Series Release No. 1302; File No. S7-13-07, Federal Register, Part Ⅳ, 17CFR Parts 210, 230, 239 and 249*", http://www.sec.gov.

（佐藤　郁裕）

第7章
M&Aと無形資産会計

〈学習の視点〉

　世界的な金融危機のさなかM&A市場では大規模合併が相次ぎ新聞の紙面を賑わせている。株価の下落にあえぐ企業が多く存在する一方で，株価の低下は企業買収をしやすくし，事業拡大のチャンスとなっている。M&Aは，経営手法として着目されるだけではなく，会計的には，のれんおよび無形資産などの無形財の認識とも深く関係している。

　無形資産，いわゆる「目に見えない資産」（インタンジブルズ）は，現代の企業価値経営において大きな鍵を握っている。無形資産の価値が着目されるようになった背景には，ソフト資産を中心に価値創出を目指すナレッジ型産業の台頭がある。現代においては，機械や設備などのハード資産の所有が必ずしも企業の価値には結びつかないという状況がみられるようになった。たとえば，ITビジネスのように設備などの有形資産をほとんど所有しなくても成功するビジネスを想像して欲しい。また，優れた経営者の存在も企業価値の創造に貢献しているかもしれない。反対に，会社の不祥事や偽装，商品・製品の信用に関わるニュースが株価や売上に大きな打撃を与えるのもその一つの例だろう。しかし，こういった無形資産に関する情報の多くはオフバランスされ，財務情報の限界ともなっている。

　本章においては，はじめに，近年のM&Aの動向及び企業結合の会計処理について取り上げ，そこからさらにインタンジブルズに関連する様々な問題点について取り上げていく。このような側面から国際的潮流と財務会計が直面する問題について考えてみよう。

1．企業のM＆Aの動向と会計処理

(1) 企業のM＆Aをめぐる最近の状況

　経済的不況のなか多くの企業が赤字の計上を迫られている一方で，企業の合併・買収（Merger & Acquisition：M＆A）の事例は増加の傾向がみられる。企業のM＆Aは3つのタイプに分類される。第1に，国内企業による国内企業のM＆A（IN-IN），第2に国内企業による海外企業のM＆A（IN-OUT），そして第3に海外企業による本企業のM＆A（OUT-IN）である。ここ数年は，企業組織再編として国内企業同士（IN-IN）のM＆Aが中心的であったが，2008年の動向には大きな変化がみられている。すなわち，日本企業による海外企業のM＆A（IN-OUT）の増加であり，その取引金額も巨額になっているのである。2008年日本企業が海外企業に対して行ったM＆Aは前年度比約2.6倍の7兆4621億円と大幅に増加し，件数としては2.7％増の377件にとどまったものの，大規模なM＆Aが多くみられたため金額ベースでは2006年の8兆6089億円に続く過去2番目の水準となった。

　その増大の要因としては，サブプライムローン問題で大きな痛手を負い株価が低下している海外企業のM＆Aを行う恰好の機会となっていることがあげられる。2008年のIN-OUT型のM＆Aは，図表7-1のとおりである。

　日本企業による海外企業の買収として過去最大のものは2006年12月の日本たばこ産業（JT）によるイギリス・ガラハーの買収（188億ドル）であった。2008年には，それに比肩するような大型M＆Aが多くみられた。

　業種別では，医薬品業界でIN-OUT型のM＆Aが盛んになっており，国内での医薬品事業の飽和状態を背景に積極的な海外進出戦略を図ろうとする様子がみられる。また，海外金融機関に対するM＆Aも目立つ結果となった。

　他方，IN-IN型に該当する国内企業同士のM＆Aの事例をみてみると，三越と伊勢丹の経営統合や新日本石油と新日鉱ホールディングスの経営統合などの例が挙げられる。また，2008年11月に公表されたパナソニックによる三洋電機

図表 7-1　日本企業による海外企業の主なM&A事例

	買収企業	被取得企業	業種	形態	買収金額
2008年4月	武田薬品工業	ミレニアム・ファーマー・シューティカルズ（米）	医薬品	買収	8,800億円
2008年6月	第一三共製薬	ランバクシー・ラボラトリーズ（印）	医薬品	買収	4,000億円
2008年7月	東京海上HD	損保フィラデルフィア社（米）	損保	買収	500億円
2008年9月	三菱UFJ FG	モルガン・スタンレー（米）	金融	資本提携	9,480億円
2008年9月	野村HD	リーマンブラザーズアジア部門（米）	金融	買収	240億円

出所：トムソンフィナンシャル（http://www.thomsonfinancial.co.jp/）。

の買収は，国内企業同士のM&Aでは過去最大規模である。パナソニックは，発行済株式の約7割を6,200億円で買収し三洋を傘下におさめている。

　海外企業のM&Aと国内企業のM&Aのいずれにおいても共通するのは，事業の展開という点でM&Aは有力な手法となることである。海外企業を取得することにより買収企業は現地において一から組織を作り上げ顧客を獲得していく時間を省くことができる。また，自社で有していない技術や事業を開発から始めるのではなく三洋の買収のようにすでに技術を確立している企業自体を買い取ることで自社の製品製造に組み込んでいくことができる点がM&Aの大きなメリットとなっている。

(2) わが国のM&Aの会計処理

　わが国におけるM&Aの会計処理としては，2つの方法があった。①パーチェス法（Purchase Method）と②プーリング法（Pooling Method）である。

　① パーチェス法

　取得企業は，被取得企業を買収時に時価で評価し直し結合する方法である。この方法によると，取得企業が被取得企業の時価を超えて対価を支払う場合には，のれん（買入のれん）が生じる。例えば，A社（取得企業）がB社（時価1,000）を取得する場合，支払対価として1,200を支払うと仮定するとその差額

(1,200 − 1,000 ＝ 200）が買入のれん（正ののれん）として貸借対照表に計上されることになる。のれんは，営業権とも呼ばれ，企業の超過収益力を示しているとされている。つまり，A社はB社に対して買収プレミアムを支払っているが，このプレミアムは，B社が有している超過収益力への支払いを意味する。

② プーリング法

被取得企業の取得にあたって　資産と負債を帳簿価額で取得企業に引継ぐ方法である。ただし，この方法は適用が限定されており，どちらが取得企業となるのか判別できないようないわゆる対等合併にのみ適用が容認される方法である。しかし，この方法は，日本基準において容認される方法であることから会計基準のコンバージェンスの潮流のなかでIFRSsとの差異を解消するための検討がおこなわれてきた。2008年12月26日には企業会計基準委員会（ASBJ）より企業会計基準第21号『企業結合に関する会計基準』が公表され，プーリング法の廃止をもって長年の議論に終止符が打たれた。

(3) 国際的なM＆Aの会計処理

海外進出している企業の多くは，自国基準よりも国際的な基準に準拠して財務諸表を作成しているケースが多くみられる。このためM＆Aについて国際的な会計基準の適用が求められることになる。アメリカでは，財務会計基準審議会（FASB）が公表した財務会計基準（SFAS）第141号「企業結合」においてパーチェス法による処理が規定されている。また，国際会計基準審議会（IASB）は，2008年1月10日に国際財務報告基準（IFRS）第3号「企業結合」の改訂基準および国際会計基準（IAS）第27号「連結及び個別財務諸表」の改訂基準を公表した。改訂基準は，2009年7月1日以降のIFRSs適用会社の年次財務諸表における企業結合に対して強制適用がなされ，この改訂によってIFRSsと米国基準との間でほとんどの点における統合が達成されることになる。具体的には，「パーチェス法」から「取得法」（Acquisition Method）に名称が変更され，企業結合会計における公正価値の利用や評価・鑑定専門家の活用をより強調している点が特徴となっている。

つぎに買入のれんの会計処理についてみていこう。のれんにはパーチェス法の適用よる買入のれんにくわえて，企業内部で創出される自己創設のれんがある。現行制度上は，財務諸表において買入のれんの計上しか認められておらず，自己創設のれんの計上は禁止されている。

買入のれんの処理については，日本基準とSFAS第142号「無形資産」及びIFRS第3号との間に相違がみられる。日本基準では，のれんは20年以内の期間で償却する［「企業結合会計基準」三1（4），「連結財務諸表原則」第四三2］。これに対してSFAS第142号やIFRS第3号では，のれんの償却は行わず，その価値が減少した場合に限り減損処理を行うこととする。これは，のれんがそもそも使用に伴う価値減少が生じる資産ではないため価値が減少した場合にのみ，その減少分を認識すべきと考えているからである［SFAS 142, para. 18, IFRS 3, para. 54］。

このようにのれんの会計処理に関しては日本基準と国際基準とで相違があるが，とりわけ，大型M&Aのケースにおいては，のれんの償却費も巨額なため，償却費の当期利益に及ぼす影響は甚大である。

前述のJTによるガラハー買収の例をみてみよう。JTの2008年3月期予想の営業利益は3,110億円（前期比28％減）であるが，これは日本基準を適用したものであり，IFRSsを適用すれば営業利益は約1,000億円増加する。すなわち，IFRS第3号によれば，のれんを償却せずにすむため約1,000億円の費用計上が抑えられるからである［『日本経済新聞』2008年10月4日朝刊］。このようにいずれの会計基準を適用するかによって利益への影響額は，1,000億円の差が生じることになることからのれんの償却の相違は，経営者は無視することができないものとなっている。また，投資家にとっても財務諸表の比較可能性の観点からこういった相違に留意が必要となっている。

2．企業のM＆Aと無形資産

(1) M＆Aの目的と無形資産

　日本における相次ぐ金融機関の破綻を背景とするメガバンクの登場にみられるようにM＆Aは，企業組織再編の手法として用いられることが多かったわけであるが，近年みられるIN-OUTのM＆Aの場合，その目的はより積極的な狙いを有している。つまり，M＆Aを企業戦略の一環として位置づけているのである。企業が新規産業に参入する場合や既存事業を拡張する場合，また，海外進出を検討するとき，資金調達を行い新規に事業を開始するか既存の事業を買収するかの選択が存在する。その選択に際して，既存事業の有するブランドやノウハウ，技術，顧客に着目し，既存事業の獲得を選択する企業が増えたといえる。何より既存事業を獲得することでよりスピーディーに競争力を強化することが可能になる。そのため，企業は多額の買収プレミアムを支払ってもそれを上回る効果を期待しM＆Aを選択することになる。これらブランドやノウハウ，技術などは，無形の価値を有するものとして無形資産に分類される。

　一般に，無形資産とは，「物的あるいは財務的実体を伴わない将来便益の請求権」と定義されている。無形資産と類似する用語として「知的資産」(intellectual asset)，「知的財産」(intellectual property) などの用語が使用される場合があるが，無形資産のうち法によって保護されているものが知的財産であり，法的に保護されていないものが知的資産となる[1]。法律的な権利としては，特許権，実用新案権，意匠権，商標権，借地権，鉱業権，漁業権などがある。

特許権…自然法則を利用した高度の技術的発明を独占的・排他的に使用する
　　　　権利
実用新案権…特許権ほど高度な発明ではないが，物品の形状・構造・組合せ
　　　　　　に関する実用的な考案を独占的・排他的に使用する権利

意匠権…物品の形状・模様・色彩など視覚に訴え美感を起こさせるデザインを独占的・排他的に使用する権利
商標権…文字や図形から構成される商品のトレードマークを独占的・排他的に使用する権利
借地権…建物の所有を目的として地主から借りた土地を使用する権利
鉱業権…一定の区域で特定の鉱物を採掘し取得する権利
漁業権…公共用水の特定区域において漁業を営む権利

　これら法的権利以外にも企業は多くの無形資産を有しているが，その内容は非常に多岐にわたっている。
　これらの項目を分類すると，企業の価値創出に貢献している要因をハードなものからソフトなものへと分けることができる。この分類は，無形資産項目が

図表 7-2　無形財の分類

所有主が明確で支配が可能な資産	分離可能で売却可能な権利・分離した形式で取引可能で保護できるもの	競争優位に関する非貨幣的な要因	企業内に存在する潜在的に特有な競争優位の要因
←ハード			ソフト→
有形資産	無形財	無形のコンピタンス	無形潜在能力
有形資産	材料供給契約	競争的な地理	潜在能力
機械・装置	ライセンス契約	特有のコンピタンス	リーダーシップ
棚卸資産	フランチャイズ契約	コアコンピタンス	労働力
その他の資産	登記可能なIP（知的財産）	慣例的なコンピタンス	マーケット/名声
金融資産	著作権・特許権		革新/研究開発
現金・現金同等物	ソフトウェアを含む		会社のリニューアル
有価証券	映画・音楽・芸術・科学商標権		
投資等	デザイン		
	その他のIPR		
	ブランド・ノウハウ・秘密特約		

出所：PRISM REPORT 2003 (2003)，p.14の表をもとに作成。

単独で存在し，それ自体を分離して売却できるかどうかを規準におこなわれる。たとえば，最もハードな資産である有形資産は，企業から分離しそれ自体を売却することが可能である。つぎに，有形資産に準ずるものとして無形財がある。有形資産が取得対価ないしは市場価値によって金額が明確に測定できるのに対して，無形財は，市場取引や将来キャッシュ・フローによって測定できる項目である。これらの項目が，前述した無形資産の報告対象として中心的なものとなっている。

　無形財はさらに，無形の商品（intangible commodities）と知的財産（intellectual property）に分けることができる。無形の商品は，出版権や再販権などの契約上の権利を有するものである。他方，知的財産は，法的制度から派生したものであり，たとえば，特許権や秘密取引などが含まれている。無形のコンピタンスは，「価格のない」競争の鍵となる要因であり，かつ，成文化されたもので，所有権が認められるものである。

　そして，最もソフトな性質を有する無形潜在能力は，将来の競争上の優位性をもたらす潜在能力の蓄積（reservoir）を示している。潜在能力は，とくにベンチャー投資家などが着目する項目として示される［PRISM REPORT 2003 (2003), pp. 12-13］。

(2) 無形財の評価

　このように企業価値にとって重要な影響を及ぼす要因になっているのもかかわらず，なぜ会計上，貸借対照表において計上することが困難なのであろうか。それは，無形財の評価が困難であり，また，客観性に欠けるという問題があるからである。

　一般に，資産は当該資産を取得するために支払ったコスト（犠牲）をもって原価とするコスト・ベースの測定方法が取られている。コスト・アプローチは，取得原価主義会計と整合性を有している点で最も受入れやすい測定方法であり，支出額を使用する点で客観性を有している点に長所がある。研究開発プロジェクトやソフトウェアの測定，顧客名簿などについてはコスト・アプロー

チを適用する可能性が考えられる。しかし，無形資産に対してコスト・ベースの測定は一概に有用とはいえない。

その理由として，第一に，無形資産の場合，コストとそこから生み出される価値との間に乖離がみられるため支出額に意味がないといえる。たとえば，自己創設ブランドの資産計上のケースを考えてみると，大量のコストを投入したにもかかわらず，市場から撤退したブランドに高い価値が付され，一方，マネジメントに優れ，競争力もあり，限られた資源の中で効率的にブランドを運営している場合，そのブランドは過小評価されてしまうことになる［テレンス・オリバー 1993, 41頁］。つまり，コストの大きさはそこから生み出される価値の大きさに非礼するとは言えない状況が存在している。

また，コスト・ベースの適用を困難にする理由として，無形資産に特有な交雑という特徴が問題となっている。たとえば，ある開発プロジェクトは失敗に終わったが，この失敗が新たな新薬の成功へと結びつく場合などもコスト・ベースの測定は不適切となる。コンピュータ・ソフトウェアのような無形資産に関しては，Ver. 1のための開発コードがVer. 5の重要な構成要素になっているような状況もあり，原価に対する効果が複数世代にわたる無形資産もみられる［FASB 2001a, p. 83)。

コスト・アプローチに変わる測定方法としてインカム・アプローチやマーケット・アプローチなどが考えられる。これらは，資産の経済的価値に着目して認識・測定をしようとするアプローチ方法である。それによれば，自己で創設したブランドなどもブランド開発からもたらされる将来の経済的便益を積極的に評価し，貸借対照表に計上すべきとされる［白石 1997, 136頁］。しかし，将来のキャッシュ・インフローの予測に依存せざる得ない測定方法は，客観性という点で問題があり，その導入にはなお慎重な検討が必要とされている。

(3) 無形財の認識

このように無形財の重要性が高まることは認識されつつも客観的な評価が困難であることから，貸借対照表への無形資産の計上は非常に限定されているの

が現状である。貸借対照表を含む公表財務諸表は，公共的な意味を広く一般に開示が要求されておりその影響を広いことから客観性を非常に重視し作成されているのである。よって，主観的な測定による無形資産の計上は公表財務諸表の作成とは相容れないものとなっている。そこで客観性を保証するため，会計上認識が許容されるのは，それが他社から購入した際に購入価格を有している点に依存することになる。そこで，第三者によって購入された無形資産のみが計上を認められることになる。すなわち，企業内部で創設された無形財については貸借対照表には計上が認められず，他者から購入した無形財のみ計上が認められている。

M&Aによって他社から購入した無形財は，一括して買入のれんとして計上され超過収益力として認識されてきたのであるが，無形資産の重要性の高まり

図表7-3　のれんとは別に認識される無形資産

営業関連	芸術関連
商号・商標 サービス・マーク 団体マーク 認証マーク 新聞・雑誌の題字 インターネットのドメイン名 非競争契約	演劇，オペラ，バレエ 本，雑誌，新聞，その他著作物 作曲，作詞，広告音などの著作物 絵画，写真 動画，ミュージックビデオ ビデオ，テレビ番組 オーディオ・ビジュアル素材
契約関連	技術関連
免許，使用料， 債務返済の据え置き協定 広告，建築，管理及びサービスに関する契約 リース契約 建設許可 フランチャイズ契約 オペレーション及び放映権 鉱山，水，空気，ミネラル，森林及び道路などの使用権 抵当サービスなどのサービス契約 雇用契約	特許技術 コンピュータ・ソフトウェア 特許取得前の技術 データベース
	顧客関連
	顧客リスト 注文あるいは製造に関する過去の記録 顧客契約及び顧客との関係 潜在顧客との関係

出所：FASB (2001)，A14より作成。

と財務情報の開示の有用性の高まりを背景にその内容をより詳細に開示することが求められるようになった。そこで，買入のれんから分離して計上できる無形財について規定を設け，それによって計上が可能となっている［SFAS 141, par. 14］。そのような項目としては以下のような項目である。

このように，企業取得時に取得されたのれんは，その内容によって認識できるものについては無形資産として別に分けて開示することが求められており，従来，単に企業取得時の差額としてすべてのれんに計上していた場合よりも開示の状況は進展することとなった。だが，M&Aによらない限り多くの無形財はオフバランスとなっている点には留意が必要である。

3．非財務情報の報告拡充に向けて

(1) 非財務情報の有用性

無形資産に関する情報はM&Aの場合だけでなく，我々個人が企業に投資を行うかどうか意思決定を行う際も大変重要な情報となっている。企業のM&Aは投資意思決定の結果であるが，それと同様，個人が当該企業の株式を購入するか否かという決定もまた投資意思決定であり，会計情報はそういった投資意思決定に資するものとしての役割を課され存在している。そこで本節では，このような観点から投資意思決定に関する情報提供という視点から現在の状況をみていくことにしよう。

では，投資意思決定を行う際，一体どのような情報に着目されているのだろうか。ある研究によれば，意思決定の際に注目される情報として非財務的な情報が占める割は35％となって企業の評価がなされている［Mavrinac and Siesfeld 1998, p. 13］。さらに，非財務情報としてどのような項目が必要かという調査を行っているが，最も重要性の高い測定値として次の項目が挙げられている［Mavrinac and Siesfeld 1998, p. 14, 古賀 2005, 212頁］。

① 企業戦略の履行
② 測定の信頼性

③ 企業戦略の質
④ 革新性
⑤ 従業員を誘引する能力
⑥ マーケット・シェア
⑦ 経営者の経験
⑧ 報酬決定方針
⑨ 研究のリーダーシップ
⑩ プロセスの質
⑪ 顧客満足

この調査からつぎのような点が指摘されている。第1に，非財務情報のなかでも企業の価値創出の中核をなす項目，たとえば，企業の戦略の実施具合や質，経営者の能力・資質（信頼性，経験，リーダーシップなど），企業の革新能力に関する項目がとくに重要であるのに対して，従業員に対する項目（離職率）はあまり重要視されていない傾向にあることである［古賀 2005，212頁］。そして，第2に，事業計画や戦略は投資家にとって決定的に重要な情報であるが，戦略そのものよりもそれを実行することができるかどうかという経営者の行為（アクション）が重視されていることである［Mavrinac and Siesfeld 1998, p. 13, 古賀 2005, 212頁］。このように，意思決定を行う際には，企業の財務情報はもちろんのことそれ以外の会社の戦略・革新に関わる動向およびその実行能力が注目されていることは特筆すべきものとなっている。

(2) 非財務情報と知的資産報告書

わが国においても知的財産の開示に関する取り組みがすでに開始されている。わが国の国際競争力の強化の観点から知的財産の創造・保護・活用を協力に促進することによって経済及び文化の持続的発展を目指す，いわゆる「知的財産立国」を実現することを課題として2004年1月に『知的財産情報開示指針』が公表された。当初，この指針に基づいて公開を行っていたのは情報開示に積極的な先駆的な企業13社であったが[2]，現在では，公表する企業は増加し

ている。

　また，報告形式も，2004年には年次報告書のなかで簡単に説明する形式をとる企業もみられたが，現在では，年次報告書とは別に「知的財産報告書」(Intellectual Capital Statement：IC報告書）として開示している企業がほとんどである。その内容や分量は，企業によって様々であるが，2004年度のものよりも内容や形式などは格段に充実してきている。知的資産報告書における開示の中心は，経済産業省モデルに従い，事業の中核から研究開発セグメントと事業戦略の方向性，知的財産の取得・管理等の指定された項目が順に報告されている。

　その後，2005年10月に経済産業省による『知的資産経営の開示ガイドライン』が公表されている。このガイドラインでは，①経営者の方針をわかりやすいストーリーで示すことを促し，そのあらすじを示し，②信憑性を高めるため，ストーリー中に裏付け指標を入れるやり方を提示し，③裏付けとして使わ

図表7-4　『知的資産経営の開示ガイドライン』における7つの視点

1．経営スタンス／リーダーシップ
　　経営スタンス・目標の共有，浸透の度合い
2．選択と集中
　　製品・サービス，技術，顧客，市場の選択と集中の状況。選択と集中はビジネスモデルの基本的な構造やBotB, BtoCの売上構成の数字を含む）がその前提として行われることが望ましい。
3．対外交渉力／リレーションシップ
　　川上，川下など対外的な関係者「販売先，顧客，仕入先，資金調達」に対する交渉力，関係性の強さ
4．知識の創造／イノベーション／リレーションシップ
　　新しい価値創造の能力効率，事業経営のスピード
5．チームワーク／組織知
　　組織（組合）力，個々の能力等の組織としての結合状況
6．リスク管理／ガバナンス
　　リスクの認識・評価対応，管理，公表，ガバナンスの状況
7．社会との共生
　　地域・社会などへの貢献などの状況

出所：経済産業省（2005），別紙pp. 1-3より作成。

れる指標の目安として35種類の指標を例示し，④評価側の誤解による混乱を避けるため，評価側にも指針を示した，という4つの特徴がある。これにより企業に対してより具体的に知的財産報告書の作成方法の指針が示された。しかし，開示に関しては画一的な形式はなく，各企業が工夫をしている開示している状況にある。

また，2007年3月には，『知的資産経営報告の視点と開示実証分析調査報告書』が公表されている。これは，企業評価者（アナリスト，投資家）の視点を整理分析し，どのような情報やスタイルの開示をすればステークホルダーへ知的資産経営の状況をより良く伝えることができるのかを提示するとともに，知的資産経営報告の開示状況を調査・分析し，優秀な開示事例を収集することを目的に作成されている。2006年度から2007年度に知的資産経営報告書を開示している企業が多くみられ，知的財産，知的資産経営という概念が浸透していることが窺える。

情報利用者のニーズに合わせるように情報提供も充実が図られてきてはいるが，非財務情報の提供の歴史はそれほど長くはなく，現在もなお模索段階にある。よって，より良い開示を目指しいくつかの改善が求められている［経済産業省 2005, 54-59頁］。まず，アナリストやファンド・マネージャーなどの情報利用者，企業評価者の側に対する改善点として，現在では一般に短期的な財務

図表7-5　知的資産経営報告書開示企業（2006年度，2007年度）

2006年度
株式会社，株式会社オールアバウト，日本政策投資銀行[※1]
株式会社ニーモニックセキュリティ，有限会社AirNavi環境計画，株式会社エマオス京都，株式会社プロテインクリスタル，有限会社魁半導体，株式会社センテック，テルモ株式会社[※2]，有限会社平井活魚設備，日産自動車株式会社[※2]，株式会社堀場製作所[※2]，住友金属工業株式会社
2007年度
株式会社データプレス，ネオケミア株式会社，京都西陣たくみ人形，株式会社春うららかな書房，株式会社バリュープランニング，株式会社キャスト，昭和電機株式会社
※1ディスクロージャ誌で開示　※2アニュアルレポートで開示

出所：経済産業省（2007），pp. 15-16より作成。

情報に重点を置いた企業価値の分析を主といるが，それを企業の知的資産経営に対する評価や中長期的な視点に立った企業分析を十分に行っていく必要があることが挙げられている。一方，情報提供者としての企業側には，読みやすい情報の提供に努めることが求められている。IRに積極的な企業は，知的資産経営に関する情報開示を含めた非財務情報の開示に取り組んでおり，アニュアルレポートなどの各種媒体を通じて開示が充実してはいるが，その反面，情報開示の量が肥大化してしまい，読み手にとってかえって使いづらい情報となってしまっているという問題がある。

とはいえ，情報利用者側及び情報提供者側のこうした積極的な取り組みは大変評価できるものである。従来，このような情報を開示するインセンティブがそもそも企業には存在しておらず，競争優位性を保持するための機密としての特質を有する知的資産を公表することに対する積極性は認められなかった。企業が知的資産報告書の作成に自発的に取り組むようになった要因の一つには，近年における企業の社会的責任（CSR）への関心の高まりも指摘できる。企業の目的を利益追求とするのでなく，広く利害関係者に対しての役割を果たす社会的意義をもった組織体として位置付ける考え方へ企業が方向転換したことにより，環境やコスト，リサイクルといった側面も含め広く企業のIR（Investor Relationship）開示の一貫として知的資産報告書の開示を促進することになったといえる。企業による情報提供の拡充が単にCSRへの取り組みをアピールする一手段としてだけでなく情報利用者が真に求める開示となるよう報告媒体やその内容項目，形式についてはさらなる検討が求められている。

また，度重なる会社の不正や偽装事件など企業活動そのものに対する顧客，一般市民などのステークホルダーによる疑念と企業価値への関心の高まりがみられる。レピュテーションとは，一般に「評判」や「世評」などと言われるが，企業がそういった評判やそこからもたらさせる信用や企業に対するイメージ，それらによって大きく影響される企業価値に大変に敏感になっていることも背景になっている。コーポレート・レピュテーションを毀損することは，企業の存続を危うくすることにもつながりかねない。企業価値は，こういった目

にみえないものへ大きく依存しているのである。

(3) 知的資産報告に関する国際的な動向

世界的にも非財務情報の開示に関する動きがさかんになっている。そもそもこうした動きは1990年代の初頭においてみられ始め，アメリカ公認会計士協会（AICPA）が1994年に公表したジェンキンズ報告書［AICPA 1994］により情報利用者の立場を重視した包括的な情報提供の提言がなされている。

最近ではAICPAなどが中心になって発足した「改善された企業報告コンソーシアム」（Enhanced Business Reporting Consortium：EBRC）による「改善された企業報告」（Enhanced Business Reporting：EBR）の導入が検討されている。企業内部及び企業外部の利用者に対して包括的な情報を提供するためのフレームワークとして2005年10月にフレームワークVer.1が公表され，これをもとに2006年にはフレームワークVer.2（図表7-6）が公表されている[3]。

投資家などに対する非財務情報を含んだ情報提供の在り方は，長年にわたり検討されてきたが，実現可能なものとしてフレームワークがようやく示される

図表7-6　EBRCフレームワーク

ビジネス概観 (Business Landscape)	企業の概況，経営環境やビジネス戦略に影響を与える外的要因 （競争，顧客，技術変化，株主との関係，資金調達，政治，帰省など）
戦略（Strategy）	ビジネス概観に基づく戦略及び戦略実施のための組織 （ビジネスモデル，組織と統治，リスクマネジメント，環境・社会問題など）
資源とプロセス (Resource & Processes)	企業が戦略を実施するに当たり活用可能な資源及び能力，会社のバリュードライバー （キープロセス，顧客満足，人材，イノベーション，サプライチェーン，知的財産，情報技術，金融資産，有形資産など）
業績（Performance）	ビジネス概観，戦略，資源とプロセスに関連付けた業績説明 （通常の財務諸表，財務数値を使用した業績指標（KPI），非財務情報を使用したKPIなど）

出所：EBRC (2006) EBRC Framework Ver.2 より作成。

ようになっている。監査などの問題も残されてはいるが，財務会計の枠に捉われない情報提供として今後ますますその動向への注目が高まると考えられる。

注

1 知的資本のうち成文化できないものとして経験やノウハウ，技能，創造性など人的資本に関するものが存在し，成文化された知識が知的資産となる。さらに，知的資産（プログラム，発明，プロセス，データベース，方法論，文書，図面，デザイン）のうち法的に保護されたものが知的財産（特許権，著作権，商標権，企業秘密）となる［Sullivan2000, p. 18］。また，世界知的所有権機構（WIPO）によれば，知的財産とは，「文芸・美術・学術の著作物，実演家の実演・レコード・放送，人間の活動のすべての分野における発明，科学的発見，意匠，商標・トレードマーク・商号・文芸・美術の分野における知的活動から生じるすべての権利」と定義されている。
2 東京エレクトロン，旭化成，NEC，富士通，日立化成，TOTO，オリンパス，ブリヂストン，武田薬品，三菱電機，アルプス電機，味の素，キヤノンなど（日経BPNET http://www.nikkeibp.co.jp/archives/331/331541.html?bzb_pt=0 (2008年11月17日現在))。
3 EBRC（2005）, The Enhanced Business Reporting Framework, Octoberおよび EBRC（2006）EBRC Framework Ver. 2, November, http://www.ebr360.com/Default.aspx。

参考文献

経済産業省（2004），『知的財産情報開示指針』。
経済産業省（2005），『知的資産経営の開示ガイドライン』。
経済産業省（2007），『知的資産経営報告の視点と開示実証分析調査報告書』。
古賀智敏（2005），『知的資産の会計』東洋経済新報社。
白石和孝（1997），『知的無形資産会計』新世社。
テレンス・オリバー（1993），『ブランド価値評価の実務』ダイヤモンド社。
AICPA（1994）, Special Committee on Financial Reporting, *Improving Business Reporting-A Customer Focus: Meeting the Information Needs of Investors and Creditors*.（八田進二・橋本尚（2002），『アメリカ公認会計士協会・ジェンキンズ報告書』白桃書房）。
EBRC（2005）, The Enhanced Business Reporting Framework, October, http://www.ebr360.com/Default.aspx.

EBRC (2006), EBRC Framework Ver. 2, November, http://www.ebr360.com/Default.aspx.

European Commission Information Society Technology Programme (2003), The PRISM REPORT 2003, Research findings and policy recommendations.

FASB (2001), Statement of Financial Accounting Standards No. 141, *Business Combinations*.

FASB (2001a), Special Report, *Business and Financial Reporting, Challenges from the New Economy*.

FASB (2001b), Statement of Financial Accounting Standards No. 142, *Goodwill and Other Intangible Assets*.

Mavrinac, S and Siesfeld G. A. (1998), *Measures that Matter: An Exploratory Investigation of Investors' Information Needs and Value Priorities*, Ernst & Young Center for Business Innovation and OECD.

Sullivan, P. H. (2000), *Value-Driven Intellectual Capital, How to Convert Intangible Corporate Assets into Market Value*, Wiley.(森田松太郎監訳,水谷・一柳他訳(2002),『知的経営の真髄』東洋経済新報社)。

(石川 文子)

第8章
地球環境の変化と社会的責任会計

〈学習の視点〉

　最近，高まってきた企業の社会的責任であるが，わが国におけるその歴史は50年あまりを経ている。その歴史は大きくは公害問題から地球環境問題，そして企業の不祥事の続発に伴う企業倫理や法的遵守と地球環境問題とを包摂する社会的責任へと発展してきている。最初にその歴史を概括する。

　会計の機能を一言でいえば説明責任である。この説明責任の内容は歴史の中で変化してきている。つぎにわが国における企業の社会的責任の歴史的な変遷過程において，説明責任としての会計がどのようにかかわっていくのかを，財務諸表とは別の体系での展開を見ていく。これには1970年代の社会会計，1990年代以降の環境報告書，2000年代の環境会計，そして最近のCSR報告書といった発展過程がある。これらの発展過程について述べる。

　特に環境会計は企業の環境の取り組みの効果を測定・報告するものであり環境報告書の一部を構成している。わが国では環境省による「環境会計ガイドライン」が公表され，環境会計は世界的にも企業への導入が類をみないほど進んでいる。環境省の「環境会計ガイドライン」による環境会計の体系と企業の具体例についても見てみる。

　企業の社会的責任を市場原理を通して解決する一つの手段として社会的責任投資（SRI）がある。最後に，社会的責任とは何か，そしてわが国のその現状について考察する。

1. わが国における企業の社会的責任問題の推移

　企業の社会的責任（Corporate Social Responsibility：CSR）という言葉は，非常に多義的であり，その統一的な定義は存在しない。国あるいは地域など社会を形成する要素には，歴史・文化・宗教などがあり，それゆえ社会的責任の内容は，国や地域あるいは時代によっても異なる。さらには企業にはそれぞれの独自の企業文化が存在することから企業によっても異なる。またそれを論ずる者の考え方によっても異なるといえる。

　しかし，現在，企業の社会的責任として問われる具体的内容を見てみると，企業の倫理・コンプライアンス・環境への取り組み・労働および雇用問題・安全および衛生問題・社会貢献活動・人権問題および消費保護など多岐にわたっている。

　最近になって新聞紙上などで話題になる企業の社会的責任であるが，その歴史はすでに50年を経ており，わが国においても1960年代からかかる問題が扱われ［川村，2004］，その起源は，戦後の高度成長に伴う産業公害問題に対する批判から始まっている。当時，高度成長のひずみとして，水俣病，イタイイタイ病，四日市喘息などの産業公害が発生し，これに対する住民運動が活発化し，GNP至上主義に対する反省を求める声が高まり，たとえば，「くたばれGNP」などのキャンペーン活動が展開されるようになった。この時代には公害の元凶となる企業に対する直接的な社会問題として企業の社会的責任が起こっている。

　この後，1972年発足の田中内閣による「日本列島改造論」と，その翌年の第1次オイルショックの勃発に伴い，商社などによる土地の買い占めによる急激な地価高騰あるいは石油業界の買占め・便乗値上げ・売り惜しみの影響による物価高いわゆる狂乱物価が起き，商社や石油業界に対する利益至上主義への批判が起こり，反企業ムードが高まった。

　1980年代になると急激な円高の進行と企業の海外進出の進展により国際化の

時代が訪れた。この頃になると，地価高騰に伴うバブル景気による金余り現象が生じた一方で，ウサギ小屋と揶揄された住宅事情あるいは長時間労働，男女雇用の不平等などの「生活の質」に関する社会問題がクローズアップされた。これに対し，企業も社会構成員としての市民であるという企業市民（コーポレート・シチズンシップ）という考え方が導入され，企業はより良き市民としての社会貢献活動を盛んに行うようになった。いわゆるフィランソロピーやメセナ活動である。これにより企業の社会的責任論は下火となり一時的な衰退期を迎えることになる。

　1991年になると急激な地価の下落が始まりバブル景気は崩壊する。この崩壊の過程で，大手証券会社による大口投資家への損失補填・東芝機械のココム違反・建設業界の談合などの企業不祥事が露わになり，国内外からの企業不信を買うことになる。これに対し，旧経済団体連合会[1]は1991年9月に「経団連企業行動憲章」の制定を行い，社会的役割を果たす7原則を打ち立て，企業市民としての認識と社会的責任を明確化した。一方，1922年にリオで開催された地球サミットの開催を契機に地球環境問題が顕在化し，企業に環境負荷への配慮が強く求められるようになった。1996年には環境マネジメントシステムの国際規格であるISO14001が制定され，日本の企業は積極的にこの認証取得を行ってきている。

　2000年になると企業の社会的責任論は新たな局面を迎えることになる。欧米では社会的責任を果たしている企業に対し積極的に投資をしていくという，後述する社会的責任投資（Socially Responsible Investment：SRI）が定着化していく。これに伴い，投資対象銘柄選定のため欧米の調査機関からSRIアンケート調査が日本企業にも寄せられている。またわが国では環境に配慮する企業に対する投資として，わが国初のエコファンドが1999年8月に日興証券から発売され，2008年6月末現在までのところ，24本のSRI投資信託が発売されるまで発展している[2]。

　一方2000年以降は企業の不祥事が多発した時代でもある。とくに，2001年6月から7月にかけて発生した雪印乳業大阪工場製造の乳製品による集団食中毒

事件を皮切りに一連の企業不祥事が発生している。そのため企業の倫理・ガバナンス・コンプライアンス・リスク管理あるいは企業のアカウンタビリティー（説明責任）などが問われることとなった。法による対応もはかられ，具体的には商法の改訂に伴い会社法が制定され，コーポレート・ガバナンス（企業統治）に対する法制度の整備が行われた。また企業側も社会的責任への取り組みを積極的に展開する動きがあらわれ，日本経済団体連合会は『企業の社会的責任（CSR）推進にあたっての基本的考え方』を2004年2月17日付で発表している。2007年1月にニッセイ基礎研究所の行った調査（『ニッセイ景況アンケート調査』[3]）によれば，回答企業1,831社のうちCSRに何らかの取り組みをしている企業の割合は57.4％（うち熱心に取り組んでいる企業の割合は8.9％），さらに取り組みを検討している企業まで加えると84.6％となっており，企業におけるCSR活動は積極化している傾向にある。また同調査の結果によれば，その取り組みの上位3項目は，コンプライアンス（1位），環境への配慮（2位），地域社会への貢献（3位）となっている。

2．企業の社会的責任に対する会計からのアプローチの歴史

　前節では，日本における社会的責任問題の歴史的な流れを概括した。本節では企業の社会的責任問題の歴史の中で会計がどのようにかかわってきたのかを見てみよう。
　会計とは一言でいえば企業活動を説明するもの，すなわち会計は究極のところ説明責任（アカンタビリティー）を果たすために存在している。その内容は社会経済の歴史的変遷とともに変化してきている。従来，会計は財務諸表において企業活動を統一的に説明できる共通の尺度としての貨幣数値を中心に行われてきた。しかし1966年にアメリカ会計学会が『基礎的会計理論に関する報告書』[4]を発表し，会計を「情報の利用者が，事情に精通した上で，判断や意思決定を行うことができるように，経済的な情報を識別し，測定し，伝達するプロセスである。」と定義した。これは従来からの会計の定義を拡張するもので，

会計は情報の利用者にとって有用な情報を提供しなければならないものとしている。そのため情報の利用者（ステークホルダー）の範囲も時代によって変化・拡大すれば，その要求する情報も多種，多様化していく。裏返せば企業の説明責任（アカンタビリティー）も時代により変化し，拡張していくことになる。今日，この会計の定義は，わが国でも主流的なものとなっており，会計の対象領域も拡大傾向にあり，前節の企業の社会的責任問題について会計実務および会計研究の両面からの取り組みがなされてきている。

(1) 社会会計の台頭とその衰退（1970～1980年代）

　では企業の社会的責任問題の起源に立ち戻り，会計の側面からどのような取り組みがなされてきたかを見てみよう。ここでアメリカに目を向けてみると，1940年代には大気汚染による公害問題が発生し，さらに水質汚濁をはじめとする環境問題が起きている。そのため，1970年に米国環境保護庁が設立されている。環境問題に端を発した企業への批判は，消費者グループによる企業告発へ，さらに黒人問題，少数民族問題，都市問題，機会の不均等といったいわゆる「生活の質」としての問題へと発展していった。これら問題はすべて企業の責務としての問題であるか否かの疑義もあった。しかし，米国企業はこれらの社会問題は企業の社会的責任であるとの認識のもとに解決の途を模索した。その結果，社会問題の解決を要求する企業外部者に対して企業内部の経営行動を明らかにし，説明し，さらに立証するという新たな方法，いわゆる米国における新しい社会監査[5]が誕生し，その理論的根拠，技術的問題に関する多数の研究を生み出した。そして社会監査の研究は社会会計（social accounting）の名称で整理されることになる。社会会計は企業の社会的責任（社会的業績をも含む）を測定対象とするため，わが国では社会責任会計（あるいは社会業績会計）とも称されている。

　企業の社会的責任および社会的業績を測定した情報は，伝統的な会計のフレームワークのもとでは取引概念として認識されないため財務諸表には記載されない。これらの情報は社会報告として別途の報告書[6]として開示が行われてい

る。1972年には，フォーチュン500社[7]のうち社会的責任に関する情報を報告している企業の数は340社に上っている。

1980年代に入ると既述したように企業市民という考え方が導入され，企業のフィランソロピーやメセナ活動は盛んになったものの，1978年のイラン革命に端を発した第2次オイルショックの勃発とともに利益追求が企業の至上命令となり，マーケットメカニズム重視となり，社会会計はいつしか忘れ去られることになった。

(2) 地球環境問題の高揚と企業の環境情報の開示（1990年代）

社会会計の対象領域のなかで脈々と生きつづけてきたものが地球環境問題であり，1992年にブラジルのリオデジャネイロで開催された地球サミット（正式には「環境と開発に関する国際連合会議」という）を契機に地球環境問題に対する認識は世界的に高まることになる。産業界からは地球環境問題の対応に対し環境経営に対するマネジメントシステムが提案され，その後，国際標準化機構 (International Organization for Standardization：ISO) によって環境マネジメントシステムはISO14000シリーズとして規格化され，その中でISO14001規格が第三者機関による審査登録制度として発足することになる。ISO14000シリーズの規格化に先立ちEC（現EU）では，すでに1993年7月に環境方針の作成・環境管理システムの導入・環境監査の実施・公認環境検証人の承認を受けた環境声明書の公表などからなるEC域内制度としての環境管理制度であるEMAS (Eco-Management and Audit Scheme) が法律制度として制定され，1995年4月から運用を開始しており，ISO14000シリーズの制定を促進する起爆剤となった。

EMASはEU域内の事業体に適用される制度であるが，わが国の電機業界はEUへの製品輸出をしており，これら製品を輸出する企業にもEMASの適用がされるのではという危惧とISO14000シリーズの前の1994年にすでに規格化されていたISO9000シリーズ（品質マネジメント規格）への対応が遅れ国際的な競争で不利に立たされた苦い経験から積極的にISO14001の認証を取得した[8]。わ

が国のその認証取得件数は制度の発足以来世界第1位を保持している。

　ISO14001の認証取得企業が増えるとともに，環境報告書の作成・開示を行う企業が出始めた。環境報告書の作成は法的制度によるものでなく企業等が任意に作成するものである。環境報告書は，「事業者が事業活動における環境負荷及び環境配慮等の取組状況に関する説明責任を果たし，ステークホルダーの判断に影響を与える有用な情報を提供するとともに，環境コミュニケーションを促進するためにもの」である［『環境省環境報告ガイドライン2007年度版』］。会計の機能には企業のステークホルダーに対して企業活動の説明をする責任がある。ステークホルダーの環境意識の高まりは，企業に対する環境配慮への取り組みに対する説明（環境情報の開示）を次第に求めるようになった。そのコミュニケーションのツールが財務諸表以外の報告書としての環境報告書であり，企業がその作成・開示する傾向へと次第に進んで来ている。

　たとえば，環境省は平成8年（1996年）より企業の環境配慮に対する取り組みの実態を継続的に把握するために，上場企業および非上場企業を対象に『環境にやさしい企業行動調査』[9]を実施している。この調査結果によると環境に関する情報を公開している企業の割合は，平成10年（1998年）が35.7％（一般の人への公開21.9％，一部の人への公開13.8％），平成11年（1999年）が40.9％（一般の人への公開27.7％，一部の人への公開13.2％）そして平成12年（2000年）が51％（一般の人への公開38.9％，一部の人への公開12.1％）となっており，着実に増加傾向にあること分かる。

　また情報公開の方法は，平成12年度の調査結果によれば，「環境報告書等」によるものが上場企業45.9％，非上場企業33.7％，「環境パンフレット・小冊子」によるものが上場企業33.5％，非上場企業35.6％，「会社案内等の一部」によるものが上場企業37.5％，非上場企業27.2％，「インターネット」によるものが上場企業70.5％，非上場企業40.2％であり，「環境報告書等」と「インターネット」による情報公開が主流となっている。なお，有価証券報告書における環境関連情報の公開について，非上場企業では平成10年度から平成12年度まで2.6％程度とほとんど変化していないが，上場企業では平成10年に18.1％であっ

たものが平成12年には20.4%とわずかではあるが増加していることも特徴的である。なお，同調査では平成12年以前は「環境に関する情報の公開について」という項目で調査が行われており，「環境報告書」という調査項目が使用されるようになるのは，環境省の『環境報告書ガイドライン』[10]が公表された前年の平成12年度調査からである。

平成12年度の同調査報告書によれば環境に関する公開情報の内容は以下となっている（複数回答）。

図表8-1 環境に関する公表情報の内容とその割合

環境に関する公開情報の内容	上場企業	非上場企業
環境に関する経営方針	89.8（%）	84.0（%）
事業活動に伴う環境負荷	46.2（%）	33.3（%）
化学物質の使用量	25.8（%）	21.4（%）
法規ないし化学物質排出量	12.4（%）	8.0（%）
環境に関する目標	64.8（%）	55.1（%）
環境に関する行動計画	54.3（%）	42.8（%）
環境に関する取組の状況	67.7（%）	51.4（%）
環境会計	27.0（%）	16.0（%）
環境監査等の結果	15.7（%）	13.6（%）
事故・苦情等の状況	19.2（%）	10.6（%）
その他	9.2（%）	6.7（%）

出所：環境省『環境にやさしい企業行動調査結果（平成12年度）』。

(3) 環境会計の確立と環境報告書からCSRリポートへの発展（2000年代～）

①　わが国における環境会計の確立

2000年代はわが国における環境会計の手法が確立された時代でもある。『環境にやさしい企業行動調査 平成11年』（1999年）において，環境保全コスト（投資額・経費）の把握状況に関する調査が実施された。この調査結果によれば何らかの形で環境保全コストを決算時に他のコストと区分して集計している企業の割合は，上場企業においては24.7%，非上場企業等においては16.6%とな

っている。しかし集計にあたっては，環境保全コストの定義や範囲が明確でないこと，どの科目をどのように集計すべきか，また現行会計システムでの未対応などの問題点が回答企業から指摘されていた。

一方，環境省は1999年3月に『環境保全コストの把握及び公表に関するガイドライン（中間と取りまとめ）』を公表し，平成11年の先の調査で，このガイドラインに対する関心度とガイドラインの必要性を調査している。その結果，回答企業の6割以上がその必要性があるとの回答をしている。これを受け，環境省は平成11年6月に「環境会計に関する企業実務研究会」を発足させ，50有余の企業メンバーからなる実務関係者との全8回の意見交換の実施や日本公認会計士協会の専門部会との全7回に及ぶ共同研究会での意見交換などを踏まえ，同年11月「環境会計システムの確立に関する検討会」を発足させ，先のガイドラインの見直しを図っている。そして2000年5月に『環境会計システムの確立に向けて（2000年報告）』[11]を公表し，わが国における環境会計の共通の枠組みに対する提供を行った。この報告が「2000年報告」と銘打っているのは環境会計の今後の発展を踏まえ改訂されていくことを予定したからである。この公表により，わが国の企業における環境会計の導入は諸外国と比べ進展を果たすことになった[12]。前年の平成11年度は，日本における「環境会計元年」といわれている。

その後，平成13年3月には，環境会計には外部のステークホルダーへの情報提供としての外部機能と企業の内部における経営管理に対する情報提供としての内部機能があることを踏まえ，経営管理への活用に焦点を当てた『環境会計ガイドブックⅡ～経営管理への更なる活用に向けた内部機能の検討～』の公表を，また2001年10月には「環境会計ガイドライン改訂検討会」を設置し，検討の結果，環境会計における情報を環境報告書の一部として位置づけ外部機能をより明確化するとともに，環境保全コストの内容の精緻化と実務への利便性を図るべく工夫を，さらに環境保全効果の算定方法の新たな考え方の提示と環境保全対策に伴う経済的効果の概念整理を行い体系化した。これにより2002年3月に『環境会計ガイドライン2002年版』を公表している。

さらに，2002年版以降に有識者と環境会計先進企業の実務家からなる「環境会計研究会」を設置し，環境会計の課題の整理と将来の改訂に向けての検討を行い，2004年6月に「環境会計の現状と課題」の取りまとめ，また2004年9月には「環境会計ガイドライン改訂検討会」設置し，その検討の結果，現時点での最新版であるガイドラインの2005年版[13]を公表した。

「環境にやさしい企業行動」の平成18年度版の調査結果によると，環境会計導入企業数およびその割合の推移（2001年から2006年まで）は以下となっている。ここ数年は伸びが鈍化しており，上場企業にあってはほぼ横ばい状況である。

図表8-2　環境会計の導入企業の推移

年度		2001年	2002年	2003年	2004年	2005年	2006年
上場	件数	298	335	393	416	455	453
	%	23.1	26.8	31.8	36.9	37.5	39.8
非上場	件数	193	218	268	296	335	396
	%	12.0	13.3	17.2	21.2	22.7	22.4
合計	件数	491	573	661	712	790	819
	%	16.9	19.3	23.6	28.2	29.4	29.5
回答企業数（社）		2,898	2,967	2,795	2,524	2,691	2,774

出所：環境省『環境にやさしい企業行動調査結果（平成18年度）』。

② 環境報告書からCSRレポートへの発展

環境会計ガイドラインの要求する環境会計の内容については後述することにし，ここで環境報告書の公表について2000年以降の発展状況を見てみよう。既述したように2000年3月に，環境省は環境報告書のガイドラインを公表している。この背景には，一部大手の先進企業などが環境マネジメントシステム，環境パフォーマンス[14]，環境会計などの環境への取り組み状況に関する情報を取りまとめ「環境報告書」として冊子やウェブ上で公表するようになったこと，企業にとって環境報告書によりステークホルダーとの環境コミュニケーションを図ることの重要性が高まってきたこと，そして環境コミュニケーションはステークホルダーが企業の環境への取り組みに対する適切な評価をする上では必

要不可欠な情報となったことなどを挙げることができる。

　しかしながら，21世紀初頭においては，一部先進的な企業を除いては「環境報告書」の作成・公表は緒についたばかりであった。「環境にやさしい企業行動調査」平成14年度版によれば，環境報告書を作成している企業は，2001年（平成13年）には上場企業では386件（29.9％），非上場企業では193件（12.0％），2002年（平成14年）には上場企業では450件（34.0％），非上場企業では200件（12.2％）であり，合計では2割程度の企業が作成しているのみである。

　環境省は，環境報告書の重要性を鑑み，普及を図るためには，作成のための原則や記載項目についてのガイドラインを策定する必要性があると考え，1997年6月にはすでに『環境報告書作成ガイドライン～よくわかる環境報告書の作り方』を策定していた。しかし，環境報告書の公表企業の増加と内容における進展や，環境報告書に記載されている環境パフォーマンスの第三者評価を実施する先進的企業が出現してきたこと，あるいは海外の環境報告書のガイドラインが作成されるなど，環境報告書の量および質の両面で変化が起きてきたことを踏まえ，2000年9月に「環境報告書ガイドライン改訂検討会」を設置し，先のガイドラインの改定を行った。この検討の結果，『環境報告書ガイドライン（2000年度版）～環境報告書作成のための手引き～』を平成13年2月に公表している。その後，環境省は2002年3月には既述した「環境会計ガイドラインの2002年版」と平成15年における「環境パフォーマンス指標の2002年版」の策定を行い，更なる環境報告書の促進・普及を図っている。

　一方，海外では国際的なサステナビリティ報告（持続可能性報告）を作成している非営利団体であるGRI（Global Reporting Initiative）が，2000年に『GRIガイドライン2000』を，さらに2002年にはそれを改訂した『GRIガイドライン2002』を公表している。GRIは，開示情報の範囲を環境問題だけに限定せず，企業には根底として経済・環境・社会の3つの側面（これをトリプルボトムラインという）に対する説明責任があり，これらの開示情報である「サステナビリティ報告書」の提唱を行った。

　このような国内外の取り組みの進展を踏まえ，環境省は『環境報告書ガイド

ライン（2003年版）』を2004年3月に公表した。2003年度版は，二部構成となっており，第1部では「環境報告書とはなにか」と題し，環境報告書の定義，環境報告書の基本機能，環境報告書の一般原則を掲げ，「環境報告書」の性格を明確にしている。

　ここでは，環境報告書はつぎのように定義されている。「環境報告書とは，その名称並びに公表媒体に関わらず，事業者が環境コミュニケーションを促進し，事業活動における環境配慮の取組状況に関する説明責任を果たすとともに，利害関係者の意思決定に有用な情報を提供するためのものです。

　環境報告書は，事業活動における環境配慮の方針，目標，取組内容・実績及びそのための組織体制・システム等，自らの事業活動に伴う環境負荷の状況及び事業活動における環境配慮の取組状況を，環境報告書の一般的報告原則に則り総合的・体系的にとりまとめ，これを広く社会に対して定期的に公表・報告するものをいいます。［環境報告書ガイドライン，2003年度版，5頁］」

　この定義では，「その名称……に関わらず」と記述している。企業の中には当時すでに開示情報の範囲を社会・経済分野にまで広めた「持続可能性報告書」（または「サステナビリティ報告書」）あるいは社会・環境分野の「社会環境報告書」（または「CSRレポート」）を発行していたため，ガイドラインはこれらを含め包括的に「環境報告書」と定義している。

　また，社会的責任投資（SRI）の取り組みが進むにつれ，環境報告書はステークホルダーが環境配慮型の企業を選定する上での有益な情報となってきている。そのためには環境報告書は「ステークホルダーの意思決定に有用な情報を提供するための機能」を果たすために必要不可欠な要件として，ガイドラインは会計情報の要件と同様，5つの一般原則を掲げている。すなわち目的適合性（環境負荷の状況と環境配慮の取組状況についての判断をする上で有用な情報を，適切なタイミングで提供する），信頼性（信頼できる情報を提供すること。信頼できる情報であるためには，正確性・実質性・網羅性・中立性の要件を備えていなければならない），理解容易性（ステークホルダーをミスリードしないように，必要な情報を理解容易な表現で明瞭に提供する），比較容易性（同一企業の各期間を通じて

比較可能であると同時に，一定の範囲内で企業間における比較可能な情報を提供する）および検証可能性（記載された情報の算定方法・集計範囲が明記されており，客観的にこれらを検証することができる）である。

　2004年6月には「環境配慮促進法」（「環境情報の提供の促進等による特定事業者等の環境に配慮した事業活動の促進に関する法律」平成16年法律第77号）が成立している。この法律は事業活動による環境保全の配慮の適切性を確保するために環境報告書の作成・公表を求めることを目的として制定された。環境報告書の普及を図る観点から率先して環境報告書の作成・公表のモデルを特定事業者（国立大学法人や独立行政法人）とし，環境報告書の作成・公表を義務付けた。また，国および地方公共団体については環境報告書を作成・公表することに努力するよう定めている。

　「環境配慮促進法」は，民間企業に対しては適用されないが，2003年以降，環境報告書を自主的に公表する企業は着実に増えている。「環境にやさしい企業行動調査」平成18年度版によれば，2006年には環境報告書（ガイドラインのいう「環境報告書」であり「社会・経済報告書」などを含む）を作成・公表している企業数は1,049件（上場企業590件，非上場459件）となっており，上場企業にあっては73.2％もの企業が作成・公表している。2001年から2006年までの環境報告書を作成・公表している企業数の推移は以下となっている。

図表8-3　企業等の環境報告書の作成・公表の推移（2001年〜2006年）

年度		2001年	2002年	2003年	2004年	2005年	2006年
上場	件数	386	450	478	510	570	590
	％	29.9	34.0	38.7	45.3	47.0	73.2
非上場	件数	193	200	265	291	363	459
	％	12.0	12.2	17.0	20.8	24.6	54.8
合計	件数	579	650	743	801	933	1,049
	％	20.0	21.9	26.6	31.7	34.7	63.8
回答企業数（社）		2,898	2,967	2,795	2,524	2,691	2,774

出所：環境省『環境にやさしい企業行動調査結果（平成18年度）』。

また，2004年には中小企業向けの制度として「エコアクション21認証・登録制度」が2004年度よりスタートしている。この制度は，環境省が2004年に策定した『エコアクション21環境経営システム・環境レポートガイドライン2004年版』に基づき，広範な中小企業，学校，公共機関を対象にした，第三者による認証・登録制度である。2008年9月現在2,867件の中小企業等がその認証・登録をしている。「エコアクション21」は，ISO14001の簡易版ともいわれるが，その特徴は環境パフォーマンス[15]に関する環境活動レポートの公表をも義務づけることにある。したがってこの制度における中小企業等の環境報告書まで含めると環境報告書の作成・公表をしている企業数は相当数にのぼるといえる。

数の増加にとどまらず，前述したように最近では環境のみならず社会・経済的側面まで含めた情報へと開示情報が拡大してきている。2004年以降，ガイドラインのいう環境報告書を作成している企業のうちこれらの情報を開示している企業は以下の図表8-4となっている。

図表8-4　社会・経済的側面の開示状況
（2004年～2006年）

	年度	2004年	2005年	2006年
上場	件数	282	375	416
	％	55.3	65.8	70.5
非上場	件数	117	210	273
	％	40.2	57.9	59.5
合計	件数	399	585	689
	％	49.8	62.7	65.7
回答企業数（社）		801	933	1,049

出所：環境省『環境にやさしい企業行動調査結果（平成18年度）』。

これらの開示内容は自主的であり環境省の「環境報告書ガイドライン」や「GRIガイドライン」はあるものの，法による強制力がないため統一性に欠けるという限界もある。

そのため企業の公表する報告書の内容も個々の企業の特性，取り組み状況あ

るいは創意工夫により異なり，最近では企業の倫理・コンプライアンス・環境への取り組み・労働および雇用問題・安全および衛生問題・社会貢献活動・人権問題および消費者保護などの社会的情報に拡大したものとなってきている。これらは「社会・環境報告書」，「社会責任レポート」，「CSRレポート」，「CSRアニュアル・レポート」，「サステナビリティ・レポート」，「企業の公器性報告書」などの名称で企業ごとに社会的責任へのその取り組に応じた報告書として公表されている。

3．環境省『環境会計ガイドライン』による環境会計の体系

環境会計は企業の環境への取り組みについてその効率性を測定する手法であり，本来は企業の経営管理手法として生まれたものである。費用対効果で測定するその手法が損益計算書に類似することから会計の名称が付されている。環境会計には外部環境会計と内部環境会計があることはすでに述べた。ここでは環境報告書に記載される外部環境会計について環境省の『環境会計ガイドライン2005年版』によってその枠組みを見てみよう。

環境会計は以下の3つの構成要素からなる。

図表8-5　環境会計の構成要素

構成要素	内　　容	測　定
環境保全コスト	環境保全目的での投資額と費用額	貨幣額
環境保全効果	環境保全活動によって環境への影響を防止，抑制，回避した効果（例　CO_2の負荷の低減）	物量単位（例　CO_2：t）
環境保全対策に伴う経済効果	環境保全活動の結果生じる企業の利益②貢献した効果（収益に貢献する効果と費用の削減に対する効果）	貨幣額

出所：環境省『環境会計ガイドライン2005年度版』から作成。

(1) 環境保全コストの分類

ガイドラインは，環境保全コストを事業活動に応じた6つのコストに分類・

集計している（そのための公表用フォーマットが用意されている）。

　事業内エリアコストとはサイト内（工場，営業所，事務所のように環境影響を直接管理できる領域）における環境保全コストで，さらに公害防止コスト，地球環境保全コストおよび資源循環コストの3つに細分されている。

　上流・下流コストにおける，上流・下流は企業のサイトの上流（調達する原材料・資材の産出・生産にかかわる領域），下流（企業が提供した財やサービスの使用・処分にかかわる領域）をいう。

　管理活動コストにおける管理活動とは，環境経営に対するシステムの構築・整備・運用，環境報告書など環境情報の開示など，環境負荷の削減にかかわる間接的な活動をいう。

　研究開発コストにおける研究開発とは製造プロセスでの環境負荷低減のための研究開発や環境配慮型製品などの設計・開発をいう。

　社会的活動コストにおける社会活動とは，環境にかかわる地域貢献活動をいう。

図表8-6　環境保全コストの分類と内容

環境保全コストの分類		内　　　容
事業内エリアコスト	公害防止コスト	大気汚染防止，水質汚濁防止，土壌汚染防止など
	地球環境保全コスト	地球温暖化防止，オゾン層保護など
	資源循環コスト	廃棄物のリサイクル・処理など
川流および川流コスト		グリーン購入による差額コスト，販売した製品などの使用後の処分にかかわるコストなど
管理活動コスト		環境マネジメントシステムの構築・運用，環境負荷低減のための監視，環境情報の開示など
研究開発コスト		製造過程における環境負荷低減の研究開発，環境配慮型製品等の設計・開発など
社会活動コスト		緑化・美化，自然保護活動などおよび環境保護団体への寄付および資金援助活動など
環境損傷対応コスト		水質・土壌汚染などの修復や環境保全に関する損害賠償，環境の損傷に対する引当金・保険料など

出所：環境省『環境会計ガイドライン2005年度版』から作成。

図表 8-7　ヤマハ株式会社の環境コスト（2007年度）

環境コスト　　　　　　　　　　　　　　　　　　　　　　　　　　（単位：百万円）

		内容	設備投資※1	費用※2
事業エリア内コスト	公害防止コスト	大気，水質，土壌汚染防止など	119.0	678.7
	地球環境保全コスト	温暖化防止，オゾン層破壊防止など	273.5	99.8
	資源循環コスト	廃棄物再資源化，省資源，節水など	29.9	801.0
上・下流コスト		製品リサイクル，物流改善など	0.0	122.6
管理活動コスト		環境教育，ISO14001，構内緑化など	17.5	536.5
研究開発コスト		環境配慮製品，仕様開発など	−	278.1
社会活動コスト		社会貢献など	0.0	35.5
環境損傷コスト		地下水の浄化，SOx賦課金など	0.0	13.7
計			439.9 （−366.3）	2,565.9 （−193.8）

（　）は前年度比

※1　設備投資：環境保全を目的とした設備投資額です。個々の設備の購入額に，当該設備の購入目的のうち「環境保全」が占める度合いによって設定された按分比（0.1，0.5，1）を乗じて算出しました。

※2　費用：環境保全活動に費やした人件費および経費です。人件費は，環境保全活動に充てた業務時間を各部門の管理者が推計し，各社共通で定めた人件費物価を乗じて算出しました。経費は，投資と同様に外部への支払い額に按分比（0.1，0.5，1）を乗じて計算しました。減価償却費は含んでいません。

出所：ヤマハ株式会社『CSRレポート2008』。

　環境損傷対応コストにおける環境対応とは，企業の環境汚染の修復や賠償などへの対応をいう。
　例示として2007年度のヤマハ株式会社の環境コストを示しておく（図表8-7）。

(2) 環境保全効果の分類

　環境保全効果は基準期間（原則として前期）と当期との差として算定される。測定対象となる環境パフォーマンスを物量単位によって測定し，この差を環境

保全効果として認識する。環境パフォーマンスは，事業活動へ投入する資源にかかわるもの（エネルギーの投入量，原材料の投入量，水資源の投入量など），事業活動から排出する環境負荷および廃棄物にかかわるもの（温室効果ガスの排出量，化学物質・廃棄物の排出量など），財やサービスに関するもの（製品を使用する際のエネルギー使用量・温室効果ガスなど環境負荷の排出量など）およびその他（輸送時の環境負荷物質の排出量，騒音，振動など）に分類され，それぞれ適切な物量単位（エネルギーについてはジュール（J），購入原材料についてはトン（t），水資源については立法メートル（m^3），温室効果ガスの排出量についてはカーボントン（t-CO2））で測定される。

以下はヤマハ株式会社の環境保全効果の例である。

図表8-8　ヤマハ株式会社の環境保全効果（2007年度）

環境保全効果

内容	単位	2006年度	2007年度	削減量
CO_2排出量	万t-CO_2	10.64	9.98	0.67
温室効果ガス排出量	万t-CO_2	1.6	1.3	0.3
水使用量	万m^3	242	215	27
廃棄物最終埋立処分量	t	55	13	42
化学物質[※4]排出量	t	135	139	− 4
代替フロンガス排出量	t	0.0	0.0	0.0

マイナス（−）は増加を表す

※4　化学物質：PRTR法対象物質のうち，ヤマハグループが使用している化学物質を指します。

出所：ヤマハ株式会社『CSRレポート2008』。

(3) 環境保全対策に伴う経済効果の分類

環境保全対策に伴う経済効果（収益の実現と経費の節減）は，確実な根拠に基づいて算定される経済効果である実質的効果と仮定的な計算に基づいて推計される経済効果である推定効果に分類される。

実質的効果とは，その効果が確実な根拠に基づいて計算されるもので，収益にあっては金属の切削屑などの有価物をリサイクル品として売却したときの収

益などであり，費用にあっては省エネに取り組んだ結果による電力料・ガソリン使用料の節減，省資源化による原材料購入費用の節減などをあげることができる。

以下はヤマハ株式会社の経済的効果である。

図表8-9　ヤマハ株式会社の経済的効果（2007年度）

経済効果　　　　　　　　　　　　　　（単位：百万円）

内容	2006年度	2007年度	節約金額
節約金額合計			−37
光熱費	3,241	3,307	−66
水道料金	29	27	2
下水道料金	40	39	1
廃棄物処分費用	466	440	26

出所：ヤマハ株式会社『CSRレポート2008』。

推定的な効果とは，その効果が推定的な計算に基づいて計算されるもので，収益にあっては環境配慮型製品の開発による収益への貢献，環境企業としてのブランドイメージの効果あるいは先端技術導入による社会的便益（例：大阪ガスはガス管の埋設時の掘削技術の開発により残土の大阪湾への埋め立てを回避できたことによる環境影響の経済的便益[16]を「環境保全による社会的効果の金額換算」として掲げている），費用にあっては環境リスクの低減によって損害賠償あるいは汚染修復費用の回避（例：IBMの環境会計には「スーパーファンドおよび事業所の浄化費用の節約」の項目があり，保険の節約，漏洩浄化費用の回避，法規制準拠費用の回避が計上されている）などをあげることができる。

以下では，仮定的な計算の先行的な事例としてIBMと大阪ガスの事例を掲げておく（図表8-10，8-11）。

「環境会計ガイドライン」が提示している環境会計は，企業の設備投資と費用のうち環境保全にかかわる部分をコスト認識・測定し（したがって設備投資額や費用でも通常の機能に関する部分と環境保全にかかわるものを併せもつ複合的

図表8-10　IBMにおける環境対策による費用の節約

2006年のIBM全体の環境対策による費用の節約（単位：百万ドル）

事業所の汚染防止活動	43.5
環境管理費の節約*	4.1
包装の改善	12.9
環境に配慮した原材料の利用	3.2
省エネルギーとエネルギー・コストの回避	18.5
スーパーファンドおよび事業所の浄化費用の節約	2.4
保険の節約**	15.0
漏洩浄化費用の回避***	1.4
法規制準拠費用の回避***	96.0
合　　計	197.0

*　外部のコンサルタントやツールを利用した場合と比較して，社内の専門スタッフやツールを活用したことによる節約または費用回避。

**　環境汚染賠償保険の代わりに資源保護回復法（RCRA）の金融保証を用いたことによる節約。

***　これらの節約額は仮定に基づいて算出した値。漏洩浄化費用の回避額は，浄化費用についてのIBMの実際の経験を基に算出。法規制準拠費用の回避額には，回避された罰金，弁護士費用，および事業の中断も考慮に入れた。罰金と弁護士費用は，2005年の米国環境保護庁（U.S.EPA）の分析を基に算出。事業の中断は工場の操業停止による潜在的な影響を基に算定。

出所：IBMの『環境プログレス・リポート2008』。

図表8-11　大阪ガスにおける「環境保全による社会的効果の金額換算」の事例

（環境保全による社会的効果の金額換算）

	社会的効果（百万円）	
	2006	2007
NOx（製造所）	10	9
COD（製造所）	14	14
CO_2（製造所）	131	73
CO_2（事務所等）	122	130
残土最終処分量	1,792	1,830
一般廃棄物処分量	3	4
産業廃棄物処分量	151	156
合　　計	2,224	2,215

環境負荷発生の抑制による社会的効果を金額換算。残土最終処分量についてCVM（環境保全に対する住民の支払い意志額を調査し，保全価値を金額換算する方法）により算出した原単位を用い，それに抑制量を乗じた額を環境保全効果額として算定。他の環境負荷についても内外の環境損害コスト等の研究事例をもとに環境価値金額に相当する原単位を選定し，それぞれの負荷についての当社の抑制量を乗じて環境保全効果額を算定。

出所：大阪ガス『CSR REPORT 大阪ガスグループCSRレポート2008』。

コストは環境保全にかかわる部分だけを分離する），これに対応する物質的環境負荷項目の削減を環境保全効果として第1次的に捉え，その中で費用節約として算定できるものを第2次的に環境保全対策に伴う経済効果として把握する方式となっている。

4．現代における社会的責任投資と企業評価

(1) 社会的責任投資の意義

　社会責任投資（Socially Responsibility Investment：SRI）は文字通りに解釈すれば企業の社会的責任（CSR）を評価して投資を行うことであるが，国際的に確定した定義はない。その萌芽的なものは欧米のネガティブ・スクリーンにもとめることができる。いずれの国でも宗教には寄付が寄せられるが，キリスト教会にあっても例外ではなく多額の資金が集まる。この資金の運用をめぐりキリスト教の教えに反する産業，すなわち酒・タバコ・兵器産業などには投資の際に除外するのがネガティブ・スクリーンである。今でもこのキリスト教の教義によるネガティブ・スクリーンは存在[17]するが，現代における社会的責任投資は宗教的・倫理的あるいは社会運動的な理由によるネガティブな側面よりもむしろ企業業績を踏まえた上での社会環境的パフォーマンスの向上を企業に求めていくというポジティブな側面をもつものに変化している。

　社会的責任投資が活発化してきたのは，企業の社会的責任（CSR）問題が高まり，この解決策の一つの手段として社会的責任投資が有効であることの認識が高まったからである。特に2006年に国連アナン事務総長（当時）が発表した「責任投資原則」[18]がその後の社会的責任投資に大きく影響を及ぼしている。

　現代における社会的責任投資の形態は多様であるが，一般的には，ソーシャル・スクリーニング，株主行動およびコミュニティ投資の3つに類型化されている。

　ソーシャル・スクリーニングとは，投資家が企業投資をする際，財務情報のような経済的側面のみならず事業活動のプロセスにおける環境や社会にかかわ

る側面（いわゆる社会環境パフォーマンス）も評価して投資先を決定することをいう。言い換えれば財務指標とソーシャル・スクリーニング指標（環境や社会などの社会的責任に対する指標）とを組み合わせ総合的に企業を評価し，投資する銘柄を決定する投資のことである。ネガティブ・スクリーンとの違いは社会的責任を果たしている企業を積極的に投資銘柄に組み込むことである。そのため投資銘柄を選定するための基準が必要になり，運用会社によるその開発が行われている。

　株主行動とは，株主による企業の社会的責任の実績の向上を要求する行動をいう。今日では，消費者団体・労働者団体・人権団体あるいはこれらが母体なって設立されたNGO・NPO・年金基金および財団なども株式投資を行い企業のステークホルダーとなっている。これらステークホルダーは自らの行動原理として企業の社会的責任に関心をもつものがあり，株主の立場から企業経営を監視し，企業の社会的責任を向上させるため，経営陣との対話を実施するとか，株主提案あるいは議決権行使することがある。具体的には取締役などの選任などの決議にかかわる企業統治（コーポレート・ガバナンス）の問題，企業の環境取り組みや法令遵守（コンプライアンス）の問題などに対して経営改善を要求し，経営陣との対話や株主提案を行なう，あるいは議決権行使や株主代表訴訟によって対決する場合などがある。

　コミュニティ投資は，ソーシャル・インベストメントあるいはソーシャル・ファイナンスと称されるもので，地域開発投資，社会開発投資，社会的責任ある公共投資に分類される。地域開発投資とは，アメリカでのインナーシティ（大都市内部に位置する交流が隔絶された低所得者が密集する住宅地域）における低所得者や少数民族などを対象とした住宅供給やベンチャー支援活動で，銀行・信用組合・基金などの形態で支援が行われものをいう。

　社会開発投資とは，自然エネルギーの開発やフェアー・トレイド（公正な取引を推進する社会運動で，農産物をはじめとする様々な商品が対象となっている）などの社会事業団体に対する融資や投資などをいう。これも銀行・信用組合・基金の形態をとって行われる。

社会的責任ある公共投資とは，政府・地方自治体が公共投資を行う際に環境や社会面で配慮を組み入れることや公共事業の入札参加企業の選定に環境や社会面での取り組みを評価することをいう。前者にはアメリカのカルフォルニア州の公共投資などの例が，また後者にはわが国の東京都千代田区の入札参加における審査基準（障害者，高齢者の雇用実績，ISOの認証取得，男女共同参画への貢献度などの基準）などがある。

　最近の欧米の特徴としては社会的責任投資（SRI）のSがsocially（社会的）からsustainability（持続可能性）に変化してきており，SRIは投資家のもつ価値観（経済・環境・社会といった側面に対する投資家自身がもつ価値観）の実現手段としてのSRI（Socially Responsibility Investment）から社会の持続可能性の追求と企業の包括的な価値を評価するSRI（Sustainability and Responsibility Investment）と変化して来ているといわれている［川口，2007］。

(2) 日本における社会的責任投資

　わが国では，宗教的倫理や社会的問題のもとで投資選択をするといった考え方は，従前は存在せず，わが国の金融業界も欧米の特殊事情との認識で，社会的責任投資については前向きではなかった。しかし1999年8月に日興アセットマネジメントが「日興エコファンド」という環境に配慮した企業に投資を行うコンセプトでの公募投資信託を発行した。これを機に少しずつ環境型の投資信託が生まれてきている。2005年から2006年にかけ，ようやくわが国でも社会的責任投資への素地が出来上がりつつあり，その兆しが次第に現れ始めている。事実，SRI投資信託の運用総額は欧米の比ではないが，2003年に700億円程度であったものが，2006年3月には3.7倍の2,600億円に，2007年3月末で4,000億円弱に成長してきてはいるものの現状では横ばい気味である。

　一方，環境省は2006年4月から7月にかけ「環境と金融に関する懇談会」を開催し，社会的責任投資の現状分析を行い，その取り組みに向けての施策を『環境等に配慮した「お金」の流れに向けて』（2006年7月）という報告書を公表している。その中で「投資や融資に際して財務上のリスクと収益のみならず

環境など社会的価値も考慮するようにしていくことによって，お金の流れを環境など社会に配慮されたものに変えていくことができ，このことが経済社会を大きく変えていく鍵になると考えることができる。」(環境と金融に関する懇談会，平成18年）とし，その促進のための取り組むべき課題，すなわち企業・事業者，金融機関，機関投資家，個人投資家・預金者，行政の果たすべき役割を提唱している。

わが国のSRIは，個人投資家による公募型投資信託[19]が中心であり，SRI市場は個人投資家によって支えられている。年金基金における機関投資家が中心の欧米とその点で異なる。今後も個人投資家の投資の呼び込みとその普及と機関投資家を含めたSRI投資信託の増加をはかることが求められる。またわが国の年金基金の機関投資家の社会的責任投資が進展しない理由には，運用側の受託責任について，収益性や株主価値の増大化に重点を置く考え方と社会的責任投資の重点を置く考え方が相反するのでは，という懸念材料があるためだといわれている［環境と金融に関する懇談会，2006年]。この点で，環境・社会・ガバナンス（ESG）を投資判断に組み入れることが機関投資家にとって法律違反と信ずることは誤りで，逆にESGを投資判断において考慮しないことが機関投資家にとって法律違反であると主張する傾向にある欧米との違いがある。しかし，一方わが国におけるSRI投資信託の運用会社は社会的責任と収益性は両立するという考え方に立ち運用を行っていることが想定される。

(3) SRIと企業評価

SRIは収益性と環境・社会・ガバナンス（ESG）の組み合わせによって投資先の選定を行うことになる。すなわち財務分析とESGの両側面から業種ごとに高い評価の企業に投資決定される。いわゆる環境格付けや社会的責任を織り込んだ企業の格付けである。格付けをする場合，既述したCSR報告書あるいはその一部である環境会計の開示が必要であるとともに，ESGの各項目についてその重要度（マテリアリティ）をどのように組み込んでいくかが鍵である。例えば，環境における項目には，環境方針・環境マネジメント規格の認証・環境数

値，パフォーマンスの数値，環境配慮型製品，水資源保護などの諸項目が，人権・労働には人権の尊重，児童労働や強制労働，職場の安全性，労働時間管理，教育などの諸項目が，ガバナンスにはコンプライアンス，投資家との良好な関係，内部監査などの諸項目があり，これら定性的な項目に評価の重要度を定めた上で企業を評価しなければならない。

一方，これらEGSを評価する機関も発展してきており，SRIインデックス（投資銘柄にSRIの考え方を取り入れた株価指数）の開発が行われている。世界的に有名なSRIインデックスにはイギリスのFTSE社の「FTSE Good」，ベルギーのEthibelのESI（Ethibel Sustainable Index），資金運用会社のSAMとDow Jonesが共同開発したDJSI（Dow Jones Sustainable Index）がある。またわが国ではモーニングスターとNPO法人パブリックリソースセンターとが開発した「モーニングスター社会責任投資株価指数（MS-SRI）」がある。

これらの評価指標は各社の個々による評価基準であり，その評価のプロセスに対する透明性を高めることが求められている。

注

1 2002年5月，経済団体連合会（経団連）と日本経営者団体連盟（日経連）は統合され日本経済済団体連合会として新たに発足した。前者は財界側からの経済政策に対する提言などの目的で，後者は労働問題を大企業経営者の立場から議論・提言する目的で結成された。両者の加盟企業はほとんど重複することなどの理由から統合された。

2 NPO法人 社会責任投資フォーラム（SIF-Japan）のホームページにこのデータが掲示されている。URLはhttp://www.sifjapan.org/sri/index.htmlである。

3 本調査は，日本生命・ニッセイリースとニッセイ基礎研究所によるもので，全国の企業を対象に実施したもの，回答企業1,831社のうち大企業（従業員数1,000名超）は239社，中堅企業（従業員数300名超から1,000名以下）は588社，中小企業（従業員数300名以下）は1,000社，無回答・その他は3社となっている。調査結果は，小本恵照「日本企業のCSR活動の現状と今後の課題―ニッセイ景況アンケート2007年1月調査結果―」『ニッセイ基礎研REPORT2007.4』として公表されている。

4 AAA, *A Statement of Basic Accounting Theory*, 1996（飯野利夫訳『基礎的会計理

論』国元書房，1985年がある)。
5　社会監査の構想は，1953年に経営学者のボーエンによって明らかにされ，その後イギリスの法律学者のゴイダーの社会監査への主張（1961年）へと受け継がれ基礎が築かれた。
6　例えば，アニュアル・リポートの追加情報として，「会社の社会的責任に関する活動」として報告されている。
7　フォーチュン（Fortune）は米国のタイムワーナー社が発行する世界最大の英文ビジネス誌。毎年，全世界の企業のうち売上高トップ500社をフォーチュン・グローバル500社としてランキングしている。
8　EMASには環境マネジメントのスペック（仕様）がないため，ISO14001のスッペクを代用している。
9　『環境にやさしい企業行動調査結果』といい平成8年度より毎年実施している。
10　『環境報告書ガイドライン（2000年度版）』環境省，平成13年2月。
11　環境会計システムの確立に関する検討会『環境会計システムの確立に向けて（2000年報告）』環境省，平成12年3月。
12　この当時米国環境保護庁，カナダ勅許会計士協会，国連などにおいても環境保全コストや環境に係る財務情報の把握と公表に関する検討の取り組みが行われている。またドイツでは，「環境原価計算ハンドブック」（ドイツ環境省など）の取り組みもある。
13　『環境会計ガイドライン2005年版　Environmental Accounting Guidelines 2005』環境省，平成17年2月。
14　環境パフォーマンスとは，企業等が自ら環境方針，目的および目標設定に基づき環境配慮に対する取組を行った結果生じた環境負荷に関する実績値をいう。
15　ただし，「エコアクション21」では環境パフォーマンスとして二酸化炭素排出量，廃棄物排出量，総排水量の3項目の把握を必須項目としており，そのためある意味では限定的である。
16　経済学における環境影響の経済的便益を金額測定するCVM法によっている。ただし環境会計ガイドラインはこの分野に対してはまだ確立された手法としてはいない。
17　現在，欧米でのネガティブ・スクリーンでは，軍事産業，たばこ産業，原子力産業，アルコール産業，アダルト産業が一般的にその銘柄として挙げられている。
18　アナン国連事務総長（前）と国連環境計画金融イニシアチブ（UNEP FI），国連グローバル・コンパクトが開発した「責任投資原則」である。16か国から年金基金などによる大口機関投資家によって署名が行われた。日本の複数の年金基金と機関投資家も署名を行っている。「責任投資原則」は，法的拘束力をもたない任意

のものであり，機関投資家が投資活動の際，環境，社会，コーポレート・ガバナンスの配慮（これをESGという）を取り入れるための35の行動原則が示されている．
19 投資信託とは，投資家から募集した資金を，ファンドマネージャー（資金運用のプロ）が投資家との契約に基づく方法で運用し，運用益から手数料を控除したものを投資家に分配する投資制度をいう．これには公募型と私募型があり，公募型は上場株式と同様毎日基準価格が付けられるものをいう．

参考文献

川口真理子（2007），「SRI最新動向—欧米の最新動向と日本における課題—」大和総研経営戦略情報，（http://www.dir.co.jp/souken/consulting/strategy/csr/）2007年7月6日．

川村雅彦（2004），「日本の「企業の社会的責任」の系譜（その1）—CSRの変遷は企業改革の歴史—」『ニッセイ基礎研究所REPORT』2004年5月号．

神座保彦（2008），「SRIの金融技術化と投資家の「思い」—個人投資家の「草の根SRI」の勧め—」『ニッセイ基礎研究所REPORT』2008年2月号．

環境省（2007），『環境報告ガイドライン—持続可能な社会をめざして—（2007年版）』．

環境省（2005），『環境会計ガイドライン2005年版 Environmental Accounting Guidelines 2005』．

環境省（2001），『環境報告書ガイドライン（2000年度版）』．

環境省（1996, 1997, 1998, 1999, 2000, 2001, 2002, 2003, 2004, 2005），『環境にやさしい企業行動調査結果』．

環境と金融に関する懇談会（2006），『環境等に配慮した「お金」の流れの拡大にむけて』．

黒澤清総編集（1980），『体系近代会計学Ⅻ社会会計』中央経済社．

國部克彦・伊坪徳宏・水口剛（2007），『環境経営・会計』有斐閣．

田島慶吾編著（2007），『現代の企業倫理』大学教育出版．

谷本寛治（2003），『SRI社会的責任投資入門』日本経済新聞社．

水口　剛（2005），『社会を変える会計と投資』岩波書店．

（大橋　慶士）

第9章
企業集団（連結）課税と会計報告

〈学習の視点〉

　朝日新聞は『大手行，法人税納めぬ「怪」「最高益」あげても欠損金あれば免除』の見出しで，つぎのような記事（一部）を掲載した。

　「最高益をあげ，公的資金の完済が相次ぐ大手銀行だが，いまだにどこも法人税を納めていない。単年度では黒字でも，その額が過去の不良債権処理で『税務上の繰り越し欠損金』と相殺でき法人税が免除される，という税務ルールがあるからだ。……巨利をあげる大手行が法人税を納めないという異常な状態が当分は続く。……

　住友信託銀行が07年3月期決算で94年3月期以来，13年ぶりに法人税を納付することになった。06年3月期に繰り越し欠損金が大手行で最少の約830億円まで縮小。07年3月期で解消できる見通しになったためだ。同期の経常利益予想の1,500億円を基に試算すると，約270億円の法人税が発生する見込みだ。」（『朝日新聞』2006年10月15日朝刊）

　金融機関が法人税を納めることがニュースとなる。それが13年ぶりのことで，大手金融機関のなかでバブル崩壊後初めてのことだという。13年ぶりに法人税を納めるということは，その間に住友信託銀行には利益がでていなかったのだろうか。実は，財務諸表上では利益をあげていたが，法人税の計算上は利益（課税所得）がなかったのである。このことは住友信託銀行に限った話ではなく，他の大手行グループでも同様である。これは，企業の純損益の計算と法人税額の計算は，非常に関連しているが別物だからである。

　本章では，この現象を理解するために必要な基礎知識，すなわち，法人税額算定プロセス，企業の単体課税と集団課税，そして法人税額を財務会計上どのように会計処理するか（税効果会計）について学習する。

1．企業集団課税と単体課税

(1) 中　立　性

　個別企業が法人税額を算定し納付する単体課税に対して，企業集団課税は法的実体によることなく実質的に一つの集団として企業活動をおこなっている企業群を課税実体として捉える課税形態である。このような課税形態が必要とされる理由について考えてみよう。その主たる論拠は事業形態の選択における課税の中立性である。図表 9 - 1 を見てみよう。A 社は新規事業への進出にあたって，その事業形態を社内の一事業部門とするか，あるいは100％子会社を設立するかを検討している。ここでは他の検討すべき事項については無視しよう。

　新規事業を除く A 社の課税所得は5,000万円である。新規事業は当初 3 年間は毎年500万円の赤字が見込まれている。A 社が新規事業を社内の事業部門として運営したならば，事業から発生する500万円の損失は他の事業からの所得と

図表 9 - 1　企業集団課税を採用していない場合

```
            ┌──── A社 ────┐
            │ 新規事業以外の課税所得5,000万円 │
            └──┬──────────┬──┘
    社内部門 │          │ 100％出資
         ┌──┴──┐    ┌──┴──┐
         │新規事業部門│    │新規事業子会社│
         │損失500万円 │    │損失500万円 │
         └──────┘    └──────┘
```

A社の課税所得　4,500万円	A社の課税所得　5,000万円
法人税額　1,350万円	法人税額　1,500万円
：	子会社の課税所得　0万円
：	法人税額　0万円
法人税額合算　1,350万円	法人税額合算　1,500万円

相殺され，A社の課税所得は4,500万円になる。法人税率を30％と仮定すると法人税額は1,350万円になる。一方，A社が新規事業のために100％子会社を設立して運営したならば，A社の課税所得は5,000万円のままであり，その法人税額は1,500万円である。このときA社の子会社には500万円の損失が生じているため法人税額は生じない。この場合には，A社は法人税額を低く抑える目的から新規事業を社内の一事業部門として運営することを選択するだろう。

しかしながら，企業が事業運営の形態を決定する要素はほかにも多くある。たとえば，A社の給与水準が新規事業の競争者の給与水準よりも著しく高い場合には，子会社を設立して親会社とは異なる給与体系を採用することで給与水準を競争者と同水準に抑えたいであろう。ところが，子会社の設立は上述のような税金コスト（差額の150万円）を生じさせるため，A社は子会社の設立を躊躇することになろう。このように法人税制が企業の意思決定に影響を及ぼすことになる。課税の中立性は，この例では事業部門を選択するか，あるいは子会社を設立するかの判断に税制が影響を及ぼすべきではないとする原則である。

事業選択における課税の中立性を担保するために，企業集団課税制度が検討される。企業集団課税は，A社とその子会社を一体のものと理解し，課税する制度である。企業集団課税には後述するようにいくつかの類型があるが，ここではわが国が採用している連結納税制度に基づいて考えてみよう。

連結納税制度においては，図表9-2で示されるように，子会社の事業は親会社の一事業部門と同等のものとして位置づけられる。このため子会社の損失500万円はA社の所得4,500万円と相殺され，両社合算の課税所得は4,000万円になり，法人税額は1,200万円になる。単体課税による法人税額の両社合算額は1,500万円に対して，連結納税によるそれは1,200万円となる。新規事業（損失500万円）をA社の事業部門として設立した場合と法人税減少額（150万円）は変わらない。A社は連結納税制度を採用することにより，新規事業への進出にあたって税制の影響を考慮することなく意思決定が可能となる。

企業集団税制は，新規事業への進出のみならず，既存事業の譲渡や撤退などを容易にする。これは企業の新規事業への参入を容易にする。多くの場合，新

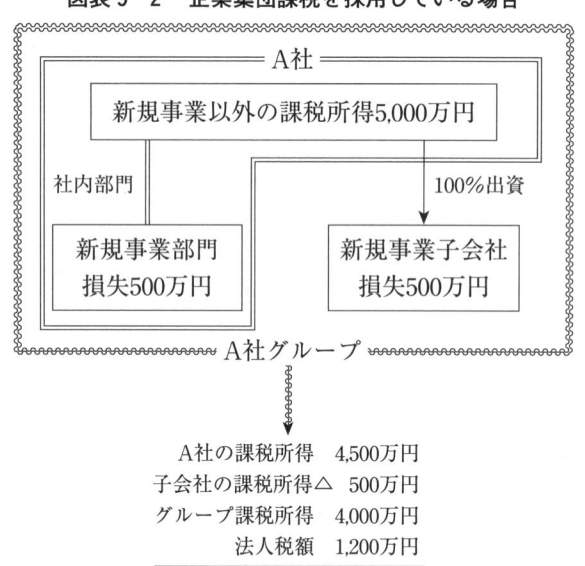

図表9-2　企業集団課税を採用している場合

```
┌─────────── A社 ───────────┐
│   ┌─────────────────────┐   │
│   │ 新規事業以外の課税所得5,000万円 │   │
│   └─────────────────────┘   │
│     社内部門          100％出資       │
│   ┌─────────┐    ┌─────────┐   │
│   │ 新規事業部門 │    │ 新規事業子会社 │   │
│   │ 損失500万円  │    │ 損失500万円   │   │
│   └─────────┘    └─────────┘   │
└─────────── A社グループ ───────────┘
```

A社の課税所得　4,500万円
子会社の課税所得△　500万円
グループ課税所得　4,000万円
法人税額　1,200万円

規事業の採算性は不確かである。その事業が不振なために撤退あるいは事業譲渡を検討するにあたっても，社内事業を譲渡等する場合に比べて子会社を譲渡する場合のほうが迅速な判断ができる。

このように企業集団税制は，企業の新規事業への参入・撤退あるいは既存事業の譲渡等の意思決定に税制が影響を及ぼさないことが重要な論拠となっている。わが国への企業集団税制導入の契機となった平成8年経済団体連合会『連結納税制度に関する提言』においても「我が国経済の抜本的な構造改革は，21世紀に向けての不可欠の課題である。……分社化を選ぶか，社内部門での経営を選ぶかといった選択肢に対し，本来，税制は中立であるべきであり，事業形態によって税制上の不利益が生じることはあってはならい。親子会社の経済的一体性を重視した税制として連結納税制度を早急に導入すべきである」として，連結納税制度の主たる論拠として中立性をあげている。

(2) 国際競争力と法人税制

　各国の法人税制と企業の活動には密接な関係がある。この意味では前述の中立性は存在しない。(1) の中立性は企業が事業構築における組織形成の意思決定に対して中立的であることを意図しており，事業組織をどこに構築するのかという意思決定に対して中立的であることを意味しない。企業がどこで事業を展開するかの意思決定で考慮すべき要素としては，たとえばマーケットの規模，人材の豊富さ，資源や資金調達の容易性，そして治安状況等があげられよう。税制もまたその重要な要素である。

　企業が税制を考慮して事業展開先を決定することに対して，各国政府あるいは自治体もその意図を理解した税制を構築する。企業の進出は，進出先に雇用をもたらし，それに伴う事業やサービスの提供先を生じさせる。各国政府あるいは自治体が法人税率を著しく低くし企業の進出を促せば，雇用問題をある程度解決することができる。各国政府が必要とする税収は進出する企業の法人税収ではなく，その企業の被雇用者からの所得税収で賄うことができる。このため各国政府あるいは自治体は，法人税率の引き下げまたは法人税の非課税などを含む優遇策を競い合う状況となっている。たとえば，シンガポールの法人税率は18%である。シンガポールは面積698km，人口約440万人の小国であるため，製造業の育成よりもアジアの金融セクターを目指して外資の導入に積極的である。もちろんその教育水準の高さも背景にあるが，法人税率の低さが大きな魅力となって金融機関が進出している。

　このように各国の税制の相違は，企業が事業展開を図るうえで重要な要素となっているが，製造業の場合には税制の有利さを主たる判断要素として国外進出することは困難である。これは多くの製造設備を抱え，一定水準以上の従業員の確保や研究開発体制の構築など製造業特有の事情があるためである。このため製造業にとっては自国の税制がその事業展開において足枷とならないことが望ましい。わが国への連結納税制度の導入にあたって政府税制調査会の2001年（平成12年）答申では「……企業の経営環境の変化に対応する観点や国際競争力の維持・向上に資する観点」から制度導入の必要性が強調されたのも，産

業界からの要望あるいは本社の海外移転の検討などへの対応であった。企業が本社を海外に移転させると，原則としてその課税所得は国内源泉所得に限定されるため，税収の大幅な減少が想定されることも連結納税制度導入の背景にあったといえる。

2. 企業集団課税の類型

(1) 単一主体概念と個別主体概念

　企業集団をどのように捉えるかによって企業集団課税の制度体系あるいは個別規定の細目が大きく影響を受ける。これらの議論として単一主体概念と個別主体概念があり，それらのいずれを重視するかが論点となる。

　単一主体概念は企業集団が非独立のメンバー会社から構成される単一主体であり，メンバー会社は個別所得と租税債務の決定についてある程度その個性と個別存在を失うものと理解する。それに対して個別主体概念は企業集団の各会社が個性と個別存在を維持していると理解する［井上久彌 1996, 21-22および205-219頁］。これらの概念の相違は，親子会社間あるいは子会社間の取引の取り扱い，たとえば内部取引損益処理規定等に反映されるが，企業集団税制がいずれかの概念にしたがって統一的に構築されているわけではない。たとえば，アメリカの連結納税制度は累進税制のもとで子会社設立による事業分割によって節税を図る企業への対抗策として導入されたが，当初は単一主体概念の方向を志向していながらもその後は個別主体思考が混入して，そして1980年代になってふたたび単一主体思考への移行がみられたとされる[1]。

(2) 企業集団課税の類型

　各国の企業集団税制の構造と性格からそれらを整理すると，連結納税方式と個別損益振替方式に大別される［井上久彌 1996, 14頁］。連結納税方式は，企業集団の子会社の損益を親会社の損益に合算して連結課税所得と法人税額を算定するものである。このとき親会社を納税代理人として，企業集団に属するす

べてのメンバーが納税義務者となる方式と，親会社が納税義務者となり，税額が連結子会社に配分される方式がある。わが国やアメリカは前者の方式を採用している。

一方，個別損益振替方式は，企業集団内の個別会社の損益を他の個別会社に振り替えるものである。この方式では個別会社ごとに課税所得と法人税額が算定される。これには個別会社の損益を任意の他の会社に振り替える方法と，子会社の損益を親会社に振り替えてゼロとする方法がある。

各国の税制はきわめて国内的な問題であり，企業集団税制の同一類型のなかでも大きな相違点がある。この点は，財務報告あるいは財務会計基準の統一化の流れと相容れるものではない。

3．法人税額の算定

(1) 確定決算主義

わが国の法人税額の算定プロセスは，確定決算主義と損金経理に特徴づけられる。連結納税制度の検討に先立って，単体課税における法人税額算定プロセスについて検討しよう。

法人税額を算定する税務会計と会計利益を算定する財務会計との関係に照らして諸外国の課税所得の算定方式を大別すると，確定決算主義方式と分離独立方式がある［OECD 1987, p.45］。一般的にヨーロッパ諸国では前者の方式を，アングロサクソン諸国では後者の方式を採用している。確定決算主義方式は，財務会計上の利益を税目的から修正し課税所得を算定するもので，税務会計と財務会計の結びつきが強く相互に影響を及ぼす。これに対して，分離独立方式は原則として財務会計上の利益とは別に課税所得を算定するもので，確定決算主義方式に比べて両会計の自律性が高い。

わが国では法人税法第74条に「内国法人は，各事業年度終了の日の翌日から2月以内に，税務署長に対し，確定した決算に基づき申告書を提出しなければならない」と定めており，会社法に基づいて株主総会等で確定した財務諸表に

おける利益に申告調整をおこない課税所得を求める。

確定決算主義採用の主たる根拠としては，恣意性の排除と簡便性があげられよう。法人税法第22条第1項は「内国法人の各事業年度の所得の金額は，当該事業年度の益金の額から当該事業年度の損金の額を控除した金額とする」と定めている。これは課税所得を益金と損金の差額として求めると定めているが，それら益金および損金は「当該事業年度の」と定めれられているように期間限定である。つまり益金および損金について期間を特定する必要性が生じる。それはたとえば，減価償却のように耐用年数および残存価額の見積もりを伴う。見積もりは経営者の判断を伴うため，経営者の判断に課税所得や法人税額が左右されることになる。経営者が自らの判断次第で課税所得や法人税額を操作できるという状況は課税の公平性の観点からは容認し難いと考えられるため，それら判断を株主総会等で確定させる必要がある。それは経営者が法人税額を最小化しようと考えれば財務諸表における利益の最小化を図る必要があるが，これは一方で株主への配当原資を縮小させることにつながるため，株主総会等での承認を求めることは，税の最小化のみを目的とした判断への制約となるからである。

また，確定決算主義は企業の帳簿維持コストの負担を緩和する。分離独立方式による場合には，税務会計目的の帳簿と財務会計目的の帳簿をそれぞれ維持する必要がある。さらに，分離独立方式による場合でも課税所得と会計利益の相違に関する調整表の作成が一定程度求められ，その調整が企業にとって負担となる。確定決算主義においてはこれらの負担を大幅に軽減することができる。

(2) 法人税額算定プロセス

法人税額の算定は図表9-3に示すように，株主総会等で確定した当期利益額を出発点に申告調整をおこない課税所得が算定され，それに法人税率を乗じたのち，税額控除を差し引いて納付すべき法人税額が算定される。課税所得の算定にあたっては，当期利益額の算定（損益計算）における収益と費用・損失

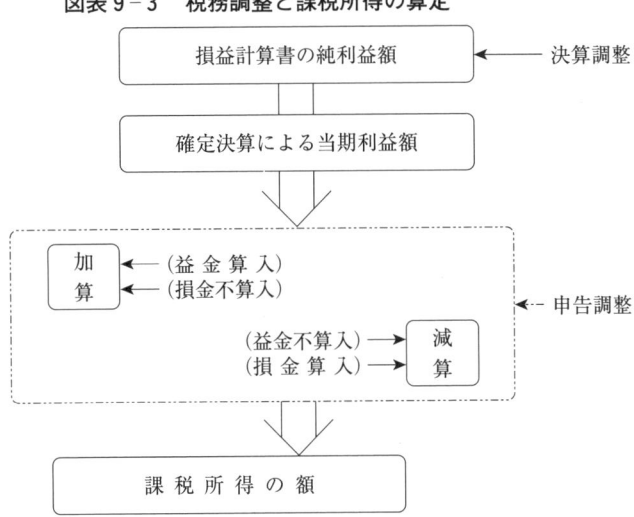

図表9-3　税務調整と課税所得の算定

```
        ┌─────────────────────┐
        │  損益計算書の純利益額  │ ◄── 決算調整
        └─────────────────────┘
                  │
        ┌─────────────────────┐
        │ 確定決算による当期利益額 │
        └─────────────────────┘
                  │
   ┌ ─ ─ ─ ─ ─ ─ ─┼─ ─ ─ ─ ─ ─ ─ ─ ─ ─ ┐
   │    ┌──┐ ←─ （益金算入）              │
   │    │加算│                           │
   │    │  │ ←─ （損金不算入）           │ ◄── 申告調整
   │    └──┘                            │
   │                                    │
   │         （益金不算入）─→ ┌──┐       │
   │         （損金算入）   ─→ │減算│      │
   │                         └──┘       │
   └ ─ ─ ─ ─ ─ ─ ─┼─ ─ ─ ─ ─ ─ ─ ─ ─ ─ ┘
                  │
          ┌─────────────┐
          │  課税所得の額  │
          └─────────────┘
```

と，課税所得算定のための益金と損金との差異を申告調整において修正する。

　申告調整においては，損益計算において収益に算入されないが課税所得計算において益金に算入されるもの（益金算入）と，費用・損失に算入されているが損金に算入されないもの（損金不算入）を当期利益額に加算する。また，収益に算入されているが益金に算入されないもの（益金不算入）と，費用・損失に算入されていないが損金に算入されるもの（損金算入）を当期利益額から減算する。たとえば，受取配当金は損益計算においては収益として計上されるが，課税所得計算においては法人税の重複課税を調整する観点から原則として受取配当金の50％が益金に算入されない。

　これらの申告調整は別表四にておこなわれる。別表四で算定された課税所得を出発点にして別表一（一）において法人税額が算定される。このため，分離独立方式を採用するアメリカの法人税申告書の1ページが税務損益計算書であるのに対して，法人税申告書の第1ページである別表一（一）は税額算定表であるとされる。

(3) 損 金 経 理

前述のごとく，わが国の法人税額算定プロセスを特徴づけるものとして損金経理要件がある。損金経理要件とは，法人がその確定した決算において費用または損失として経理処理していることを条件として損金として認めることをいう。損金経理をした場合にのみ損金算入が認められるものとして，減価償却費，評価損，圧縮記帳などがある。これは図表9-3における損益計算書の純利益算定段階において費用計上されていることを前提にし，それらを株主総会等で確定させることによって法人の意思の表明として認めるものである。このため，会計処理の段階で税法上の規定を考慮して費用または損失を計上することになるため，会計実務に税法が大きな影響を及ぼすことになる。この税法が会計実務に影響を及ぼす現象を逆基準性といい，財務会計の観点からは問題視されることがある。これは投資家への情報提供を主たる目的とする財務会計の内容を，それとは異なる目的を有する税法が規定することになるからである[2]。

4．連結納税制度の基本的枠組み

(1) 連 結 の 範 囲

はじめに連結納税グループの範囲を確認しよう。図表9-4は連結財務諸表の対象会社のうち連結納税の対象となる法人を示したものである。

図表9-4では，持株割合のみで支配関係を示している。この場合，関連会社Aを除くすべての子会社・孫会社・曾孫会社が親会社に連結され，関連会社Aには持分法が適用される。

連結納税制度の対象は親会社とその100％所有の被支配内国法人である。このため国外法人である子会社D・E，孫会社D・Eそして曾孫会社Dは連結対象とはならない。また，親会社が直接100％所有する必要はなく，孫会社Cのように，親会社が100％所有の子会社BとCがそれぞれ30％と70％を所有している場合には連結対象となる。一方，曾孫会社Cは，100％所有の孫会社CとDに100％所有されているが，孫会社Dは国外法人であるために，連結納税制度上

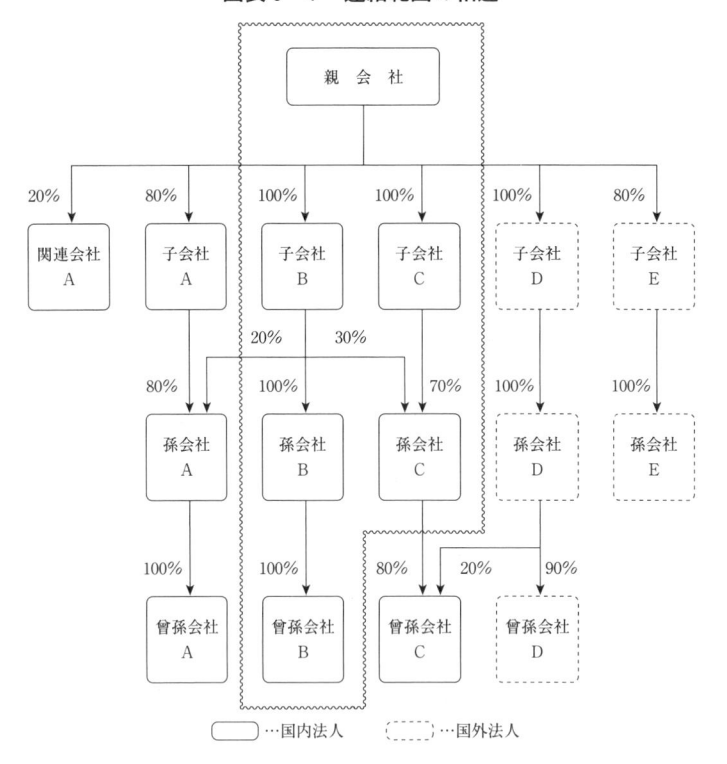

図表 9-4　連結範囲の相違

は100％所有の被支配内国法人に該当しない。このため，図表9-4の波線で囲まれた会社が連結納税制度の採用対象企業グループとなる。このように連結財務諸表と連結納税申告書では，その対象となる範囲が大きく異なる。また，連結財務諸表においては重要性の原則の適用により100％所有の被支配法人であっても連結の対象外となることがあるが，連結納税申告書においては100％所有のすべての被支配法人が連結の対象となる。

　連結納税制度は，企業の規模にかかわりなく，普通法人または協同組合等が採用できるが，完全子会社は普通法人に限られている。親会社は連結所得に対する法人税の申告および納付を行い，完全子会社はその連帯納付責任を負う。

(2) 連結納税額の算定

単体納税では確定した損益計算書利益額を調整して課税所得を求めるが，連結納税ではその連結範囲の相違から連結損益計算書利益を調整して課税所得を求めることはできない。連結納税においても，各法人は確定決算主義によりそれぞれ損益計算書利益から所得金額を求め，それを基礎として所得の調整を加えた上で課税所得そして連結税額を算定する。連結税額は各法人の個別所得金額あるいは欠損金額を基礎として計算される金額をもとに連結グループ内の各法人に配分される。

これらのプロセスをまとめたものが図表9-5である。図表中の実線は連結所得額・税額の算定プロセスを，そして破線は主に連結税額の配分にかかわるプロセスを示している。親会社および子会社A・Bはそれぞれ確定した損益計算書利益額に所得（決算）調整をおこない所得金額を求める。ここで行われる所得調整は，個別法人ごとに定められる減価償却費や引当金等の算定，圧縮記帳などの調整がなされる。そして連結Gの所得調整①において，連結グループ内取引に関する損益の調整や引当金の調整などがおこなわれ，個別法人に帰属する所得が配分される。つぎに，連結Gの所得調整②において，連結グループベースで定められている寄附金の損金不算入や交際費の損金不算入等の調整がおこなわれ，これらも個別法人に帰属する所得が配分される。所得調整後の連結所得金額に欠損金等の調整をくわえて連結所得金額を求め，税率を乗じて税額控除前の連結税額を算定する。これら連結所得と連結税額を個別法人に配分し，個別法人ごとに適用される税額控除，たとえば投資税額控除などを算定し，それらを連結G税額控除①として集約する。さらに連結税額控除②として連結グループで適用される所得税額控除や外国税額控除等をもとめ，税額控除前連結税額から控除して，連結Gの連結税額を求め，これを親会社が納付する。連結税額控除②は個別法人に配分され，個別法人ごとの連結税額の帰属額が算定される。

このように連結納税額を算定するプロセスは非常に複雑であるが，これは連結グループの所得・税額を求める一方で，それらの個別法人への帰属額を算定

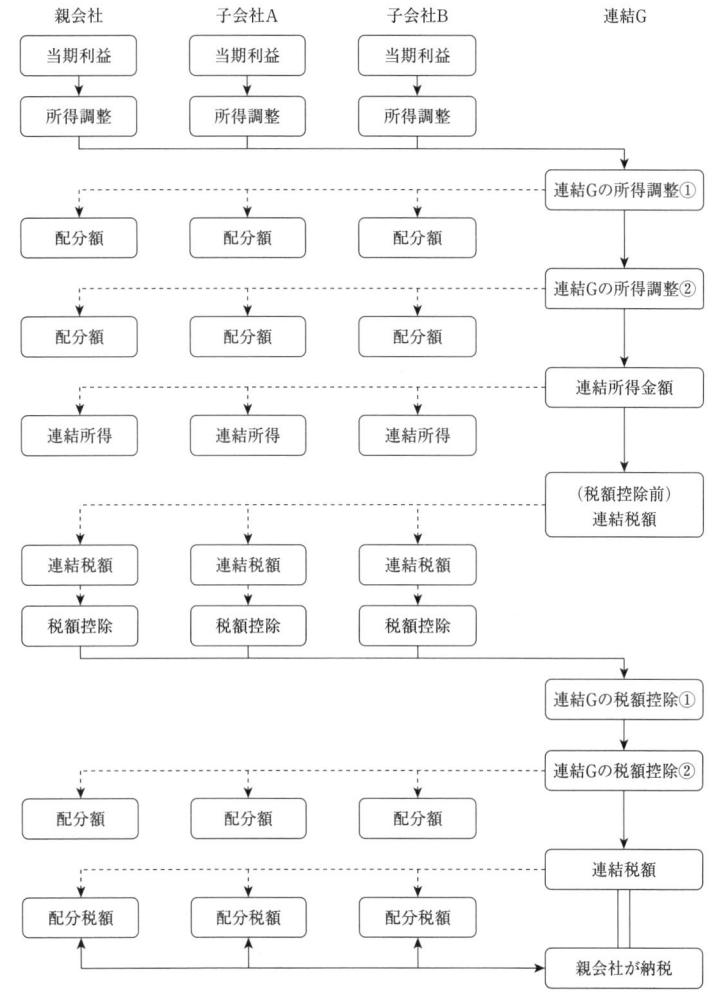

図表9-5 連結法人税額算定の基本的仕組み

親会社	子会社A	子会社B	連結G
当期利益	当期利益	当期利益	
所得調整	所得調整	所得調整	
			連結Gの所得調整①
配分額	配分額	配分額	
			連結Gの所得調整②
配分額	配分額	配分額	
			連結所得金額
連結所得	連結所得	連結所得	
			(税額控除前)連結税額
連結税額	連結税額	連結税額	
税額控除	税額控除	税額控除	
			連結Gの税額控除①
			連結Gの税額控除②
配分額	配分額	配分額	
配分税額	配分税額	配分税額	連結税額
			親会社が納税

出所:政府税制調査会 (2001) を一部変更して作成。

するプロセスが一体となっているからである。これはひとつには,個別法人ごとに定められている恩典的措置の存在であり,もうひとつは地方税については個別納税がおこなわれるためである。

5. 税効果会計

(1) 税効果会計の適用

　財務会計における法人税等の会計処理には，納税額のみを計上する方法と税効果会計を適用する方法がある。前者は納税義務が確定した当期の税額のみを計上するものであるのに対して，後者は法人税等を費用として捉え，当期に発生した税額を計上するものである。わが国では従来納税額のみを計上していたが，1997年に「連結財務諸表制度の見直しに関する意見書」により連結財務諸表に，翌1998年に「税効果会計にかかわる会計基準の設定に関する意見書」により個別財務諸表に税効果会計の適用が定められた。

　税効果会計の導入により損益計算書上の法人税等にかかわる会計処理は下記のようになっている。

　　　　　税引前当期純利益
　　　　　法人税・住民税及び事業税
　　　　　法人税等調整額
　　　　　税引後当期純利益

　「法人税・住民税及び事業税」は納税義務が確定した当期の税額を示している。「法人税等調整額」は税効果会計を適用して「法人税・住民税及び事業税」に加算・減算して当期の法人税発生額を求めるための項目である。つまり「法人税等調整額」がプラスの金額であれば，当期の法人税発生額が納税義務確定額よりも多いことを意味し，逆にマイナスの金額であれば，当期の法人税発生額が納税義務確定額よりも少ないことを意味する。

　また，「法人税・住民税及び事業税」は納税義務が確定した当期の税額であるので，それは法人税申告書等で算定された当期の税額である。他方，損益計算書上で求められている税額は発生額であるため，法人税申告書の税額と法人税等調整額による調整後の税額は一致しないのが普通である。このため，税引前当期純利益が黒字であっても，課税所得は欠損となり「法人税・住民税及び

事業税」がマイナス，つまり税金の還付が生じていることもある。

(2) 税効果の要因

　税効果会計が必要となるのは，財務会計と課税所得計算での取り扱いに異なる事項があるからである。具体的には申告調整がなされる事項であり，それらにより差額が生じる。両者の差異にはつぎの2つがある。

　① 永　久　差　異

　財務会計と課税所得計算における絶対的な差異であり，その差異が永遠に解消されないものである。たとえば，受取配当金の益金不算入額や交際費の限度超過額等があげられる。受取配当金の益金不算入とは，法人が他の法人から受け取った配当金の原則50％を益金から除外するものであるが，この除外額については配当金の受領年度のみならずその後の年度においても永久に課税されることはない。

　② 一　時　差　異

　財務会計と課税所得計算における損益の期間帰属の相違による差異であり，その差異は将来の年度において解消される。たとえば，財務会計では多くの引当金が計上されるが，課税所得計算においては債務確定基準の適用により引当金の計上は原則として認められず，貸倒引当金などが認められるのみである。引当金は将来発生の可能性の高い費用・損失を見積計上するものである。財務会計では保守主義の観点から引当金を計上し，早期に費用計上するが，課税所得計算ではそれら費用・損失が実際に生じたときに損金として認める。したがって両者の相違は，同一の金額（ただし見積額と実際額は異なるが）をいつ費用・損失（損金）として計上するかの相違に過ぎない。

　税効果会計はこれら一時差異に対して適用する。一時差異はつぎの2つに分けられる。

　a）将来加算一時差異

　差異が発生している年度には課税対象額にならないが，それらが解消する年度に課税対象額に含まれる一時差異である。この差異にもとづいて繰延税金負

債が計上される。繰延税金負債とは，その計上時点での税金の未払額であり，将来に支払う義務を示している。

b）将来減算一時差異

差異が発生している年度に課税対象額に含まれるが，それらが解消する年度に課税対象額にならない一時差異である。この差異にもとづいて繰延税金資産が計上される。繰延税金資産とは，その計上時点での税金の前払額であり，将来に税金が戻ってくる金額を示している。

(3) 繰延税金資産・負債の計上

一時差異を要因とする税効果は繰延税金資産または負債として計上される。わが国では，財務会計上の費用認識年度が課税所得計算における損金の認識年度に比べて早いため，多額の繰延税金資産が計上される傾向にある。前述の引当金は，その一例である。財務会計上で引当金が計上される年度においては，その計上額だけ課税所得が増額する。他方，課税所得計算においてはその引当

図表 9-6

財務会計と課税所得計算に差異がない場合

	1年度	2年度	合計
収益＝益金	1000	1000	2000
費用＝損金	600	600	1200
課税所得	400	400	800
税金（30％）	120	120	240

財務会計と課税所得計算に差異（100）がある場合
（財務会計上の費用計上が早い場合）

	1年度（差異が発生）	2年度（差異が解消）	合計
収益＝益金	1000	1000	2000
費用	700	500	1200
損金不算入	△100		△100
損金算入		100	100
損金	600	600	1200
課税所得	400	400	800
税金（30％）	120	120	240

金の計上要因たる事実が実際に生じた後年度に損金として計上されるため，その後年度の課税所得はその計上額だけ減額する。

　図表9-6にあるように，1年度の費用と損金の差異100は2年度に解消し，2年間の総額は差異がない場合に等しい。このとき1年度の財務会計上の法人税費用発生額は，(1000-700)×30％＝90である。2年度のそれは(1000-500)×30％＝150である。一方，納税義務の確定している金額はそれぞれ120である。1年度の財務会計上の発生額90と納税額120との差額30は，2年度の財務会計上の発生額150と納税額120との差額に等しい。このとき，財務会計上の観点から，1年度の納税額120のうち90が当期発生額であり，30は次年度発生額の前払効果があると理解する。この前払効果（将来の減額効果）を（借方）繰延税金資産として計上し，（貸方）法人税等調整額として当期の法人税費用を減額する。

(4) 繰延税金資産の回収可能性

　税効果会計の適用にあたって議論となるのは，繰延税金資産の回収可能性の検討である。繰延税金資産は将来一時差異が将来に課税所得を減少させる効果をもつことを根拠に計上される。しかしそれは一時差異が解消される将来年度に十分な課税所得が存在していることが重要となる。繰延税金資産の計上にあたっては，将来の課税所得の発生可能性が十分に検討される必要があり，その可能性が低い場合にはそれに応じて評価性引当額を計上して繰延税金資産を減額しなければならない。とくに繰延税金資産の計上要因が欠損金等による場合には十分な検討が必要になる。

6．国際化の進展と税問題

　世界的なIFRSsのアドプションの方向性はわが国法人税の課税所得計算にも大きな影響を及ぼしつつある。前述のごとく，わが国では確定決算主義を採用し，個別申告あるいは連結納税を問わず個別財務諸表を課税所得計算の出発点

にしている。現状では，IFRSs導入のプロセスは連結先行で行われる見込みであるが，これが個別財務諸表へも適用の事態となると課税所得計算との大きな調整が必要となるであろう。また，連結先行であっても企業が個別財務諸表と連結財務諸表の一体性を重視したときには，IFRSsで作成された個別財務諸表を出発点とする課税所得計算をおこなわなければならなくなる可能性がある。たとえば「イタリアではすでに上場会社が作成する個別財務諸表へもIFRSsを適用しており，当該IFRSsに基づく個別財務諸表の数値を税務申告書に利用することを検討している」[猪熊浩子ほか2008]とされる。今後，財務会計と課税所得計算の乖離幅が拡大するにつれて，申告調整や経理処理が複雑になると想定される。これに伴う企業側の負担は増大すると考えられるが，同様に税務行政の負担も増大すると考えられ，確定決算方式の維持かあるいは分離独立方式の採用かという制度設計の部分にまで立ち返っての検討も必要とされるであろう。

注

1 これら概念の相違が象徴的に現れるのは，子会社の当期留保剰余金の取り扱いである。単一主体概念によれば，子会社所得はあるいは欠損は一度だけ課税関係が生じるように調整されるのに対して，個別主体概念においてはそのような調整は必要とされない。
2 財務会計の立場から，逆基準性を評価する見解もある。これは税法規定が財務会計の操作性を排除し，客観性を提供している点を評価するものである。

参考文献

井上久彌（1996），『企業集団税制の研究』中央経済社。
猪熊浩子，小林江里子，持田優子（2008），「「IFRS導入が税務会計に及ぼすインパクト」（前編）日本における財務会計と税務会計の関連性」『経営財務』2895号，2008年。
大倉雄次郎（2004），『連結納税会計論』関西大学出版部。
政府税制調査会（2001），『政府税制調査会法人課税小委員会説明資料』。
中央青山監査法人（2003），『連結納税制度と会計実務完全ガイド』税務研究会出版局。
OECD Working Group on Accounting Standards (1987), Accounting Standards

Harmonization No. 3, *The Relationship between Taxation and Financial Reporting, Income Tax Accounting*, Head of Publication Service, OECD.

(永田 守男)

第10章
企業のグローバル化戦略と業績管理

〈学習の視点〉
　企業の経済活動は国境を越えて延び行く。日本企業が本国からはるか彼方で生産した製品を，さらにはるか彼方の国で販売する。拠点は日本とは限らない。
　たとえば，トヨタ自動車（以下，トヨタ）は2008年3月末において53の海外製造事業体を持ち，2007年年間総生産台数の約50%を海外で生産している。また，2007年年間海外販売台数は総販売台数の約81%に昇り，海外販売台数のうち輸出以外による販売台数は61%を占める。これらの製品の販売は世界中に広がり，製品販売市場は消費者のニーズ，文化，法制度等において多様化する。こうした多様化に対応するための製品開発および幅広い発想を求めて，研究開発拠点もまたアメリカ合衆国，ベルギー，ドイツ，フランス，タイ，オーストラリアに広がる。それだけではない。広がりはさらなる多様性を生む。すなわち世界中で生産，販売，研究開発等に携わる人々の価値観の多様化である。ここで経営の現地化を進めるトヨタは彼らのマネジメント・コントロールを遂行する方法を選択する問題が生じる。トヨタはトヨタのブランドを守るために，トヨタの基本理念や価値観を共有する人材教育を重視した。これまで暗黙知として伝えられてきたトヨタの価値観や手法を明文化した「トヨタウェイ」やトヨタで働く人々の心構えや具体的留意点を示した「トヨタ行動指針」を表し活用することで，海外のトヨタで働く人々を教育し，カルチャー・コントロールを施し，意識の共有化を図りながら海外事業体の自律を促しているのである。
　本章はこのような海外進出する企業のグローバル化戦略と，海外子会社のマネジメント・コントロールおよび業績評価についての理解を目的とする。

1．マネジメント・コントロールと業績評価システム

　企業は，外部への財務データの公表とは別の次元で，自らの活動を測定しようとする。何ゆえに測定するのだろうか。それは測定することそれ自体が組織を経営管理する上で求められるからである。なぜならば，測定は企業活動の結果を表し，くわえて活動主体の活動の規範を示す働きがあるからである。

　企業は限られた経営資源を活動の原動力とするが，それらの経営資源が制約の中で機能し維持できているかどうかを活動の結果からモニターする。経営資源の管理，とりわけ財務資源の管理という意味で活動結果の診断を必要とする。また，活動の結果は企業全体の，活動セグメントの，あるいは個人の目的行為の成果を示すものであり，この成果によりそれぞれ行為主体の活動の業績評価がなされる。測定結果の診断や評価は将来の企業の経営計画にフィードバックされる。このようにして企業は先ず自らを知ることで将来の自分の姿を描こうとする。活動の結果を知ることは企業が自らの活動を測定する理由のひとつである。

　しかしながらここで注意を要することは，測定の結果以上に，何を測定するかが重要なことである。なぜならば，頭痛の患者が病院の内科で胃カメラの診療を受ける必要がないように，目的に照らした医療と診断が必要である。同様に企業活動の測定においても，企業ビジョンとそれを実現させる戦略的目標を認識し，目標達成のために知るべき内容を表現する項目あるいは特にモニターしなければならない測定項目，すなわち重要業績評価指標（Key Performance Indicator：KPI）の選択と測定を適切に行うことが必要である。目標に適合した測定項目の選択が求められる。

　また，「何を測定するかが重要」にはさらに関連する理由がある。それは企業の中のさまざまな活動のセグメント，あるいは個人の意思決定が，測定される項目の選択に影響を受けるということである。活動主体が意思決定を行うときに選択された測定項目が強く意識され活動の規範を作る。活動主体の行動規

範を作り方向付けをする目的で，測定項目が選択される必要がある。組織をビジョンと目標に則して方向付けすることは企業が自らの活動を測定するもうひとつの理由である。

　Anthonyは，活動を測定する業績評価システムについてつぎのように述べている。「業績評価システムの目的は戦略を履行することにある。業績評価システムを構築する中で，経営管理者は戦略をベストにするような業績評価指標を選択する。これらの業績評価指標は現在と将来の重要成功要因である。戦略が成功するかどうかは業績評価指標の健全性に依存している。業績評価システムは，組織が戦略をうまく履行する可能性を高めることのできるメカニズムである。」[Anthony & Govindarajan, 2007, p. 460]

　企業は事業を展開するために，企業理念に基づいたビジョンと戦略を必要とする。ビジョンと戦略を持ち合わせない企業は進むべき方向を見失い，競争市場の中で採るべき正しい判断を誤る可能性がある。ゆえに企業は明示的あるいは暗示的に企業ミッション達成のための妥当な戦略を策定する。しかしながら策定された戦略が常によい結果を導くとは限らない。戦略を実行する能力が企業にない場合，いくら妥当な戦略であろうともそれは絵に描いた餅になる。

　業績評価システムとは企業組織が戦略を遂行する活動を支援するものであり，企業が戦略を実行する能力を高め，戦略を成功に導くためのひとつの用具である。業績評価指標とそれらの目標値（target）や基準（standard）をどのように設定するかにより，戦略の成功が左右される。業績評価システムを構築するにおいて，戦略の実現に深くかかわる重要成功要因を組み入れることにより，活動主体の個々の意思決定や行動規範を戦略の実現へと導くようにすることが重要である。

　マネジメント・コントロールは，「組織の戦略を遂行するために，マネジャーが組織の他の構成員に対し影響を与えるプロセス」であり，つぎの3つの要素すなわち，①組織内の責任分担や役割を特定する組織構成，②戦略遂行に求められる知識やスキルに関する従業員の選抜・トレーニング・評価・プロモートに関する人的資源マネジメント，および③明示的にあるいは暗黙裡に管理活

動を導いてしまう組織の中の共通の信念や規範である組織風土，と相互に関連しながら戦略を遂行する重要なツールである。そしてこのプロセスは，まず組織が何を行うのかを見極め，その計画をたて，組織の各分野間の調整を行い，情報を伝達する。その情報は組織構成員によって評価され，情報の評価に基づいて，何を行うべきかという採るべきアクションの意思決定が行われる。そのとき情報は組織構成員の行動に変更の可能性を含む影響を与える。プロセスは以上の一連の要素で構成される。〔Anthony & Govindarajan, 2007, pp. 6-9〕

　Simonsによると，「インフォーマルな議論や直接指導の可能な小規模企業と対照的に，事業が拡大し多角化した企業における，組織の方向付け，戦略的な決断，および目標到達を可能にするのは，業績評価システム（performance measurement system）とコントロール・システム（control system）である。企業は組織行動のパターンを維持または変化させるために，業績評価システムとコントロール・システムを用いて情報伝達を行い，意思決定やマネジメント行動に影響を与える。」〔Simons 2000, pp. 3-5, 伊藤（邦）2003, pp. 4-6〕

　業績評価システムは戦略目標と業績評価指標およびその達成すべき水準を明示する。この意図的に設定された業績評価システムを用いて定期的に実績との乖離をモニターし，フィードバックを行うことにより業績の達成および戦略の遂行状況を把握，さらに問題点の発見とその解決を図るコントロール・システムを診断型（Diagnostic Control System）という。これは「例外による管理」を行い，組織を効率的に管理する。また，環境の不確実性に対処するために，業績評価システムを利用してマネジャーと組織メンバーが対話と議論を行い学習することによって，戦略の修正や変更を創発的に施すコントロール・システムを対話（双方向）型（Interactive Control System）という。両コントロール・システムは業績評価システムを活用して情報を得，その情報をもとに異なるアプローチで組織をマネジメント・コントロールする。

　マネジメント・コントロールは活動の循環サイクルを含むフォーマルなシステムによって促進されるが，それはトップダウン的に意図的に，すでに決定された計画通りにすべてのアクションがなされることを要求するものではない。

戦略の目標達成のために，環境の変化に応じ，ボトムアップ的に創発的なアクションが採られるようにコントロールする選択もある。

　経営管理は機能の視点で，目的の設定，戦略の策定，およびマネジメント・コントロールに分類され，策定された戦略の実施はマネジメント・コントロールのあり方に大きく依存することになる。業績評価システムはマネジメント・コントロール・システムの主要な要素を構成する。したがって，業績評価システムは戦略に連動し，戦略を実施するためのものでなければならず，工学的な効率性と創発的な弾力性の両方を同時に可能にするようなマネジメント・コントロールのもとで用いられることが求められる。

　戦略目標の達成は組織構成員の個々の努力と自主性により達成される。組織構成員の努力と自主性が十分に発揮され，自律した活動が形成され，かつ，それらが全体目標と整合し，効果的に組織の成果にリンクされるように，業績評価システムとコントロール・システムを有効に使うことが重要である。

2．海外進出企業の組織構造とコントロール

　企業活動の地球規模の展開すなわちグローバル化は，競争の国際化を意味し，企業に対し外部環境における脅威および機会の国際化をもたらす。企業は自社の成長を目指して事業展開をする中で，この新たな事業機会を求めて国際化を図ろうとする。このとき国際化戦略を図る企業の組織形成とマネジメント・コントロールについていくつかのパターンが生まれる。

　グローバルに事業展開する企業の組織形成のタイプをコントロールの側面から二極分化で説明すると，それは分散と統合あるいは分権と集権，および現地化と本社化という呼称で分類される。海外に進出した子会社の現地化を進め，現地での経営の責任と権限の大部分を子会社に任せ分権を図るというタイプと，海外子会社を本国の親会社を中心にヒエラルキーに統合し，集権的経営を行うタイプの両極である。実際には，相対的にどちらに比重をおいた経営が為されているかという程度の差であり，他のタイプの経営も多く為されている。

以下，海外進出する企業の組織形成とコントロールのタイプを分類する。

(1) 分散化戦略

分散化戦略を採る企業は複数の国々で事業展開を行い，各事業を行う現地子会社はそれぞれ独立し，各国の市場での対応については意思決定の自由裁量権が本国の親会社から与えられている。自由裁量権を持つことで現地子会社は，国ごとに文化，政治，経済，法制度等の異なる環境にあるローカル市場の多様なニーズや不確実性に，敏感に，柔軟に，そして適切に対応することができ，それに対する知識やノウハウを開発し集積している。海外子会社が現地で生産・販売を受け持ち，独自の製品開発を現実化するほどに，企業全体の中で個々の子会社があたかも経営自治権を持った独立した会社のように行動する。ただし子会社間の連携は薄い。分散化戦略を採る企業は，権力を分散することから情報と組織力が分散した組織であり，独立した現地事業の集合体である。

分散化戦略は，それぞれの市場のニーズが顕著に異なりそれらを満たす製品の内容も異なるような，市場への適応が主な戦略課題となる業界，例えば日用雑貨や食品産業に適合する。Bartlett & Ghoshalの調査によると分散化企業として長い歴史を培ったユニリーバの場合，洗濯用洗剤や石鹸の生産において，洗濯機の普及率，温水洗濯と水洗濯，水の硬さ，香りの嗜好，混合成分の違い，リン酸塩の規制の有無などにより国ごとに異なる製品，異なる戦略が必要となり市場への適応が求められた。ユニリーバには本社の指導により確固とした社内規範が生まれ，自由裁量権を持った独立した子会社を中心とした経営哲学で支えられる会社となり，「現地主導，現地分権」が合言葉となった。現地子会社から本社への報告は最小限のものとなり，本社取締役会の役割は，計画と予算の承認，資本支出の管理，重役の任命と教育であったという［Bartlett & Ghoshal 1989, PART Ⅰ, 吉原 1990, 第Ⅰ部］。

分散化戦略を採る企業のマネジメント・コントロールは，カルチャー・コントロール (cultural control) あるいはソーシャリゼーション (socialization) である。海外子会社の管理者が本社と同じ目的を持ち，考え方，教義，哲学のう

図表10-1　分散型組織モデル

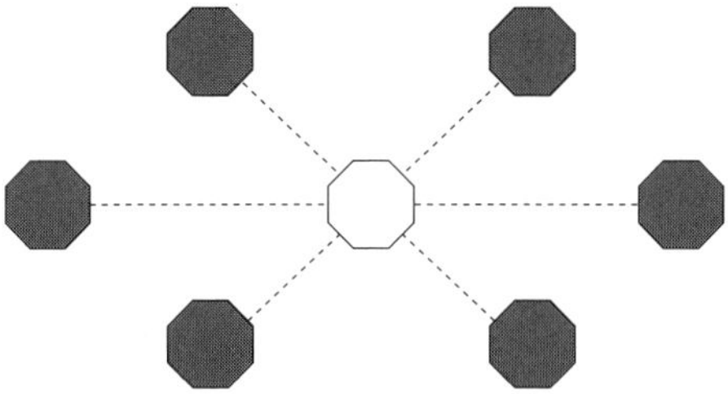

出所：Bartlett & Ghoshal（1989），p. 57を基に作成

えで本社と同質であるように教育を徹底する。そうすることで海外子会社の採る行動を，企業にとって採らねばならない行動にコントロールすることができる。海外子会社は本社よりも現地の情報に詳しく，自由裁量権を有して，現地での十分な適応行動を行う。独自の行動をとりながらも本社と同じ全体的な目標整合性を持つことができる。

　カルチャー・コントロールされた子会社は，本社から多くをモニターされることも指図されることもない。本社は情報収集やモニターのコストを抑えることができる。しかしながら文化や慣習の同質でない国や地域の管理者や従業員を現地雇用する場合および管理者や従業員の解雇や退職の頻度が高い場合には，カルチャー・コントロールやソーシャリゼーションのコストがかさんでくる。またコントロールがうまくいかない場合には業務遂行に支障が出てしまう危険性がある。

(2) 統 合 化 戦 略

　統合化戦略を採る企業は，世界をひとつの市場と考え，そのグローバル市場のニーズに対応した経営を行う。画一化した標準製品を大量生産し規模の経済を実現させ，コスト優位に立ちグローバルな効率性を追及する。統合化戦略を採る企業は，事業展開にあたり国際的業界に存在するグローバルな機会を分析，追求し，経営機能を地球規模のスケールで最適化していくなかで，世界に資源展開をし，各種資源の組み合わせを地球規模で最適化する。たとえば製造

コストが低く品質を高く維持できる特質を持つ国に製造機能を，高い研究開発スキルを入手できる国に製造開発機能を，資金調達コストの低い国に財務調達機能を置くという具合に，経営のより高い質とより低いコストを求めて経営機能の最適化を図る。そのなかで，規格化され大量生産された標準製品を世界市場に対し提供し，規模の効率化を図ることを狙いとする。グローバルな規模の効率を上げることが主な戦略課題となる。

　この場合，資源の組み合わせの最適化のために世界レベルでの調整が求められる。調整は，言語，文化，法制度，ビジネス慣習などの違いから複雑で困難となる可能性が高い。また，標準製品の提供は各市場それぞれのニーズあるいは機会と脅威に対応する能力を低下させる。しかしながら，市場ニーズが技術的にも嗜好的にも均質化している場合や貿易障壁が低いなど，市場構造にある一定の均質性があれば，世界市場をターゲットに効率のよい活動をすることができる。地球規模で最適化の図られた企業は規模の利益や効率化という意味で強みを発揮する。

　Bartlett & Ghoshalの調査によると，1980年代にグローバル戦略に適していたのは家電産業であり，松下電器産業（現パナソニック）がその成功例である。当時の松下電器産業は日本国内の生産効率のよい工場で標準モデルの製品を大量生産し，それらを世界市場に輸出し，総収入の40％以上を海外での販売で得ることができた。日本の企業の多くは本社に集権的なグローバル戦略で海外進出を行っており，そのなかには花王のように本来分散化戦略を採るべきところを集権的グローバル戦略を行ったことによる失敗例もある［Bartlett & Ghoshal 1989, PART Ⅰ, 吉原 1990, 第Ⅰ部］。

　統合化戦略を採る企業は，中央集権的に本社に情報や意思決定の権限が集中する。海外子会社は本社の厳しい管理のもとにあり組織的に中央にリンクされ，本社の策定した戦略を実行する。現地子会社には自由裁量権が少なく自主性が低い。そのため，コントロールは階層的あるいは官僚的となる。多くの意思決定が本社によって為され海外子会社はそれに従うという構図である。本社は子会社に特定の行動すなわち何を行うかを提示し，そして子会社が命令に従

図表10-2　統合型組織モデル

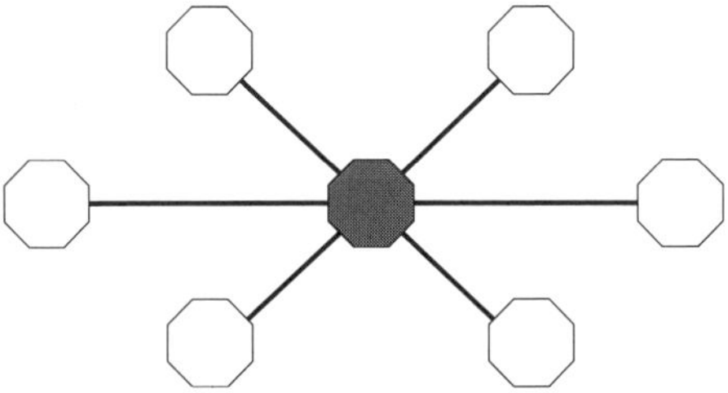

出所：Bartlett & Ghoshal (1989), p. 60を基に作成

っているか逐次子会社の行動をモニターする。このとき，こうしたコントロールが強くなりすぎると，子会社のマネジャーは業務目標達成への自律性やインセンティブを失い，業務遂行の達成度が落ちる危険性がある。また，本社は意思決定のために，情報の非対称性を減じる目的で子会社や現地の情報を多く集めなければならない。情報収集が容易でないときコストがかさんでくる。

(3) イノベーション普及戦略

　本社が研究開発した知識や専門技術を次第に海外市場に移転させ，段階的に発展途上国へとイノベーションを普及させることを基本とする。高度な技術の新製品が本国で標準製品となり，次第に世界の先進国から発展途上国へと広まり，今度は現地仕様で現地生産されるようになる。このような段階を経てイノベーションが世界に広まっていくプロダクト・ライフサイクル・モデル（product lifecycle model）に従う。成功のためには革新的技術を本国にとどめず徐々に世界中に広めることが要件である。高度技術の新製品が他の企業が真似をする前に世界の市場で優位を確保するというシナリオである。

　Bartlett & Ghoshalの調査によると，通信機産業およびソフトウェアやコンテンツ産業のように収穫逓増型産業で，知識と能力の移転を主な戦略課題とする産業に適合し，エリクソンがこの戦略をとり成功したという。また，GEはこの戦略をとりながら1970年代初めまで家電業界において先進的で強い技術力を持ち優位にあったが，集権的グローバル戦略をとる日本企業の挑戦を受け

図表10-3 イノベーション普及型組織モデル

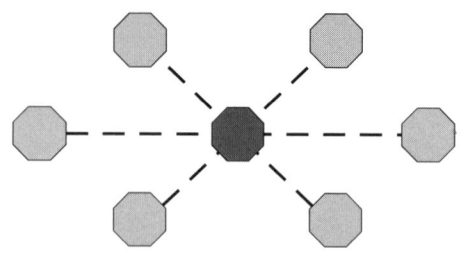

出所：Bartlett & Ghoshal (1989), p.58を基に作成

1980年代には劣勢に立たされてしまい，家電部門において敗北したという[Bartlett & Ghoshal 1989, PART I, 吉原 1990, 第I部]。

この戦略をとる企業では，経営計画と管理体制によって本社と子会社は密接に結びつき，本社はかなりの影響力と支配力を有する。知識や技術のコアの部分は本社に集中し中央集権は残る。しかしながら市場の環境により製品の仕様や顧客ニーズが異なる場合には，子会社は中央の新製品や戦略を必要に応じて自律的に仕様を変えられる裁量権を持つ。本社は子会社が自由に行っている経営を管理し，子会社が目指すべき方向を指導する。分散と統合が中間的に存在するという戦略である。

(4) トランスナショナル (transnational) 戦略

トランスナショナル戦略を採る企業は，①海外子会社間の役割と責任の分化・専門化，②イノベーションの共有と相互利用，③分散した子会社の統合ネットワーク化という3つの特徴を有する複合組織である。

海外事業体は部品生産，製品組立，販売，研究開発，財務に関し，柔軟に最適な方法で役割を分担し責任を担い専門化する。かつ，分散した事業体はローカル・レベルでの適応を果たすためのさまざまな能力を開発し集積する。そうした専門性や分化の中から独自のイノベーションが開発され，それらの情報および学習は相互に共有され利用される。そこには分散した事業体を全体的に統合する相互依存のネットワークが作られる。トランスナショナル戦略は，機能

の最適化と資源の最適化を図り効率化を求めるグローバル・レベルの利点と現地への適応性を求めるローカル・レベルの利点を，トレード・オフの関係ではなく同時に追求し共存させる。そしてイノベーションのスピードと移転を統合ネットワークを組織することで推進し実現する。

1980年代まである特定のアプローチで成功した企業であっても，その後の変化する環境の中では，企業の採りうる戦略に多次元性および柔軟な変化が求められる。そこで，効率性の維持，適応性の維持およびイノベーションの推進を同時に達成するために，Bartlett & Ghoshalは，「地球化」の時代のグローバルな競争に対して，競争市場で優位に立つために企業が採るべき戦略として，ネットワーク統合を図るトランスナショナル戦略を提唱した[1]。

清水は1998年，740社の日本企業を対象にアンケート調査を行い分析を行った。この調査で日本の国際企業の特徴として，知識の親会社集中が高い一方で，子会社主導の差別化および子会社の自律もまた重視するという方向に進んでいること，そしてイノベーションをアジア，北米，ヨーロッパおよび親会社を含めた集中管理部門が行い，生産，販売，流通を海外子会社が担うという方向性の現われが指摘されている[2]。これは本来，集権的・階層的に海外子会社を支配する形式の強かった日本企業が，イノベーション普及モデルあるいはトランスナショナル企業へと変化していることを示す。日本企業がこれまでの活動からローカルに適合する必要性を経験し，海外子会社の現地での自律的活動を促すという，統合と分散のメリットを同時に求めるようになったことを示している。

トランスナショナル戦略をとる企業のマネジメント・コントロールは，まず，ビジョンとコミットメントによる組織の統合化を図ることが最も重要となる。組織構成員が組織の目的を理解し，価値観を共有し，一体感を持ち，組織の全体目標にコミットすることで，この複合企業は分解の危機を乗り越え効果的に機能することができる。その根幹は，組織構成員が共有できる明確で持続的で一貫性のある企業理念が存在すること，この企業理念を理解し受容できる能力を持つ組織構成員の育成にある。

図表10-4　トランスナショナル型組織モデル

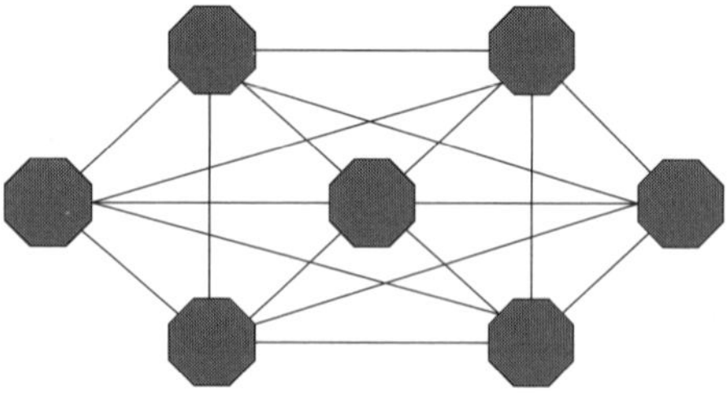

出所：Bartlett & Ghoshal（1989），p. 102を基に作成

　また，多次元の経営パースペクティブのバランスをとることがコントロールのうえで求められる。トランスナショナル企業内部には，分権，集権，相互依存の観点から多様な経営パースペクティブが存在し，本社および子会社の持つ権限や組織を結ぶマネジメントプロセスが複雑に絡み合う。そのため，多様な経営パースペクティブを認めながら，それらの柔軟な調整が必要となる。
　その調整方法には，集中化，形式化および内面化がある。集中化は重要な意思決定を本社に集中する中央集中型であり，本社のマネジャーが海外子会社を管理する文化先導型である。本社と子会社は緊密な関係の下で対立が少ない。しかしながら，海外子会社の規模が拡大し複雑化するにつれ，本社の意思決定部門が拡大し，情報量が膨大し，負担過剰となり，結果として運営コストの増大と意思決定の質の低下を招く可能性がある。形式化は，権限を委譲するシステムを組織し，子会社のマネジャーは業務遂行の責任と権限を任せられる。制度や手続きがシステム化・規格化・慣行化・ルーティーン化しそれによって経営の効率化をもたらす。しかしながら規則化された内部環境は経営への創造力や弾力性およびイノベーションへのモチベートを下げることになる。内面化は子会社の経営を任せるマネジャーたちに共通の目標，価値観，経営パースペクティブを設定してインフォーマルにマネジャーの判断に影響を与える。集中化の本社過剰負担，形式化の柔軟性欠如を克服するものであるが，マネジャーたちを教育・教化するコストがかさむ。トランスナショナル企業のコントロールには，これら3つの調整方法を組み合わせながらまたときには別々に，柔軟に

用いることが求められる。その基盤となるのは個々のマネジャーが組織へのコミットメントを持ち，企業理念を共有することにある。

　以上見てきたように海外へ進出する企業の組織構造には多様性があり，また複雑化している。組織構造が複雑化するにともない，マネジメント・コントロールも複合的で調整の困難なものになる。公式的で階層的なコントロールとカルチャー・コントロールあるいはソーシャリゼーションを主とした非公式的なコントロールとが折衷した形でミックスされバランスよく行われる必要がある。重要なことは，海外に分散した子会社が企業の価値観を共有し，組織全体が企業の戦略を理解し，部分最適ではなく全体最適となるようにモチベーションを損なわずに効果的な活動をするようコントロールすることである。組織力を高めることは海外進出企業にとって不可欠の要素となる。

3．海外子会社の業績評価システム

(1) 業績評価システムにおける財務指標

　過去，業績評価において最もよく用いられ重視されてきた指標は財務指標である。図表10-5の業績評価指標実態調査の結果に示されるように，海外子会社の業績評価において最も重視される指標は期間利益額と売上高数値である。期間利益額は包括的財務指標であり，最終的に企業のマクロ利益への貢献度を端的に示す。また売上高は利益を生む源泉であり，投下資金の主たる回収結果を示す。売上高数値から，マーケット・シェアおよび製品やサービスの顧客への浸透の程度を推測することも可能である。これらの指標は事業体の採算状況および当該期間の活動の集大成をモニターする上で効果を持ち，全社的経営資源の振り分けの意思決定に役立つ。国内企業の業績評価において期間利益額や売上高を中心的指標にすることは伝統的であるが，海外子会社に対しても同様の傾向を見ることができる。海外子会社に基本的に期待される事柄は，利益と収益にかかわる成果を残すことである。

　しかしながらここで注意を要することは，事業体によっては企業全体の中で

図表10-5 海外子会社の業績評価指標

	平均値	標準偏差
①利益の対予算達成度	6.32	0.64
②売上の対予算達成度	6.07	0.72
③現地生産品の品質	5.55	1.27
④売上高利益率	5.49	1.08
⑤現地の顧客満足	5.39	1.35
⑥売上数量の対予算達成度	5.22	1.17
⑦マーケット・シェア	5.14	1.41
⑧生産性の向上	5.14	1.28
⑨製造プロセスの改革	4.74	1.45
⑩現地の人材開発	4.69	1.34
⑪日本人管理者の人材開発	4.67	1.37
⑫日本の顧客満足	4.66	1.68
⑬現地における雇用	4.59	1.40
⑭投資利益率	4.54	1.37
⑮総資産利益率	4.52	1.29
⑯自己資本利益率	4.44	1.30
⑰残余利益	4.17	1.40
⑱現地政府との関係	4.08	1.38
⑲現地人の転職率	3.96	1.32
⑳新製品開発件数	3.74	1.45

出所:清水(2001),278頁。
(1998年,740社を対象にアンケート調査を行い,有効回答118社を対象に分析,7点リッカート・スケールで点数化)

果たす業務の役割,あるいはおかれている国や地域の環境によって,プロフィットセンターとして公平に評価をすることが不可能な場合もある。例えば,それぞれの国の税率の違い,為替水準と相場の変動などに基づいた企業内の政策的な事情が絡む場合,政策的および戦略的に利益額が操作される可能性がある。海外子会社の評価においてはこのような事柄も配慮されなければならない。

そのほか利益関連財務指標として,売上高利益率,投資利益率(return on investment:ROI),および残余利益(residual income:RI)が用いられる。ROIの分母(投下資本)をどのように定義するかにより総資産利益率(return on assets：ROA)，自己資本（株主資本）利益率（return on equity：ROE）などがあり，それぞれ業績評価の目的が異なる。RIの概念に基づく指標にスターンスチュワート社の登録商標である経済的付加価値（Economic Value Added：EVA®)がある。

　利益額の大小ではなく利益率で表示することの利点は，他の要素との相対性を見ることにある。たとえば売上高利益率であれば売上高と利益の相対関係や，これを分解すると費用との相対関係もあわせてみることができる。資本利益率であれば投下資本と利益の相対関係，およびこれを分解すると売上高や費用との相対関係とあわせて評価することができる。また，規模の異なる企業内部の他の子会社や企業外部の他社との比較，および経年的な比較を可能にする。しかしながら欠点もある。表示される比率の上昇を目指して，分子の利益の増大ではなく，分母の縮小に過度の関心が高まることもありうる。たとえばマネジャーが短期的によい数値を示したい欲求に駆られるときである。このような時，部分最適が優先され全体最適が損なわれる。

　ROIとRIは投下資本を考慮する業績評価尺度であるところから企業活動の包括的で総合的な業績評価を可能にする。これらは企業内部の業績評価に使われるばかりでなく，企業外部の利害関係者の注目する指標でもある。

　ROIは次式によって表される。

$$\text{ROI} = \frac{利益}{資本} = \frac{利益}{売上高} \times \frac{売上高}{資本} = 売上高利益率 \times 資本回転率$$

　ROIは投下された資本に対して，その有効活用を測定する指標であり，分解すると売上高利益率と資本回転率で構成され，収益性と効率性を表すことのできる総合的指標である。

　また，RIの概念を持つEVAは次式で表される。

　　　EVA＝税引後営業利益（Net Operating Profit After Tax：NOPAT)－資本コスト

　　　資本コスト＝使用資本×加重平均資本コスト(率)

　　　使用資本　＝総資産－流動負債

　　　加重平均資本コスト（weighted average cost of capital：WACC)

＝負債の資本コスト率×総資本に占める負債の割合

＋株主資本の資本コスト率×総資本に占める株主資本の割合

EVAは営業利益から資本の利用コストを差し引いた残りであり，資本の利用コストを営業利益がどれだけ上回るかでEVAの大きさが決まり事業体が評価される。資本の利用コストには金利のほかに株主への資本コストも考慮され，投資家保護の立場が見られる。ROIやEVAのように資本を考慮した業績評価指標を採用するときに注意しなければならないことは，マネジャーが資本の圧縮にはしり，将来必要な投資であっても短期的視点に立ってその投資を控えてしまうことである。マネジャーに対し，短期的業績と戦略上必要な投資を区分するよう指導すること，および業績評価の際にこの点を配慮することが必要である。

業績評価に資本の効率的使用を加味する制度として，日本では松下電器産業（現パナソニック）が事業部制のもとで1954年に開発した社内金利制度と社内資本金制度がある。社内金利制度は，事業部の使用する資本に社内金利を課し，事業部の利益からこの社内金利を控除し，残りの利益を業績評価の対象にする。社内資本金制度は社内金利制度を包含するとともに，事業部は資本金を持ち本社へ配当金を支払い，その他利益処分（税金の支払い）を終えた残りの事業部利益を事業部内に累積することのできる制度である。事業部はインベストメント・センターとなり資本の有効活用を促す制度である。事業部制の普及とともにこの制度を採用する日本企業が増えた。

(2) 業績評価システムにおける非財務指標

図表10-5の実態調査をもとに，海外子会社の業績評価指標についてみると，そこでは財務指標と非財務指標がどちらかに偏重されることなくバランスよく用いられている。非財務指標では現地製品の品質や生産性，現地の顧客満足やマーケット・シェア，さらに現地の製造プロセスの改革や人材開発が列挙される。財務数値に偏ることなく多面的な視点で海外子会社の活動業績を評価している実態がある。

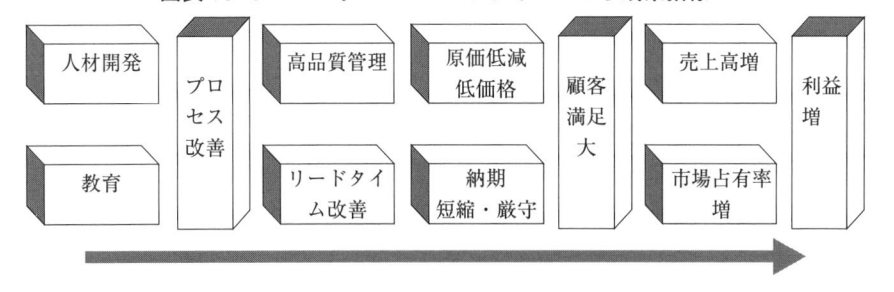

図表10-6　パフォーマンス・ドライバーから成果指標へ

```
[人材開発]   [プロセス   [高品質管理]  [原価低減   [顧客    [売上高増]   [利益
              改善]                    低価格]    満足               増]
[教育]                   [リードタイ  [納期      大]    [市場占有率
                         ム改善]      短縮・厳守]        増]
```
→

　このような非財務指標は，いうなれば将来の財務成果を生むパフォーマンス・ドライバーである。たとえば，現地の人材開発や教育の遂行はプロセスの改善を生み，高品質の維持やリードタイムの短縮につなぐことができる。リードタイムの短縮は納期の短縮や厳守を実現する。不良品のない高度な品質の維持およびリードタイムの短縮に成功すると原価低減を生じさせ，利益の出しやすい強靭な体質作りに成功する。高品質，納期厳守および低価格は顧客満足の実現となる。顧客の満足が高まれば信用やマーケット・シェアの拡大につながり，それは財務的成果としての売上高や利益の増大を実現することとなる。非財務指標はこのように将来の財務成果を生むための組織や風土作りすなわち基盤作りを促すための指標ともいえる。

　かつてJohnson & Kaplanが「レレバンス・ロスト」で，経営管理者が短期利益目標の達成に傾注しすぎ，そのような企業環境の中で構築された管理会計システムが実際の経営環境に必要な情報をタイムリーに提供していないことに警鐘を鳴らした。そして，新製品開発や工程の改善，従業員教育や勤労意欲の向上，市場での地位向上などへの支出は将来の現金流入を生むのであり，技術，製品，工程，および企業が直面する競争環境を適切に反映するような，すなわち企業の新の価値創造業務を反映するような測定尺度を持つべきであることを主張したことは周知のことである。

　日本では非財務指標を用いた業績評価は伝統的に行われてきた。しかし肝心なことはこれらを個々に扱うのではなく，因果連鎖のもとに関連付けることで

ある。多様な業績評価指標がより次元の高い活動を生み出すように，組織が効果的にマネジメント・コントロールされなければならない。

(3) 多様な目的のなかの業績評価指標

　国際企業の海外子会社は全社的戦略の中で何らかの役割を担い，その役割を果たすための活動を行う。業績評価システムのなかに組み入れられる業績評価尺度はこうした活動の遂行の良否を評価するものでなければならない。

　たとえば，製品の販売のみを行う事業体では，売上高や製品のマーケット・シェア，顧客サービスやクレーム，新規顧客の開拓などに主として関心がある。製品の製造のみを行う事業体では，製品の製造原価，品質管理，出荷までのリードタイム，その他の生産効率に大きな関心を寄せる。また，製造と販売をともに行う事業体では相応に関心の範囲が広がる。このように戦略上の関心の差は業績評価指標の重要度にも影響する。

　同じように，製品のポートフォリオ戦略にしたがえば，成長製品である「花形」を取り扱う事業体はマーケット・シェアの拡大や投資に関する評価，成熟製品である「金のなる木」を取り扱う事業体はキャッシュ・イン・フローの額やそれをより大きくするための製造原価の低減，衰退期の製品あるいは自社の能力を超える競争環境にある製品「負け犬」を取り扱う事業体は市場からの撤退をいつどのように行うかを考えねばならない。

　このようにさまざまな状況のなかでそれぞれに関連した業績評価指標とその目標レベルが設定される。それらは企業全体の戦略に則したものであるが，業績評価指標とその目標レベルを表した業績評価基準は海外子会社の意思決定の拠り所となり，最低限達成すべき目標ともなる。また撤退の意思決定など困難な判断を要する状況にあるとき，客観的な意思決定を行う拠り所ともなる。

　また，国際企業の海外子会社を業績評価するにおいては，2つの視点を持たなければならない。評価される対象が事業体あるいは事業体の管理者のどちらであるかという点である。海外子会社の活動する国あるいは地域には固有の事情があり，海外子会社の目的や役割も異なる。為替変動など環境の変化も生じ

る。このような事情を鑑みながら事業体の評価は行われなければならない。また，管理者の評価の視点は事業体の評価と異なり，戦略や目標に対しどれだけ忠実にそれを実行したかの点にある。このとき管理者の評価の公平性を保ちモチベーションを維持するために「管理可能」の基準にのっとって評価されなければならない。このように事業体と管理者とは評価において基本的に区別されるべきである。

(4) 業績評価のためのシステム
① 予算（budget）

業績評価システムとして伝統的に用いられてきたのが予算である。予算は経営計画を貨幣価値で具現化したものであり，予算を編成する過程で垂直的あるいは水平的な調整を加えながら，組織にとって経営計画のための最適な資源配分と資源の使途を明示する。予算数値達成に向けて動機付けを行い，さらに統制の過程で予算差異分析を軸とする工学的コントロールを行うことによって，現場の業務に至るまで組織全体を管理する手段である。

予算による組織管理はさまざまなセグメントの管理者とその責任の範囲を明確にし，責任別に業績の管理を行う責任会計（responsibility accounting）を可能にする。業績管理会計はこの責任会計を基盤としている。責任別の範囲は例

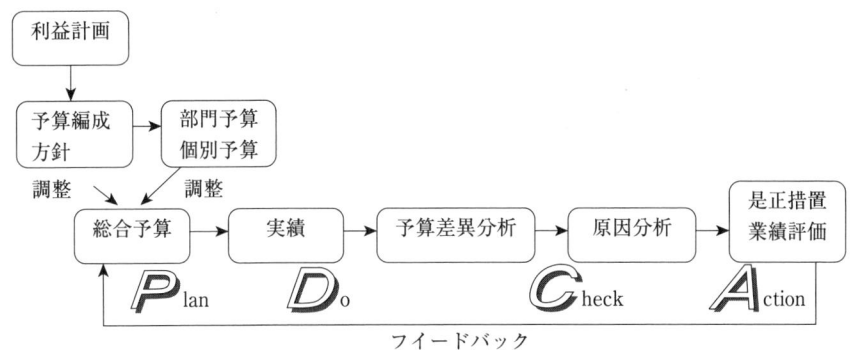

図表 10-7　予算管理システム

えば製造部門や販売部門といった職能部門あるいは製品別や地域別の事業部門，さらにより細分化されたセグメントなどがあるが，海外子会社も責任別のひとつと考えられる。

予算管理システムによる業績管理は，予算数値による目標の設定，それらと実績との比較，および予算達成状況を分析しフィードバックするという一連のPDCA（plan, do, check, action）プロセスが実施される。予算を用いた工学的なマネジメント・コントロールである。図表10-5の実態調査においても，業績評価の重要項目である財務成果指標すなわち利益額や売上高は予算数値との比較により評価されている。

海外子会社の予算は原則的に，現地の情報を多く所有し事情に明るい現地子会社で編成される。予算編成への本社の関与は集権的企業ほど高く，分権的企業の場合は現地子会社の作成した予算を承認するに終わる。ただし，全社的な資源配分調整と資本予算の編成は本社で為される。

予算管理システムはマネジメント・コントロール・システムとして役割を果たす。しかしながら予算管理には参加的予算管理によって引き起こされる予算スラックの問題，すなわち達成しやすい目標値を予算編成時に設定してしまうことや，予算数値が予算期間内に硬直化し陳腐化する問題がある。これらに対しては常に挑戦し，向上する意識，変化に対し柔軟であり，学習する意識を組織構成員が持ち続けることを可能にする組織風土とシステムを構築することが重要である。また，予算は貨幣価値で表示されるため予算で示される業績評価指標には限界がある。そのため非財務指標を含めた中長期の包括的な戦略を表す用具としては後述のバランスト・スコアカードに比べると効果が不十分である。予算はBSCとリンクし補完しあうことでマネジメント・コントロールを充実させることができる。

② バランスト・スコアカード（Balanced Scorecard：BSC）

BSCは，1980年代にKaplan & Nortonによって開発された戦略実行と業績評価のためのマネジメント・システムである。BSCは，ビジョンと戦略を明確化し，それを4つの視点すなわち財務の視点，顧客の視点，内部プロセスの視点

図表10-8 バランスト・スコアカードにおける4つの視点と戦略の落とし込み

```
                    財務的視点
         財務的に成功
         するために,
         株主に対して
         どのように行
         動すべきか
                        │
                        ↓
顧客の視点  ←→  ビジョン  ←→  社内ビジネス・
ビジョンを達        と            プロセスの視点
成するために,    戦略          株主と顧客を
顧客に対して                   満足させるた
どのように行                   めに, どのよ
動すべきか                     うなビジネス
                        ↑      ・プロセスに
                        │      秀でるべきか
                    学習と成長の視点
         ビジョンを達
         成するため
         に, 我々はど
         のようにして変化
         と改善のでき
         る能力を維持
         するか
```

各視点は：目標、業績評価指標、ターゲット、具体的プログラム

出所：Kaplan and Norton（1996), p. 9. 吉川（1996), 30頁。

および学習と成長の視点から，戦略目標・業績評価指標・ターゲット（目標値）)・具体的アクションへと順に落とし込んでいく。そうすることで全社的ビジョンと戦略が現場レベルの具体的目標にカスケードされ，現場の従業員にも戦略が理解され認知される。このとき目標はトップから現場まで整合する。BSCはトップから現場までの戦略伝達のためのコミュニケーションと教育の用具となり，エンパワメントの履行をサポートする。また4つの視点の目標と業績評価指標が戦略にのっとり因果関係を持ち，戦略マップのなかでバランスよく配置され戦略実現に向けてのマップを描く。戦略を検証し，環境の変化や戦略そのものの誤りなどで変更が必要なときは修正へとフィードバックする。

　BSCは予算管理と結合することもできる。中期ビジョンで示される成果目標値の経過目標を単年度予算数値とする。そうすることで予算に戦略を反映させることができ，BSCは予算管理とともにマネジメント・コントロール・ループを形成する。さらにBSCは戦略の実行と修正のための戦略ラーニングループを

図表10-9　バランスト・スコアカードにおける行動のフレームワーク

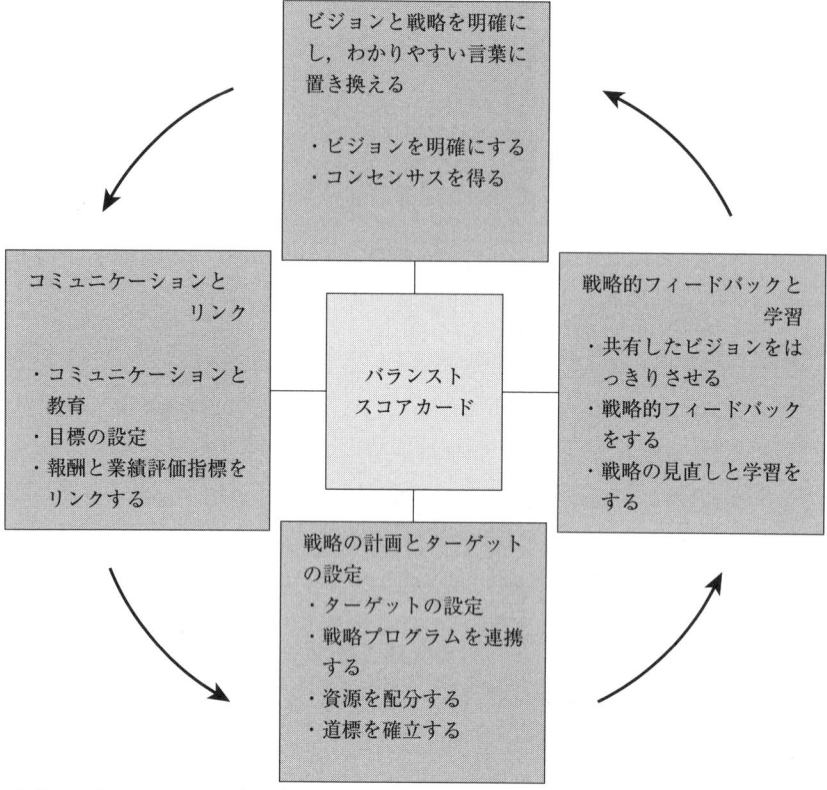

```
           ┌─────────────────────┐
           │ ビジョンと戦略を明確に │
           │ し，わかりやすい言葉に │
           │ 置き換える            │
           │                      │
           │ ・ビジョンを明確にする │
           │ ・コンセンサスを得る   │
           └─────────────────────┘
┌──────────────────┐                   ┌──────────────────┐
│ コミュニケーションと│                   │ 戦略的フィードバックと│
│      リンク       │   ┌──────────┐    │      学習          │
│                   │   │ バランスト │    │ ・共有したビジョンをは│
│ ・コミュニケーションと│  │ スコアカード│   │   っきりさせる      │
│   教育            │   └──────────┘    │ ・戦略的フィードバック│
│ ・目標の設定       │                   │   をする            │
│ ・報酬と業績評価指標を│                 │ ・戦略の見直しと学習を│
│   リンクする       │                   │   する              │
└──────────────────┘                   └──────────────────┘
           ┌─────────────────────┐
           │ 戦略の計画とターゲット│
           │ の設定               │
           │ ・ターゲットの設定    │
           │ ・戦略プログラムを連携 │
           │   する                │
           │ ・資源を配分する      │
           │ ・道標を確立する      │
           └─────────────────────┘
```

出所：Kaplan and Norton（1996），p. 11. 吉川（1996），32頁。

形成する。このダブルループが組織の管理に今後生かされていくことが期待される。

　BSCはビジョンと戦略の認識，4つの視点による多元的目標，戦略の現場への落としこみ，戦略修正のフィードバックという特徴を持つマネジメント・システムである。経営の方向性や戦略を表現し，多面的視点での業績評価を可能にするシステムとしてBSCを用いることがこれからの業績評価において有用となり，BSCのこれからの普及により効果的で弾力性のあるマネジメント・コントロールがさらに可能となる。

第10章　企業のグローバル化戦略と業績管理　239

　海外子会社の業績評価は，事業体のおかれた環境の特殊事情を鑑み，事業体の全社的な役割を理解した上で，多面的に財務指標と非財務指標を包含し，戦略と密接な関連を持ち，また戦略の創発を可能にする業績評価システムによってなされなければならない。海外子会社のマネジメント・コントロールあるいは業績評価に関して，BSCマネジメント・システムを活用することで，今後さらに効果的な管理を実現できる。柔軟で強靭なマネジメント・コントロールは組織を活性化させ，組織の力を高めることができる。

注

1　Bartlett and Ghoshalは，「地球化」の時代に展開すべき経営戦略について説いた。国際展開する大企業の経営戦略を調査し，タイプを①マルチナショナル戦略（本書の分散化戦略に適合），②グローバル戦略（本書の統合化戦略），③インターナショナル戦略（本書のイノベーション普及戦略）に分類しさらに④トランスナショナル戦略を提唱した。[Bartlett and Ghoshal 1989, 吉原 1990]
2　調査結果は以下の図表に示される。

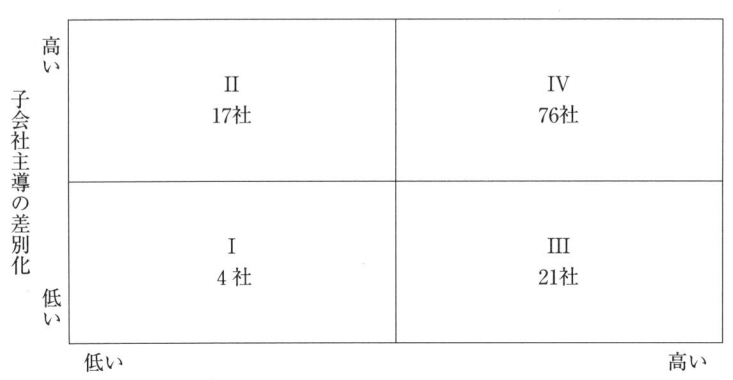

	R&D，技術，ノウハウの親会社集中 低い	R&D，技術，ノウハウの親会社集中 高い
子会社主導の差別化 高い	II　17社	IV　76社
子会社主導の差別化 低い	I　4社	III　21社

出所：清水（2001），241頁。

参考文献

伊藤和憲（2004），『グローバル管理会計』同文舘出版。
伊藤嘉博編（1995），『企業のグローバル化と管理会計』中央経済社。
岩淵吉秀（1993），「国際化企業の戦略パターンと業績評価システム―アンケート調

査の分析結果を手掛かりとして―」『會計』第144巻第 1 号，森山書店。
清水　孝（1999），「多国籍企業における業績評価および国際振替価格」『早稲田商学』第381号。
清水　孝（2001），『経営競争力を強化する戦略管理会計』中央経済社。
日本会計研究学会特別委員会（2007），『企業組織と管理会計の研究』
ヘンリー・ミンツバーグ，ブルース・アルストランド，ジョセフ・ランベル著，齋藤嘉則監訳（1999），『戦略サファリ―戦略マネジメント・ガイドブック―』東洋経済新報社。
宮本寛爾（2003），『グローバル企業の管理会計』中央経済社。
宮本寛爾（2004），「国際管理会計の課題」『企業会計』Vol. 56 No. 8。
Anthony, R. N. (1965), *Planning and Control Systems: A Framework for Analysis*, Harvard Business School.（高橋吉之助訳（1968），『経営管理システムの基礎』ダイヤモンド社）。
Anthony, R. N. and V. Govindarajan (2007), *Management Control Systems*, McGraw-Hill/Irwin.
Barney, J. B. (2002), *GAINING AND SUSTAINING COMPETITIVE ADVANTAGE*, Second Edition, PRENTICE HALL, INC,.（岡田正大（2003）『企業戦略論【上】基本編―競争優位の構築と持続―』ダイヤモンド社）。
Bartlett, C. A. and S. Ghoshal (1989), *MANAGING Across BORDERS: THE TRANSNATIONAL SOLUTION*, Second Edition, HARVARD BUSINESS SCHOOL PRESS.（吉原英樹監訳（1990），『地球市場時代の企業戦略―トランスナショナル・マネジメントの構築―』日本経済新聞社）。
Bhimani, A. edit. (2006), *Contemporary Issues in Management Accounting*, OXFODUniversity Press.
Chenhall, R. H. (2007), "Theorizing Contingencies in Management Control Systems Research", edit. C. s. Chapman, A. g. Hopwood and M. D. Shields, *Handbook of Management Accounting Research, Volume1*, Elsevier.
Ghoshal, S. and D. E. Westney (2005), *Organization Theory and The Multinational Corporation*, second edition, PALGRAVE MACMILLAN.
Gray, S. J., S. B. Salter, L. H. Radebaugh (2001), *Global Accounting and Control A Managerial Emphasis*, John Wiley & Sons.
Kaplan, R. S. and D. P. Norton (1996), *BALANCED SCORECARD~Translating Strategy Into Action~*, Harvard Business School Press.（吉川武男訳（1996），『バランススコアカード【新しい経営指標による企業変革】』生産性出版）。
Kaplan, R. S. and D. P. Norton (2001), *THE STRATEGY-FORCUSED ORGANIZATION*,

Harvard Business School Press. (櫻井通晴監訳 (2001), 『戦略バランスト・スコアカード』東洋経済新報社)。

Merchant, K. A. and W. A. Van der Stede (2007), *Management Control Systems-Performance Measurement, Evaluation and Incentives-*, Prentice Hall, Second edition.

Simons, R. (2000), *Performance Measurement &Control Systems for Implementing Strategy*, Prentice-Hall,. (伊藤邦雄監訳 (2003), 『戦略評価の経営学―戦略の実行を支える業績評価と会計システム―』ダイヤモンド社)。

Simons, R. (2005), *Levers of Organization Design-How Managers Use Accountability Systems for Greater Performance and Commitment-*, Harvard Business School Press.

Thomas, J. H. and R. S.Kaplan (1988), *Relevance Lost: The Rise and Fall of Management Accounting*, Harvard Business School Press. (鳥居宏史訳 (1992), 『レレバンス・ロスト―管理会計の盛衰―』白桃書房)。

(佐藤　和美)

執筆者一覧 (50音順)

佐藤　誠二 (編著)　静岡大学人文学部教授 (会計学)：序章, 第4章担当　　編著者略歴参照

石川　文子　静岡大学人文学部准教授 (財務会計論, 経営分析論)：第6章担当
[主要著書および論文]
「無形資産会計の歴史的展開とその動向」(百瀬房徳他編著『会計学の諸相』白桃書房, 2008年)
「企業結合会計のコンバージェンスに向けて―IFRS ED3「企業結合」の検討を中心に―」(『経済研究』(静岡大学) 第11巻4号, 2007年)

稲見　亨　同志社大学商学部教授 (国際会計論)：第2章担当
[主要著書および論文]
『EU・ドイツの会計制度改革』(共著, 森山書店, 2007年)
『ドイツ会計国際化論』(森山書店, 2004年)

大橋　慶士　静岡大学人文学部教授 (会計監査論, 環境マネジメント論)：第7章担当
[主要著書および論文]
『現代の企業倫理』(共著, 大学教育出版, 2007年)
『ベイズ監査入門』(共訳, ナカニシヤ出版, 1997年)

川本　和則　岡山商科大学経営学部教授 (国際会計論)：第1章担当
[主要著書および論文]
『G4＋1報告書と将来事象会計の展開』(岡山商科大学, 2007年)
「会計基準の国際的収斂と将来事象会計の導入―IASB非金融負債会計公開草案を中心に―」(村瀬儀祐, 志賀理共編著『加藤盛弘教授古稀記念論文集』森山書店, 2007年)

佐藤　郁裕　ヤマハ発動機株式会社財務部会計基準統一グループリーダー (国際会計論)：第5章担当
[主要著書および論文]
「IFRS導入に向けたわが社の取組み～第2弾　ヤマハ発動機―グループ会計の統一と会計基準のコンバージェンス―」(『経営財務』第2910号, 2009年)

佐藤　和美　静岡産業大学経営学部准教授 (管理会計, 原価計算論)：第9章担当
[主要著書および論文]
「マネジメント・コントロールの諸概念と基本要素」(『環境と経営』(静岡産業大学) 第13巻第2号, 2007年)
『アカウンティング―企業経営と会計情報―』(共著, 税務経理協会, 2004年)

永田　守男　静岡大学人文学部教授 (税務会計論)：第8章担当
[主要著書および論文]
『会計利益と課税所得』(森山書店, 2008年)
「エンロン事件後の法人税をめぐる諸問題」(『會計』第172巻第2号, 2007年)

深谷　和広　愛知東邦大学経営学部教授 (会計学)：第5章担当
[主要著書および論文]
「IASB・FASB収斂化計画における財務諸表表示プロジェクトの進展」(『東邦学誌』第36巻第1号, 2007年)
「財務業績報告書の構成とその特徴―IASB提案とFASBモデルの比較検討」(加藤盛弘編著『現代会計の認識拡大』森山書店, 2005年)

藤井　保紀　静岡産業大学特任教授 (国際会計論, 企業統治論)：第3章担当
[主要著書および論文]
『上級英文会計』(共著, 中央経済社, 2007年)
『会計ビッグバンとコーポレート・ガバナンス』(シグマベイスキャピタル, 2002年)

編著者略歴

佐藤　誠二（さとう　せいじ）
静岡大学人文学部教授
1953年生まれ。1983年明治大学大学院商学研究科博士課程退学後，静岡大学人文学部助教授，同教授などを経て，2004年より国立大学法人静岡大学理事・副学長，2007年から教授職に復帰し現在，人文学部長。博士（経営学）。

著　書

『EU・ドイツの会計制度改革』（編著，森山書店，2007年）
『国立大学法人財務マネジメント』（単著，森山書店，2005年）
『大学評価とアカウンダビリティ』（単著，森山書店，2003年）
『会計国際化と資本市場統合』（単著，森山書店，2001年）
『ドイツ会計規準の探究』（単著，森山書店，1998年）
『現代会計の構図』（単著，森山書店，1993年）
『会計学の諸相』（共著，白桃書房，2008年）
『会計制度の統合戦略』（共著，森山書店，2005年）
『現代会計の認識拡大』（共著，森山書店，2005年）
『アカウンティング』（共著，税務経理協会，2004年）
『ドイツ連結会計論』（共訳，森山書店，2002年）
『将来事象会計』（共著，森山書店，2000年）
『ドイツ会計の新展開』（共著，森山書店，1999年）
『統計・企業情報データベースと海外進出』（共著，青木書店，1996年）
『現代原価計算』（共著，創成社，1990年），その他

グローバル社会の会計学

2009年6月5日　初版第1刷発行

編著者　©佐　藤　誠　二

発行者　菅　田　直　文

発行所　有限会社　森山書店　東京都千代田区神田錦町
1-10林ビル（〒101-0054）

TEL 03-3293-7061　FAX 03-3293-7063　振替口座 00180-9-32919

落丁・乱丁本はお取りかえします　　印刷／製本・シナノ書籍印刷

本書の内容の一部あるいは全部を無断で複写複製することは，著作権および出版社の権利の侵害となりますので，その場合は予め小社あて許諾を求めてください。

ISBN 978-4-8394-2080-2